新时代思想政治教育丛书

高校思想政治教育环境研究

李艳 著

天津出版传媒集团

天津人民出版社

图书在版编目（CIP）数据

高校思想政治教育环境研究 / 李艳著. -- 天津 ：
天津人民出版社，2023.6
　　（新时代思想政治教育丛书）
　　ISBN 978-7-201-19509-4

　　Ⅰ．①高… Ⅱ．①李… Ⅲ．①高等学校－思想政治教
育－研究－中国 Ⅳ．①G641

中国国家版本馆 CIP 数据核字(2023)第 096583 号

高校思想政治教育环境研究
GAOXIAO SIXIANG ZHENGZHI JIAOYU HUANJING YANJIU

出　　版	天津人民出版社	
出 版 人	刘　庆	
地　　址	天津市和平区西康路 35 号康岳大厦	
邮政编码	300051	
邮购电话	（022）23332469	
电子信箱	reader@tjrmcbs.com	

责任编辑　　武建臣
装帧设计　　汤　磊

印　　刷　　天津新华印务有限公司
经　　销　　新华书店
开　　本　　710 毫米×1000 毫米　1/16
印　　张　　19.5
插　　页　　2
字　　数　　270 千字
版次印次　　2023 年 6 月第 1 版　2023 年 6 月第 1 次印刷
定　　价　　88.00 元

前　言

在学校思想政治理论课教师座谈会上,习近平总书记强调:推动思想政治理论课改革创新,要不断增强思政课的思想性、理论性和亲和力、针对性,并提出了"八个统一"(政治性和学理性相统一、价值性和知识性相统一、建设性和批判性相统一、理论性和实践性相统一、统一性和多样性相统一、主导性和主体性相统一、灌输性和启发性相统一、显性教育和隐性教育相统一)的思政教育要求。① 当今社会生活的技术底座已经发生了很大变化,人工智能、大数据、云计算、元宇宙等新的概念不断刷新人们的认知,也逐渐成为社会生产生活和交往的重要工具和纽带,成为新的教育实践生成和演变的主要介质。社会环境也发生了深刻变化,无论是传统文化的当代化、风俗习惯的世俗化、媒介要素的全景化,还是家庭结构、社会思潮等的变化,都足以引起思想政治教育者的关注。在新时代从事思想政治教育,既面临着前所未有的机遇,也面临着前所未有的挑战。既有来自技术本身的物质因素,

---

① 《习近平主持召开学校思想政治理论课教师座谈会强调　用新时代中国特色社会主义思想铸魂育人　贯彻党的教育方针落实立德树人根本任务》,《人民日报》,2019 年 3 月 19 日。

也有来自思想文化变迁的精神因素。实现"八个统一"基本要求,解决好思政课"培养什么人、怎样培养人、为谁培养人"这个根本问题,就要深入理解受教育者思想政治素养形成的现实条件,全面提升高校思政教师的教育教学的针对性,激发教育活力、激活育人要素、提高育人实效。

思想政治教育工作者肩负立德树人神圣使命,要培育有坚定的共产主义理想信念,有高尚的社会主义道德情操,有科学的马克思主义实践方法,有顽强的意志和毅力的社会主义建设者和接班人。做好立德树人工作,一方面需要全社会共同参与、全程配合、全面协调,需要我们深入理解和把握新时期影响青少年思想政治素养提升的文化环境要素;另一方面,需要思想政治教育工作者付诸努力和智慧,全面提升自己的职业能力,驾驭环境要素,而不是被环境变迁所困。本书拟从"环境变迁与思想政治教育的关系"的视角来探讨新时期如何全面提升思想政治教育的实效性,同时,在梳理诸如传统文化、家庭环境、社会环境、民俗文化、媒介文化等各种文化环境对思想政治教育各参与主体的影响的情况下,着重从教育者究竟应该如何"从教"的视角进行探索。在此基础上,厘清思想政治教育工作展开所需要的介入手段、方式、强弱等问题。

文化环境与思想政治教育的关系问题,包括对文化环境的概述、对学生思想政治教育状况的影响,为大学生思想政治教育工作的展开提供的新思路、新工具、新资源、新平台、新视野等。具体而言,传统文化、家庭文化、社会风俗、网络文化、校园文化等对大学生思想政治素养的形成具有较大影响。不同文化类型之间当然就有着千丝万缕的联系,并发生错综复杂的相互影响。因而,对任何文化属类作出界定或者对其从思想政治教育的角度进行探讨时,都不可避免地会产生内容上的交错甚至重复。

首先,文化环境的变迁为思想政治教育提供了新思路。社会思潮的变更和人们行为习惯的改变,为思想政治教育内容更新提供了契机,教育的与时俱进首先体现在教育教学内容与时代保持同步。环境的要素构成随着时代的发展而有所不同,环境复杂程度与组织结构决定了思想政治教育的方向性和教育的目标体系。

其次,新的环境要素正在改变着思想政治教育的工具应用。传统教学手段不断被新技术所更新,诸如沉浸式教学、虚拟现实仿真技术的教学开发、智能检索系统和教学机器人的研发等,它们为思想政治教育提供了新工具。人们倘若对告别"粉笔"和"说教"还心存芥蒂,那么更深层次的教学工具的开发或许在不久的将来就会变为现实。

再次,新资源和新平台不断涌现,既有技术方面的原因,也有基于生活环境变迁而发生的文化的发展。大学生更加追求个性和自由,部分学生已经具备了批判性思维的能力,开放式资源获取的渠道增多,联网教育平台不断取得进步,其教育教学的效果在实践中得到完善和发展。

最后,环境变迁也会改变思想政治教育者的学术视野和师范技能,提升其分析问题和解决问题的能力。思想政治教育的实效性依赖于"深情"和"深思"。前者是"以情动人",以培养学生良好的社会情感为要义;后者是"以理服人",从深入浅出的讲授和形象生动的教学中启发学生的思维,并宣传马克思主义的科学真理。

文化的本义是"以文化人",既是人类实践和交往的产物,也是人类实践和交往的条件。当我们将文化作为一种环境来看待时,就能够更加清楚地理解人既是环境的创造者,也是环境的产物。思想政治教育工作者之所以对环境因素抱有极大的热情,并致力于从环境中寻找一个人成长发育的内在规律,就是基于这样的唯物主义认知。传统文化是个体思想成长和发育的重要背景。中华传统文化博大精深,能够在文明史的绵延中保持其文化个性,并在一定程度上融合世界其他文明成果。在对待传统文化的基本观念上,有人以解构传统文化为己任,并通过对个别古旧论断进行夸张的解读以便抹杀我国传统文化在人类文明史上的贡献；也有人以西方的标准来衡量和测度中国传统文化的作用和机理；甚至有人出于利益上的极端自私或认知上的偏狭，刻薄地丑化中国传统文化。如此种种，无非是企图削弱对中华民族共同体的文化认同，使人们陷入历史虚无主义的绝境，以便为全面西化、奴化提供机会。当然，也有人对传统文化抱有极大热情，甚至超乎一般理智的理解空间，对传统文化采取盲目的辩护和一味的赞扬。表面上这种人是中华传统文化的举旗者、宣讲家、卫道士，实则由于其是非不清、食古不化、墨守成规而为传统文化的颠覆者提供了口实。传统文化中的精华部分，是思想政治教育的重要文化资源，是课堂教育和社会教育的良好条件；传统文化中的糟粕部分，由于它客观上仍然可能对青少年精神成长造成影响，从而成为我们要予以克服、解构的内容。

家庭是社会的基本单位，是随着人类生产力发展到一定阶段而产生的社会组织。现代家庭的结构、类型越来越多元化，这与现代社会整体流动性的增强有着密切联系。我国人民对家庭生活和家风传承的重视具有深厚的历史文化传统。家庭责任和家庭成员彼此之间负有的道德义务一直以来都受到极大重视。传统的家长制往往被当作一个整体性批判的对象，但人们在现实生活中不得不依存于家庭成员之间的和谐关系，不得不依恋于家庭的伦理趣味，不得不依靠家庭成员之间的相互扶持。家长制被作为一个贬义词广泛使用的时候，一方面说明现代家庭制度中允许新的因素和机制参与其中；另一方面也提示人们有必要重新审视家庭对人的全面影响。在新的生产方式逼迫家庭解构和家庭秩序发生变迁的同时，留存于家庭当中的家风传统则持续发挥着作用。意识形态的相对独立性在家庭教育和家庭生活中亦以其独特的方式存在。家庭对思想政治教育的作用是全方位的，也是基础性的。在道德教化、政治意识的培养、审美情操的熏陶、法制观念的养成等方面都有不同程度的作用。对青少年思想政治教育来说，家教家风的作用无可替代。一方面,我们需要对学生成长的家庭环境有全面的了解,以便增进师生之间互动的深度;另一方面,好的家风是宝贵的教育资源,需要予以充分利用,尤其是红色家风对培养社会主义建设者和接班人来说,有着举足轻重的作用。

社会风俗具有很强的地域性、时代性,每一个地方都有基于经济活动、地理条件、历史文化等因素的风俗习惯,根植于人们的日常生活和生产之中。在流动性较弱的传统生产模式下,区域性的社会风俗造成了群体之间文化性格的差异化;在流动性较强的现代生产体系中,社会风俗的跨域交流增多,群体之间基于社会风俗的文化个性有所下降。不过,就现实状况而言,尚不至于形成具有全域性的统一文化性格。社会风俗作为千百年自然形成的生活、生产、思维、交往、信仰等的表现形态,在社会发展中仍然并将长时期发挥重要作用。社会风气和社会习俗在具体的传承和展现上也存在一定差异。社会风气往往能够在较为短暂的时间内予以调整和改变,在政治上层建筑的干预、科学认知的提高以及群体教育水平提高的情况下,社会风气能够有较大的移易空间。好的社会风气能够对个体成长起到润物无声的作用,坏的社会风气则直接影响着个体的价值观念和行为方式。社会习俗是具有仪式性或规范性的群体行为方式和实践活动,我们要在科学引导的基础上尊重各地的社会习俗。社会习俗中有着大量源于历史事件、祖训传统和神话传说的活动和规范。对于思想政治教育工作来说是一个巨大的案例库,是一座丰富的思想矿藏。当然,我们需要了解的,还有这些社会风俗究竟如何改变人们的世界观、人生观和价值观,而我们在这一过程中究竟能够有何作为?

如今,我们早先对互联网所产生的种种惊异已经不复存在,尽管互联网产生的魔力越来越大。我们不仅习惯了互联网产生的变化,也习惯了互联网变化的加速度,习惯了数字世界带来的不同凡响。当人们沉浸在网络生活世界中时，它带来了前所未有的价值观和世界观的革命。去中心化的数字世界使我们不断产生对权威的质疑，乃至彻底抛弃权威的统治；日新月异的技术变革伴随着各种创新创业的新风口的出现。比特世界与物理世界之间形成了复杂的交融关系，在生命体与自然物质之间搭建了新的桥梁。作为文化形态，变化、流动、去中心化、个性定制、草根、流量为王、注意力经济等施展了自身的特殊逻辑，创造了一个又一个财富和文化方面的奇迹。网络文化是多向度的，思想政治教育的指导是一元的；网络文化是娱乐性的，思想政治教育往往包含着严肃的内核；网络文化是流动性的，思想政治教育往往具有鲜明的旗帜和稳定的内容。在虚拟世界与实在世界的交融中，融汇网络文化与思想政治教育之间的隔阂，将世界的美妙画面恰当地布局在两重世界的交融处。网络文化对青少年的影响尤其巨大，他们热衷于对新鲜事物的探索，对未知世界的无尽追求。由于管辖边界的缺失，或者制度和规范的不健全，网络虚拟生存世界的乱象层出不穷。我们要在多元的网络文化中坚定弘扬社会主义核心价值观，在流动性的网络世界中坚守马克思主义的文化阵地。既要充分利用网络提供的素材、工具、平台、资源，也要积极防范网络文化盛行对传统思想政治教育造成的危机，在危机中寻求更好的教育途径，在挑战中迎接新的机遇。

对于在校学生来说，校园文化对其思想品德和政治素养的提升有着非常重要的作用。学生对教师和学校寄予很高的期望，他们敬仰那些品行高尚的教师，热爱自己的学校。校园文化包含丰富的内容，简单的说有物质文化、精神文化和制度文化，亦可从人、物、事的方面进行划分。物质文化如学校建筑、雕塑、文化墙、景观及其他设施等，能够承载学校的历史记忆，在景观叙事中传承学校办学传统、精神情趣。精神文化往往通过艺术节、校歌校训、校史馆展览、体育节等各种文化活动彰显学校精神，激发学生情感、意志、认同感和想象力。制度文化是通过校纪校规、教学管理和学校运行制度设计体现出来的办学理念、培养目标和现实举措。校园文化通过物的因素形成一种静态的文化背景,通过人的因素将这些文化因子激活,并发挥其育人功能。

思想政治教育的文化环境相当复杂,影响其实效性的因素多且杂;新的历史条件下,高校思想政治教育面临新的时代课题亟须解决。这些课题主要包括如下内容:

第一,在"人是环境的产物"的命题中,如何改变环境作为外在必然性在思想政治教育方面的绝对权力? 人的思想文化、道德情操、行为习惯等,固然受到环境的全面影响,但是在相同的文化环境中,事实上塑造了诸多不同品性和德行的人,塑造了不同的文化人格。可见,环境对人的塑造,必然通过某些媒介或环节发生作用,而不是直接发生作用的。在环境的影响下,这些媒介和环节有时候发挥着极其重要的作用,以至于相同环境下会形成截然相反的教育效果。

第二,文化的多面性、多元性、多向性,引起人们接受和偏爱的异质性。毋庸置疑的是,当前文化的多样性和交融激荡的激烈程度是前所未有的。大学生并不是在相同的文化环境下共同成长起来的,其生活的环境、条件、家庭等有着巨大的差异。这会造成一种对教育者来说十分困难的局面:我们致力于因材施教,但受教育者文化背景的差异性,在与其性格和智力的全面结合中,又使这种差异性更加复杂了;当我们对其进行教育影响的时候,学生的前置文化底蕴和思维方式、行为习惯等,与其他同时代的文化形态必然形成强弱和属性不同的反应。思想政治教育者怎样才能在动态中把握受教育者的现实状况,从而有效施加影响呢?

第三,环境的因素也会影响教育者本身的知识素养、人格品德和思维方式等。作为思政教师,不但是环境的改造者,也是环境的产物。"教育者首先是要受教育的"。环境变迁的实质是时代发展的阶段性问题,教育者和受教育者的重要差异性在于其受环境受动性方面的影响。无论是世界观、人生观、价值观还是方法论上的差异,在日新月异的新科技时代都更加明显了,"教育代沟"是真实存在的问题。在教育实践中时常出现用陈腐老旧的思想观点和价值观念对青年学生进行说教的情况,教育中的师生"冲突"在平静的教学过程中潜伏着,从而造成学生在心理上的抵制和消极应付。这方面,或许对教育者的启示要更多一点。思想政治教育者不断更新知识和增强对现实社会把握的准确度,是减少这种冲突、增强教育教学的匹配度的必由之路。

本书的重心在于从文化环境的视角探索大学生思想政治教育问题,其目的不在于建构一个完整的思想政治理论的学术体系,而在于对思想政治教育工作者所面临的具体问题进行具体分析,从而在一定程度上提高教学的针对性和效率,减少各类教育要素之间的内部消耗和冲突。立德树人乃天下大计,是中华民族伟大复兴的重要任务之一。作为一个普通高校的思政教师,深感责任重大;力所不及之事众多,而志业之责定当全力以赴。所思尚有诸多不足,所书或有词不达意,敬请批评指正。

李 艳

2023 年 5 月 1 日

目录

CONTENTS

第一章　传统文化对思想政治教育的影响

第一节　传统文化概述

自从人类产生以后,文化就伴随人类而产生。人类发展史就是一部人的文化发展史。从远古时期到秦汉统一再到明清时代,中华民族传统文化展现出了顽强的生命力,中华民族成为世界唯一一个没有间断、延绵至今的民族。正是由于中华民族自古就是一个重视思想文化和精神力量的民族,才实现了中华民族几千年的人类文化传承和思想凝结。

一、传统文化的概念

文化的内涵丰富而精深、悠久而深远,对文化的认识需要做一个全面而客观的了解和立体化思考。早在中国古书《礼记·乐记》中,就出现了"无色成文而不乱"的"文"字。文,本指纹理,后引申出文章、文字、文学之意。"化"在《易·系辞下》"万物化生"中出现,化,本指变化,后引申出造化、伦理德性之意。而文、化两字合在一起是出现在《易·贲卦》"观乎人文，以化成天下"中，有文明教化之意。

（一）传统文化的界定

传统是指一种观念、文化、行为、习俗、制度、艺术等物质和精神财富的世代流传。传统主要涉及两个要素：一是，时间要从古至今延续；二是，影响力要从古至今持续。两个要素同时具备，方能成为传统。传统包含旧传统和新传统。旧传统是指存在上千年时间的传统，新传统是指近百年时间的传统。到目前为止，人类社会经历了五大社会形态的更替发展，即原始社会、奴隶社会、封建社会、资本主义社会、社会主义社会。在我国，近代半殖民地半封建社会之前的社会形态界定为传统社会，新中国成立后的社会形态界定为现代社会。传统具有历史继承性，中国经历了古代、近代至现代的时间发展过程，现代社会继承了古代、近代的传统。

文化是一个内涵丰富、外延宽广的概念。在横向上，文化研究涉及哲学、文学、历史、政治、教育、心理、宗教等很多领域；在纵向上，文化涉及概念、内容、特征、结构、功能、模式、机制、研究方法、价值、意义、影响等层次。由于文化研究涉及领域广泛，对文化的定义可以说是见仁见智、各有侧重、各有特色，学术界对文化的定义就达到200多种。诚然，不管给文化下什么样的定义，文化都不能脱离两个要素：主体和客体。文化是主体对客体的一种能动反映（认识），是主体对客观世界的主观映像（意识），是主体理性认识的产物（社会意识），即文化是人与客体对象化的结果。按照马克思主义基本原理的观点，人的本质是一切社会关系的总和，人是社会中的人，人的本质属性是社会属性，文化亦是人与人、人与社会、人与自然相互作用的结果，这个结果可以表现为一系列观念、思想、制度和社会意识，也可以是承载这些观念、思想、制度和社会意识的物质载体。

文化作为社会意识的重要组成部分,文化的产生伴随着思想、理论、精神、制度、教育、观念等概念而出现,它们之间相互交融、相互交织、相互贯通。传统文化是人类作用于客观世界形成的某种世代相传、影响至今的对象化产物,表现为某种思想、制度、技术、道德、风俗、艺术、作风等。我们通常说思想文化、思想建设、思想运动、文化观念、文化理论、文化制度等概念,都是对某种文化现象的表述。

(二)文化的分类

从文化产生的时间维度来看,文化具有时代性,存在过去与现在之分。中国过去的文化可以称之为旧文化,现代文化称之为新文化。当然,旧文化并不是不好的文化,只是从时间上来看较为久远,才称为旧文化。新文化指现代社会产生的文化,而非近代新文化运动时期的"新文化"。旧文化既包括几千年前的儒家文化、道家文化、法家文化等,也包括近代的红色革命文化。新文化既是对传统文化的传承、发展与批判,又是现阶段符合中国实际情况的、特色的阶段性文化。

从文化产生的历史维度来看,文化具有社会性和历史性。主要包括古代文化、近代文化和现代文化三个不同时期的文化。古代文化指奴隶社会文化和封建主义社会文化;近代文化指半殖民地半封建社会的封建思想、旧民主主义思想和新民主主义思想;现代文化即社会主义改造、建设、改革时期产生的文化。根据马克思主义基本原理,社会意识是社会存在的反映。作为社会意识形态,文化将随着社会存在的变化而变化。文化是开放的、历史的、发展的、动态的,随着经济基础的发展,文化也将随社会发展与时俱进。不同的历史时期、不同的经济基础、不同的社会形态,决定了上层建筑的更替和思想文化的变化。但是无论社会如何变化,文化的社会性和历史性决定着文化的世代传承,现代文化批判继承和发展了优秀的古代和近代文化。

从文化产生的地域来看,文化存在区域性、多样性、民族性、开放性。文化既有南方文化,也有北方文化;既有少数民族多样性文化,也有汉族主体性文化;既有国内文化,也有国外文化;既有东方文化,也有西方文化;既有民族文化,也有世界文化。

从文化的存在方式来看,文化分为物质形态的文化和观念形态的文化。文化是人创造的,是人与对象交互作用的结果,是人类对社会生活实践的精神反映。这种反映既有物质形态的存在,也有观念意识的产生。比如古代中国的"四大发明"、艺术建筑、青铜方鼎、饮食服饰、瓷器、丝绸、茶叶、水稻等是物质形态的文化,哲学、文学、教育、医学、宗教等思想观念和知识体系是观念形态的文化。

从社会产业部门的分类来看,不同的产业部门,形成了不同的文化。既有传统的农业文化、畜牧业文化、林业文化、渔业文化,也有现代工业文化、制造业文化、建筑文化、金融文化、医学文化、旅游业文化、信息产业文化等。

(三)传统文化的分类

依据文化不同的分类维度,传统文化存在以下不同的类型。

从传统文化的时间分布来看,传统文化是中国古代社会和近代社会两个历史阶段的文化体系,经历了原始社会形态、奴隶社会形态、封建主义社会形态、近代半殖民地半封建社会形态。因此,传统文化分为中国古代传统文化和中国近代传统文化。中国古代传统文化具体划分为原始社会传统文化、奴隶社会传统文化、封建社会传统文化;而中国近代传统文化具体划分为近代半殖民地半封建社会传统文化和近代新民主主义文化。在近代半殖民地半封建社会下,近代半封建传统文化继承了古代封建社会传统文化"封建"内涵,并吸收了西方的"民主"思想,而新民主主义文化则属于新传统文化,具有社会主义文化内涵。

从我国传统文化的内容分布来看,文化是对社会生活的精神反映,是人的主体性发展的需求。随着社会生活的丰富,人的思维意识反映在生活的方方面面,跨越了自然、哲学、文学、艺术、科学、技术等多个研究领域。因此,传统文化可以分为中国传统哲学、中国传统宗教、中国古典文学、中国传统艺术、中国传统教育、中国传统历史、中国传统科技等方面文化。

从传统文化的表现形态来看,传统文化分为物质形态的传统文化和观念形态的传统文化。物质形态的文化是从客体角度来考察文化的存在形式,即以客观物质方式来表现文化内涵,包括物质生产资料和社会意识物质媒介文化。生产资料物质形态文化是人类运用生产工具从事物质生产过程中所产生的文化,比如生产工具、食物、土地、道路、设备、建筑等物质文化。社会意识物质媒介文化是人们运用物质载体展现社会意识或精神财富的文化方式。为了延续人的观念意识,发挥思想文化的精神力量,人们借助古典书籍、历史文物、古迹遗址、艺术作品等中介或物质实体来传递精神文明和思想文化。观念形态的传统文化是从主体角度来考察文化的存在形式,即以人的主观精神来表现文化内涵,是人的大脑产生的主观映像,以观念、意识、思想、知识等方式存在于人的精神世界,表现为价值取向、道德规范、风俗习惯、民族心理等传统文化。观念形态的传统文化不同于社会意识物质媒介文化,前者是主观思维范畴,后者是客观实体范畴。

从传统文化的作用来看,传统文化分为优秀的、积极的传统文化和落后的、消极的传统文化。推动社会进步和符合人民利益的文化属于优秀的传统文化;阻碍社会进步和背离人民利益的文化属于落后文化。优秀的传统文化是传统文化的精华,对人的思想具有正面的教育意义,有利于推动社会向前发展,比如,近代陈独秀、李大钊等新文化运动的倡导者高举"民主"与"科学"两面大旗,不仅大范围解放了国民的思想,还为五四运动的产生奠定了思想基础和群众基础,推动了近代社会向前发展;落后文化是传统文化的糟粕,对人的思想则存在着负面的影响,会阻碍社会进步。比如,袁世凯为复辟帝制,推行"尊孔复古"、废除"临时约法"、禁止人们自由言论、出版、集会等,腐朽的文化思想使中国回到了比封建社会更加黑暗的深渊。

二、传统文化的表现

中国传统文化流传至今已有五多千年的历史,内涵丰富多彩,博大精深,领域广泛,涉及哲学、文学、教育、政治、宗教、艺术、科技等多个学科,以下作一个浅显介绍。

(一)中国传统哲学

要了解中国文化,首先要了解中国哲学。"哲学是心灵的创造……没有哲学也就没有文化可言","只有人类能把握心灵、精神的力量,能做有创造性思考,也因此才能有所发明,才能创造文化"。① 哲学与文化紧密联系,哲学思想集中展现了传统文化的内容、性质和发展方向。比如,儒家思想既是一种哲学思想,又是封建社会的官方文化。文化不能离开哲学,离开哲学,文化犹如失去灵魂,将不能与哲学同步发展。

要了解中国传统文化,首先要了解中国传统哲学(或中国古典哲学)。中国传统哲学是中国传统文化的重要组成部分,在中国传统文化的发展中处于首要位置,对中华文明的传承具有深远影响。中国传统哲学主要围绕世界本原问题、天人关系、知行关系、形神关系、动静关系、古今关系等问题展开,其主要特点归结为三方面:天人合一的思维模式、以伦理为本位的人

---

① 〔美〕成中英:《中国文化的现代化与世界化》,中国和平出版社,1988 年,第 59 页。

道主义、知行统一的认识论。中国传统哲学主要包括儒家哲学、道家哲学、佛家哲学，由此形成了儒家、道家、佛家三大流派百花齐放的局面。

第一，儒家哲学。儒家哲学的代表人物有孔子、孟子、荀子、董仲舒、朱熹、王守仁等，其创始人是我国古代思想家、教育家、政治家孔子。孔子思想是儒家哲学的核心思想，是封建社会统治阶级的主流文化。儒家哲学以"仁"为思想核心，重视"德"的伦理文化，提出了"忠""义""礼""信""孝""诚"等思想体系，维护"三纲五常"等是儒家哲学思想的共同点。儒家哲学经历了四个时期：儒家哲学的创立时期——先秦时期，以创始人孔子为代表。儒家哲学的发展时期——战国时期，以其弟子孟子和荀子为代表。儒家哲学的鼎盛时期——汉唐和宋明时期。西汉时期"独尊儒术"，儒家哲学上升为封建王朝的官方文化。汉唐时期以董仲舒、王弼、王充、韩愈等为代表，宋明时期以周敦颐、朱熹、程颐、王守仁、陆九渊等为代表。儒家哲学的批判发展时期——明清时期，以康有为、戴震、王夫之等为代表。儒家哲学的思想内容经历了四个发展阶段：天人合一的宇宙观、贬恶扬善的人性论、社会本位的道德理想、知行合一的认识论。

第二，道家哲学。道家哲学是我国传统哲学的另一文化流派，其创始人是古代著名的哲学家、思想家、史学家老子，其代表人物是老子和庄子。道是中国古代重要的哲学范畴，也是道家哲学的最高概念。老子最先提出"道"，万物皆有"道"，指万物都有规律、本体、本原。老子论"道"是当时思辨哲学的最高成果，表现为"道"之道、"无"之道、"无为"之道。道家以"道"为核心和世界本原，"道"核心是朴素辩证法，主张"道生一，一生二，二生三，三生万物"的宇宙体系，其哲学范畴包括道、动静、混元、有无、承负、六情，研究范围包括思维规律、生命哲学、生态哲学、玄学、内丹术、伦理、宗教、神学等。老子的朴素辩证法思想对中国哲学产生了重要影响。

第三，佛家哲学。佛家哲学来源于佛教思想，中国佛教思想发起于印度佛教。汉代印度佛教传入中国本土，经过上百年的消化吸收后，逐渐改造成了属于中国式的佛教宗派，形成了中国化的佛教思想。"佛"是佛教的理想人格，"佛"的理想人格的基本要求是"无我""无欲""无争"等。佛教认为，人生是痛苦的，有二苦、三苦、四苦、五苦、八苦，乃至一百一十种苦等。人之所以会痛苦，是因为人们对外界总是有很多的贪欲，所以人应该反观自己的内心，从贪、痴、癫、恶、疑等念想中走出来。只有消灭贪念和尘缘，人才能超凡脱俗，进入"涅"的境界，修成正果，成为"佛"。如何斩断贪欲和尘缘，佛教提出了八正道、三学、六度等修持方法。由于中国佛教哲学受到儒家哲学和道家哲学的影响，宗教观念被弱化，直悟生命本真，追求伟大的道德人格。

第四，宋明理学。宋明理学即宋元明时期的儒学文化。宋元明时期，理学以儒家思想为核心，融合儒家、佛家、道家三家智慧，创建了以心性论、理气论为主干的道德形而上学，其代表人物有朱熹、北宋五子，张栻、王守仁、陆九渊、吕祖谦。朱熹和张栻是宋代理学的集大成者，是客观唯心主义代表，提出"理"先于天地而在，"理"是儒家哲学体系的最高范畴。陆九渊的学说与朱熹学说相反，他是"心学"的创始鼻祖，提出"宇宙是吾心""心即是理"等观点，注重心性修养，是主观唯心主义的代表。王阳明则继承和发展了陆九渊的理论，提出"心即是理""心外无理""心理合一"等思想观念，创建了阳明学。

总之，中国传统哲学产生了不同的思想流派和文化传统，主要表现为伦理学传统（"仁义礼智信"）、形而上传统（"天道""阴阳""理""气"）、政治与教育思想传统（"贵民""贵德"）、宗教思想传统（佛道）、艺术与文学思想传统。从中国传统哲学中可以透视中国传统文化的主要特质和基本精神，即追求理想人格和道德修养，倡导伦理价值和家庭和睦，强调整体利益和责任意识，爱好和平团结。

（二）中国传统艺术

中国传统艺术形式多元、源远流长，包含了文学、舞蹈、音乐、雕塑、书法、绘画、建筑等诸多门类，构成了中国传统艺术的主体部分。以我国历代王朝的艺术发展为背景，就各领域的艺术特点和成就作一个粗浅认识。

1. 中国古代书法

文字是文化内涵的表现方式，是文化传承的必要载体。书法是中国汉字的一种独特的书写艺术，是我国传统文化的重要标志。书法艺术充分展示了我国传统文化的魅力，既展现了我国"阴阳五行""中庸思想""克己修身""天人相应"等传统文化，又反映了不同历史时期人们对文化修养、道德品质、身心合一等精神世界的追求，滋养和教育了人们的内心和灵魂。

我国汉字最早出现于奴隶社会殷商时期，1899 年人们首次在兽骨和龟甲上发现了刻有甲骨文的字体。随着商朝灭亡，甲骨文被铸造在青铜器上的"钟鼎文"（又称"金文"）所取代，但"金文"仍处于甲骨文的字体形态。

春秋战国时期，文字出现区域特点产生了"金文""货币文""陶文""石鼓文""玉玺文""简牍文"等不同地理区域的字体。文字开始出现在简、货币、铜器、帛书上，书体开始呈现出结构美。"石鼓文"的字体书写讲究用笔统一，力求虚实和均衡，是从大篆过渡到小篆的一种文字。

秦始皇一统中国领土的同时也统一了六国的不同文字，发明了秦篆。秦篆又叫"小篆"，是中国书法史形成的初级阶段。在秦篆之后，出现了一种比"小篆"更加书写简化的秦隶字体。当然，严格来说，书法成为一门艺术是从汉代末期开始的。汉代产生了七种书体，即隶书、小篆、楷书、行书、八分、今草、章草。

魏晋时期，我国书法出现蓬勃发展的形势，草书、行书、楷书得到广泛应用。三国时期，魏国集中隶书，吴国拥有稀缺的篆书，行书还没有被发现，书法家代表人物有曹操和钟繇。南北朝时期,北朝的书法代表作品是魏碑,它实现了隶书向楷书的过度,形成了魏楷,其代表作品有《元怀墓志》《张猛龙碑》《高贞碑》等。南朝的书法代表人物是王羲之和王献之。王羲之被人们誉为一代书圣,爱好书法艺术,隶、篆、行、草各种书体众长,富于创造,发明了一种新书体——行楷,自成一家,其代表作是有"天下第一行书"美誉的《兰亭序》。王献之才华横溢,与其父王羲之合称"二王",擅长楷书、草书、隶书、行书各字,穷通各家,以草书和楷书闻名于世,其传世之作是《洛神赋十三行》。

隋唐的经济繁荣带来了书法艺术的昌盛。隋代的书法风格发生了很大变化,即从浑朴而粗犷的书体转向闲雅而严谨的书体,注重书体的华美,如《孟显达碑》《龙藏寺碑》《元公墓志》,隋代书法的转变为唐代书法开启了新的局面。唐代书法艺术是中国书法历史的黄金期,出现了一批具有创新意识的书法家,初唐有虞世南、欧阳询、薛稷、褚遂良"四家",中晚唐有柳公权、颜真卿。唐代的书法家的书法艺术至今影响深远,为后代推崇,尤其是唐代草书的出现,点亮了中国的书法艺术。草书的代表人物是怀素和张旭,两人因擅长草书被齐名为"狂草大家",其中,张旭的草书在唐代极具盛名,与李白的诗和裴旻的剑舞,并称为唐代"三绝"。

宋代书法专注字体意趣,打破了唐代的法度,主要代表人物是黄庭坚、苏轼、蔡襄、米芾,人称"宋四家"。米芾继承了"二王"书法艺术,擅长草书,代表作品有《紫金研帖》《三帖卷》《寒光帖》《蜀素帖》等;蔡襄的书法特点是很有规矩感的楷书,字字端雅,浑厚端庄,代表作品有《郊燔帖》《陶生贴》《蔡襄尺牍》《蒙惠帖》等,其中,《郊燔帖》体现了蔡襄草书的独特性;苏轼在继承和发展传统书法艺术的基础上,善于创造新的书法艺术,其重要成就是被誉为"天下第三行书"的《黄州寒食诗》和被誉为宋代第一的真迹作品《赤壁赋》;黄庭坚的草书是"宋四家"中造诣最高的,《李白忆旧游诗》是草书典范,其《黄州寒食诗帖》与苏轼的《黄州寒食诗》有"双壁"的美称。总之,"宋四家"的书法艺术打破了以往书体的僵硬风格,创造了中国行书的新的风气。

元代书法崇尚复古,继承了唐宋书法,但缺乏自己独特的风格。元书以草、行、真为艺术主流,主要成就集中在草书,虽出现了赵孟頫、耶律楚材、鲜于枢、危素、康里巎巎等书法家,却没有一家能继续推动书法艺术的发展。明代书法以行书、楷书为主体,虽出现了祝允明、董其昌、唐寅、宋克等影响较大的书法家,但在整体上,元代字体缺乏生气和情趣,古板拘谨,同时鉴于当时流行帖学,书法造诣显得不足。

为了摆脱帖学的负面影响,使书法重新兴旺起来,清朝发明了一种新的、独立的字体——碑学。清朝的碑学与唐朝的楷书、宋朝的行书、明朝的草书,四大字体可以说是并驾齐驱、各有特色、雄健浑厚。碑学的昌盛重新使书法界活跃起来,出现了书道中兴的一代,前后出现了一批极具影响力的大师,比如康有为、赵之谦、阮元、张裕钊、沙孟海等。清代书法的成就不亚于汉、唐时期,各种书法都极有造诣,出现了《琅华馆真迹帖》《七绝二首诗轴》《两汉金石记》《华山碑》《板桥全集》《衡方》等隶书、篆书、行草碑文的重要成就。

2. 中国古代音乐

音乐植根于传统文化,是用节奏、声、曲、乐器等要素组织起来的一种文化活动,是一个社会一定时期的时代潮流、风土人情、区域特色、社会意识等各方面的思想体现、情感反应和精神"输出",反映了当前文化的发展趋势和社会精神面貌。《大夏》歌颂了夏禹治水,《大蠖》歌颂了商汤伐纣,《乐人殉葬》展示了奴隶主对奴隶的残暴统治,《九歌》展示了楚国文化,《诗经》展示了各省的民风民俗民情,《潇湘水云》展示了对祖国山河的热爱之意,《窦娥冤》《西厢记》《琵琶记》影射社会文化制度,《四季歌》《天涯歌女》反映了民众的抗日精神,等等。

古代音乐的源头可以追溯到尧舜时代。骨笛是我国出土最早的乐器,距今已有 8000 多年,尧舜时代已经出现音乐。秦朝开创了"乐府",汉代沿袭并发展了笛、角、七弦琴、箫、琵琶等乐器的使用。汉代使用的乐律主要是"三调"即"平调、瑟调、清调"。在乐学上有"相和歌"和"相和三调"。在汉代乐学理论的基础上,东晋南北朝时期出现了"清商乐"这种新音乐。三国时期,魏三祖建造了"清商署"(音乐机构),专门管理清商乐,清商乐与中原文化的融合,形成了吴歌与西曲,比如民间较流行《上声歌》《子夜歌》等吴歌和《那呵滩》《莫愁乐》等西曲。东汉末到东晋,出现了一批著名的古琴琴师、古琴著作、琴曲。

隋朝隋炀帝开创了"七部乐"和"教坊"机构,并创立了系统的音乐机构,包括鼓吹署、大乐署、教坊。唐玄宗扩大了教坊规模,将宫廷教坊细化为内教坊、外教坊,建造梨园,教坊学习歌舞,梨园学习器乐和法曲。杂技、幻术、歌舞戏、武术、滑稽表演等散乐是隋唐艺术的主要展现方式。唐代的乐曲有大曲、杂曲子两类。唐代将杂曲子与舞蹈的结合生成了"歌舞戏"。宋代使用大曲音乐来唱故事生成了"杂剧",同时市民音乐迅速发展。瓦子勾栏是宋代民间音乐活动的重要场所,是民间娱乐的商业中心。元代延续了唐代的民间音乐,大批西方外来文化的融入,使元代音乐更加丰富。从尧舜到元代,从音乐的产生到音乐的推广和发展,音乐发展的主流方向从宫廷转向市民,从贵族阶层转向平民阶层,从音乐艺术性和娱乐性转向商品经济。

我国传统音乐的重要转折点在于歌舞向戏曲的转化。金元时期开启了一种新的歌曲形式叫散曲。散曲包含带过曲、小令、套数三种体制。宋代也产生了新的戏剧艺术形式叫杂剧,其中,唱南曲是宋元时期很流行的一种戏曲形式。南戏又叫"戏文",它超越了杂剧,在音乐上更加多彩,元杂剧就是在宋杂剧、金杂剧的基础上产生和发展起来的。明清时期,说唱、歌舞音乐、戏曲、民歌、器乐五大类体系均形成,音乐文化被进一步推动,高腔戏剧、昆腔戏剧等地方戏逐渐产生,明代音乐最重要的贡献是朱载创造了十二平均律。道光年间,皮黄戏取代了昆曲成为民间喜爱的音乐形式。

3. 中国古代绘画

绘画以人的想象力、创造力、技巧等思维要素和水墨、毛笔、宣纸等材料要素相统一起来的文化活动。绘画作为中国传统文化的重要构成部分,是对民族风情、审美意识、文化层次、社会精神面貌和社会现实生活的心理反映。比如,原始社会对动物、植物的形态绘画,表现了原始人的信仰,汉代的墓室壁画展现了厚葬文化,隋唐时期绘画民族风格成熟,展现了社会文化的繁荣等。

中国古代绘画的起源虽晚于古代音乐(8000年前),但从6000多年前的原始彩陶来看,绘画的起源时间也较早。进入奴隶社会,青铜器平面不仅出现了文字,还发现了纹饰图案。纹饰图案是以线为主的平面构图。战国时期出现的帛画是中国最早的绘画形式,汉代在继承和发展帛画基础上,创作了壁画。壁画色彩鲜艳、造型栩栩如生,极具线条感。

三国时期出现了我国第一个佛像画家曹不兴。魏晋南北朝的绘画要比书法艺术稍弱。魏晋南北朝出现了大规模的石窟壁画,比如甘肃的敦煌壁画、克孜尔千佛洞、嘉峪关墓室壁画等,其中,敦煌壁画至今闻名天下。东晋以走兽画和人物画为主,西晋继承了东晋时期的宗教画和人物画,绘画逐步成熟起来。随着南方一批画家的出现,推动了绘画的成熟与发展。被称为画坛痴人的顾恺之创作了传世之作《洛神赋图》《列女仁智图》等作品初步展示了山水画,他的《画云台山记》《论画》等是我国最早的绘画理论著作。

隋代继承了魏晋南北朝时期的绘画形式,仍以宗教人物画为主,但在绘画风格上展现了民族特色。唐代的繁荣同样促进了其绘画艺术的大力发展,唐代绘画艺术达到了中国古代绘画的顶峰阶段。人物画、山水画、壁画、花鸟画占唐代画坛的主要位置,其中人物画在唐代达到最高水平,佛教人物画堪称史无前例,敦煌壁画就是当时无与伦比的艺术作品。人物画的主要代表有擅长佛教人物画的阎立本、白描画的吴道子、仕女画的周昉和张萱、西域人物画的尉迟乙僧,肖像画的法明和钱国养等;山水画的典型代表人物有开启文人山水画的王维、建立指画山水的张琛、完备青绿山水画的李思训;花鸟画的代表人物有擅长鹰鹊画的李元昌、蝴蝶花卉画的李元婴、禽鹰鹊画的冯绍正;壁画的代表人物吴道子、阎立本。唐代绘画在中国绘画史上取得了重要成绩,比如阎立本的《步辇图》被誉为中国十大传世名画之一,至今具仍有宝贵的艺术和文化价值。

宋代延续和发展了隋唐的绘画作品,人物画、花鸟画、山水画又被推至巅峰,绘画分科种类更加专业,诗、画、书三类相互配合,宫廷绘画和民间绘画各成体系,出现了"北宋三大家"(李成、范宽、董源)和"南宋四大家"(李唐、刘松年、马远、夏圭),及蔡襄、苏轼、米芾、李公麟、文同等大批著名画家及绘画作品,人物画有王居正的《纺车图》、苏汉臣的《秋庭戏婴图》、燕文贵的《七夕夜市图》等,其中张择端的《清明上河图》成为中国十大传世名画之一,现被收藏于故宫博物院,被誉为国宝级文物。花鸟画、山水画也超越了唐代,范宽的《溪山行旅图》、陈民中的《文姬归汉图》、董源的《龙宿郊民图》、李成的《寒林平野图》、林椿的《琵琶山鸟图》、赵大亨的《薇亭小憩图》、李公麟的《五马图》等皆是宋代重要代表作品。

大多数元代绘画作家身居高官爵位,作品创造风格以理想、情趣、情感为主,体现人民生活的人物画相应变少,山水画鼎盛,壁画成就较突出,比如墓室壁画、宫殿壁画、道观壁画、佛寺壁画等得到发扬。

明清时代的绘画画风偏向保守,进入古代绘画历史上的衰落阶段。明代代表性画家是"吴门四家"或"明四家"(沈周、唐寅、文徵明、仇英),其中,唐寅有"江南第一才子"之称。清代以文人山水画为主,民间绘画、宫廷绘画空前繁荣。清初代表性画家是"江左四王"（王鉴、王时敏、王原祁、王翚），属于画风正统；清中代表性画家是"扬州八怪"（罗聘、李鱓、金农、黄慎、李方膺、郑燮、高翔、汪士慎），其画风狂放，个性突出，作品怪异；清末代表性画家是"海上三任"（任颐、任薰、任熊）和"沪上三熊"（任熊、张熊、朱熊），其绘画呈现了新的思想状态，是古代绘画迈向现代绘画的开始。

从汉代至清代，随着中国古代绘画艺术的发展和西方绘画艺术的传入，逐渐汇聚成了一种代表我国民族传统的绘画艺术，即中国画。在绘画材料上，使用毛笔、墨水、颜料、陶瓷、宣纸、帛、绢进行创作；在绘画风格上，国画除了要求"貌"即形似，更追求"神"即神似，用点睛的手法来突出主题和民族风格；在绘画题材上，以山水画、人物画、花鸟画等中国传统绘画内容为主题。

4. 中国古代建筑

中国古代建筑具有鲜明的地域特色和民族风格，体现了中国强大而灿烂的物质传统文化，反映了不同历史阶段人们对精神文化的追求。

在原始社会时期，我国黄河中游的氏族部落初期主要采用草泥、树枝、木架等材料制作简单的穴居。由于氏族大部落的逐步聚集，木材构架建筑的地面上的房屋逐步产生。商代使用夯土技术修建了宗庙、陵墓、宫室和灌溉工程，第一次出现院落群体组合。战国时期，高台建筑和多层的木构架房屋得到推进，彩画、砖等建筑材料和工程测量技术出现，同时我国古代最早的一部手工业制造工艺书籍《考工记》诞生。

秦汉是我国古建筑成熟的开端。秦始皇兴修大型建筑和建筑群，比如，临洮至辽东的万里长城、陵墓、阿房宫。汉代，宫廷大力修建洛阳城和长安城，仅长安城一角的未央宫，城围就达到 8900 米，建筑结构是多层楼阁的砖木结构，左右对称，布局严整，色彩齐全，图案完美，外檐和里屋均附有配饰。

隋代修建了世界桥梁史上第一个"敞肩拱"建筑桥梁，建造工业独特，是至今保留最完整的单孔设计桥梁,具有较高艺术价值。唐朝建筑风格浑厚,已经达到了建筑业的成熟阶段,形成了稳定而完整的建筑体系。山西五台山著名的佛光寺就是我国保留至今的、规模宏大的唐朝建筑。同时,国外文化的不断传入,给传统建筑艺术尤其在装饰纹样、造型、轮廓、线条等方面注入了新元素,赋予唐朝建筑更多的时代性。

宋代是我国古代封建主义社会建筑艺术的转折点,一改以往唐朝浑厚而宏伟的建筑风格,工艺美术变得更加纤巧、细致、轻柔、绚烂。宋代在建筑技术上更成熟,建筑方式更模式化,建筑类型更多样化,建筑布局更平民化,编修了一部关于建筑设计和施工的专著《营造法式》,是世界上最早的建筑学书籍。为了解决湖水冲刷的问题,还创造了史无前例的"筏形基础"建筑技术,在建筑技术方面取得了巨大成就。金代修建了一座著名的国内桥梁建筑——卢沟桥,它是一座石砌的圆拱大桥,是当时建筑风格和建筑结构上的新成就,是目前北京仍然保存的石造联拱桥。

元代,由于世界民族文化的传播与交流,伊斯兰教和喇嘛教的建筑艺术对我国建筑领域产生了较大影响,元朝建筑工艺融合了外来民族文化的新元素,有了新的建筑趋势和风格艺术。比如,玻璃和彩色的玻璃砖瓦的运用。

明清时期建筑业取得的突出成就是紫禁城的修建——大名鼎鼎的北京故宫(又称故宫博物院),既是明清两代的皇家宫殿,也是今天中华文明的珍贵遗产,还是当今世界上现存规模最大、最完整的木质古建筑群,于1987年列为世界文化遗产。

(三)中国古典文学

文学属于文化中极具精神感召力的思想领域。中国传统文化培育了中国古典文学,中国古典文学又进一步丰富和发展了中国传统文化,使中国传统文化具有更加深刻的内涵和影响。几千年来,中国古典文学展示了众多光辉而灿烂的优秀作品或经典性作品,呈现诗歌、小说、散文、词、曲、赋等多种艺术表现手法。

1.《诗经》和先秦时期散文

《诗经》是我国春秋时期创造的古代第一部诗歌总集。《诗经》内容丰富,既叙述了王朝历史和传说,又揭露了现实社会的苦难和悲惨;既描写了人民劳动过程的欢乐和繁忙,又反对社会压迫和剥削;既描述了生活中男女爱情的淳朴与诚挚,又反映了现实社会男女之间的悲欢离合。《诗经》是对不同社会阶层人民现实生活的反映,写出了劳动人民的心声。

春秋战国时期出现了百花齐放、百家争鸣的文化环境,儒家、道家、墨家、法家的学说不仅推动了文学的繁荣和文化的灿烂,而且为我国传统文化奠定了基础。先秦散文在古代文学占有重要位置,包括《春秋》《战国策》《左传》《国语》等历史散文和《论语》《庄子》《孟子》《荀子》《墨子》《韩非子》等诸子散文。

2.《楚辞》和汉赋

《楚辞》以战国时代诗人屈原为代表,屈原的《离骚》是《楚辞》的主要代表作,它反映了诗人热爱祖国、热爱人民的深厚情感和崇高的人生理想,共2490个字,是古代抒情诗中文字最长的。汉赋以汉初贾谊、枚乘、扬雄、司马相如等作家为主要代表。贾谊的代表作是《吊屈原赋》《鹏鸟赋》;枚乘的代表作是《七发》;司马相如的代表作是《上林赋》《子虚赋》《美人赋》《大人赋》《长门赋》等;扬雄的代表作是《羽猎赋》《长杨赋》《甘泉赋》《逐贫赋》等。

3. 魏晋文学与南朝文论

汉魏时期,"三曹"和"建安文学"在古代文学上产生了重要影响。"三曹"指曹操、曹丕、曹植。曹操的代表作有《观沧海》《龟虽寿》《短歌行》等;曹丕的代表作有《燕歌行》《于清河见挽船士新婚与妻别》《杂诗》等;曹植的文学作品较多,其中诗有八十余首,其代表作有《名都篇》《白马篇》《赠白马王彪》《鰕鱼旦篇》《野田黄雀行》《杂诗七首》《七哀诗》等；辞赋有四十多篇，名篇有《洛神赋》《与杨祖德书》《求自试表》《与吴季重书》《鹞雀赋》《求通亲亲表》等。"建安文学"是"建安七子"的代表作。"建安七子"指汉代末期的孔融、王粲、陈琳、阮瑀、徐干、刘桢、应场七位作家，其中，王粲的文学成就是七子中地位最高的。王粲的诗代表作有《从军诗》《七哀诗》，辞赋代表作是《登楼赋》，散文代表作是《荐祢衡表》。

从东晋到南北朝时期，中国出现了历史上第一位田园诗人陶渊明，其代表作有《归田园居》《桃花源记》《饮酒》，至今都被民间所传颂。从魏晋到南朝时期，中国文学论坛迎来了古代文学评论的第一次高潮。钟嵘的《诗品》是我国古代首部论诗的书籍；刘勰的《文心雕龙》创立了文学批评方法论的书籍，两位作家及书籍都成为南朝典范。建安时期，大量书籍作品和作家涌现，五言诗、七言诗由此兴起。

4.唐诗、宋词和元曲

唐代迎来了我国诗歌的辉煌与昌盛时期，唐诗是我国古典文学的宝贵财富和灿烂文化。唐代产生了2300多位诗人、约5万首诗作，诞生了像李白、白居易、杜甫、柳宗元、韩愈等伟大诗人，他们的诗集直接影响到后世文学的发展。

初唐以"四杰"即杨炯、王勃、骆宾王、卢照邻为诗人代表，盛唐以李白、杜甫、王维、孟浩然、王之涣等诗人为代表。被称为"诗仙"的李白，其诗歌表现手法既浪漫又现实，成就极高，把古代诗歌推上了古典文学浪漫主义高峰。比如《望庐山瀑布》《静夜思》《黄鹤楼送孟浩然之广陵》《蜀道难》《早发白帝城》《独坐敬亭山》《北风行》《远别离》等代表作至今对现代文学和现代教育影响极大。被称为"诗史"的杜甫是唐代另一个诗歌成就很高的典范。他以现实的表现手法，展示了杜诗的主要特征。像《江南逢李龟年》《春夜喜雨》《春日忆李白》《春望》《丽人行》《绝句》《登高》《枯棕》等代表作至今也是家喻户晓的作品。中唐时期出现了白居易、韩愈、李贺、韦应物、李益等诗人，晚唐时期杜牧、李商隐等诗人，诗歌成果丰富。

宋词是宋代文学的主要表征。宋词与唐诗两大文学并列，是我国古典文学的又一宝贵财富。宋初以欧阳修、晏殊、柳永等词人为主要代表。代表作有欧阳修《踏莎行》，柳永《乐章集》《八声甘州》。当然，宋代中期词成就最高人则是苏轼。作为"唐宋八大家"之一，他的《荔枝叹》《惠崇春江晚景》《饮湖上初晴后雨》《石钟山记》《食荔枝二首》《新城道中》等至今传诵，《念奴娇》和《水调歌头》都是他的著名的词典范。南宋时期著名的词作家有辛弃疾、李清照、陆游。辛弃疾以《西江月·夜行黄沙道中》《清平乐·村居》《摸鱼儿》《丑奴儿》等词为代表作；李清照以《点绛唇》《声声慢·寻寻觅觅》《如梦令》《一剪梅》《渔家傲》等词为代表作；陆游以《卜算子·咏梅》《游西山村》《冬夜读书示子聿》《初夏绝句》《十一月十一日夜闻雨声》等词为代表作。

元曲与唐诗、宋词三者并称，是元朝文学的主要体现。元曲包括散曲和杂剧，其代表人物有马致远、关汉卿、张养浩。元代的杂剧包含了杂技、舞蹈、说白、唱歌等艺术手法，标志着中国戏剧艺术走向成熟状态。

5. 明清小说

明清时期，为了适应民间对艺术文化通俗化的需求，小说流行且昌盛起来，成为明清时期的主要文化成就。小说分为短篇小说和长篇小说。明代短篇小说的代表作有《警世通言》《喻世明言》《醒世恒言》《拍案惊奇》；长篇小说主要代表是《西游记》《水浒传》《三国演义》《金瓶梅》等。清代文学领域恢复活跃的局面，小说的质量和数量都超越了以往任何历史阶段。蒲松龄的《聊斋志异》是当时最有名的文言小说，长篇小说领域出现了继《西游记》《水浒传》之后的文学高峰，《红楼梦》和《儒林外史》是当时重要的艺术成果。

（四）中国传统宗教

宗教是一种精神信仰和社会历史现象，具有文化特征和思想属性。宗教随社会的发展而发展，不同历史时期的宗教文化蕴含了不同时期的文化内涵。宗教与文化相互区别。不同的宗教存在不同的文化内容，体现了不同的文化传统和文化背景。宗教与文化相互影响。文化是宗教观念的表现方式，宗教依赖文化，没有文化，宗教就不能呈现其思想观念；宗教受文化的影响，宗教现象体现了文化本质，在不同思想文化的相互交织中进行自我改变。反过来，宗教也会深刻地影响文化的功能，在文化领域对人的情绪、情感、欲望、愿望、信念等心理特征产生思想影响和精神控制。宗教与文化相互渗透。宗教观念渗透了社会伦理、哲学、文学、风俗、艺术、政治等上层建筑的文化内涵，当宗教与文化形成"宗教文化"一体时，二者具有同向性、一致性。

宗教的存在和发展经历了原始社会、奴隶社会、封建社会漫长的历史时期，形成了原始宗教、道教、佛教、外来宗教和民间宗教等宗教形态。

原始宗教经历了自然崇拜、图腾崇拜、祖先崇拜、巫术活动阶段。第一，自然崇拜。自然崇拜是人们对自然界的一种崇拜，表现为对日月星辰、山川河流、风雨雷电、天地等崇拜。第二，图腾崇拜。图腾崇拜是原始人把自己的祖先幻想为某种动物或植物，并把它们当作"图腾"来崇拜，像鸟、鱼、蛇、虎、羊、马等动物曾经都是人们崇拜的图腾对象。图腾代表祖先，对祖先崇拜的本质是对人神的崇拜，寓意同一个部落，血脉相连的同族人应相互扶持和团结，共同抵御外敌。第三，祖先崇拜。随着劳动范围的扩大，生产力水平的提高，人们对社会的认识增强，从对动植物图腾崇拜上升到对人的崇拜。人们希望氏族英雄死后能庇佑本氏族成员，对祖先的崇拜意识产生。第四，巫术活动。巫师以驱赶式、祈求式、禁忌式、咒骂式等巫术形式，祈祷神明保佑,趋福避祸,消灾解难,达到人们的某种个人目的的巫术活动。

奴隶社会时期产生了中国第一大宗教——道教。作为我国的本土宗教,道教植根于我国原始社会,起源于原始宗教,在对原始宗教的改造、吸收和发展的基础上将原始民间的宗教崇拜之神上升成了道教的神。道教的发展从汉魏晋南北朝直到明清,经历了漫长的历史过程和发展演变。汉魏晋南北朝时期是道教从民间宗教上升为官方正统宗教的形成时期,隋唐和宋元时期是道教的兴盛和成熟时期,明清是道教从停滞走向衰亡时期。道教将"道"看作宇宙的本原,认为"道"是宇宙间一切事物的根源。道教重视养生思想,修习道教的目的在于得道成仙、长生不老,在修行的同时还要炼制丹药以求进入神仙境界。

佛教创始于古印度,两汉时期传入中国并生根落户。印度佛教中国化的转型即中国佛教成为中国文化的重要部分。佛教的传入、鼎盛、衰落经历了整个古代社会的漫长阶段。魏晋南北朝时期是佛教传入到繁荣时期,隋唐时期是佛教的全盛时期,宋元明清时期是佛教由盛转衰时期。由于魏晋南北朝时期社会长期动乱,佛教成为底层人民的精神支柱,同时得到诸帝扶持而进一步发展。隋唐时期,佛教受到儒家和道家思想的影响,在融合儒家和道家思想的基础上创立了许多具有中国特色的佛教宗派,其中最为典型的宗教流派是禅宗,它是中国佛教中影响最大、流传时间最长的佛教宗派。隋唐时期,佛教开始出现停止发展的迹象。

中国道教和佛教从产生、发展、鼎盛到消亡阶段,对中国的传统哲学、文学、艺术、教育等传统文化和社会生活都产生了深刻影响,出现了你中有我,我中有你的局面,道教的思想、宗教的民族习俗至今在很多地方还保留着,尤其是宗教文化在一些地方依然很活跃。

除了道教和佛教外,也现了祆教、摩尼教、基督教、伊斯兰教和民间宗教等其他宗教。祆教、摩尼教、基督教、伊斯兰教都是外来宗教。祆教、摩尼教和伊斯兰教传入中国较早,祆教于 6 世纪传入,摩尼教和伊斯兰教于唐朝传入,基督教因 19 世纪西方殖民主义国家武装侵略中国,作为文化侵略方式,被很多西方传教士传入中国。基督教、伊斯兰教能在中国扎下根来,既说明了外国宗教能够适应中国文化的特点,也反映了中国传统文化的包容性。中西宗教文化的交汇,反过来也促进了中国宗教文化的发展。民间宗教是一种民间自发组织的、非官方宗教而存在的、具有隐秘性特点的组织和团体,拥有大规模的信徒,其目的是为了组织和领导农民战争,反抗政府统治和地主剥削,影响较大的有太平军、白莲教、弘阳教、龙华教、黄天教、八卦教、金堂教、无为教、三一教、天理教、先天教等一百余种团体。由于民间宗教的存在对于统治者来说是一种巨大的威胁,所以长期受到政府镇压。

(五)中国传统科技

科技指科学和技术。科学是主观对客观世界规律的认知结果,包括社会科学、自然科学和思维科学。技术指主体改造客观世界的工具、方法、手段,包括生产技术和非生产技术,主要指生产技术。科技是中国传统物质文化的重要体现,在农业、航海、天文、医学、地理、数学等领域我国人民创造了灿烂的文化。

科技与文化相互联系、相互支撑、相互促进。科技为文化的产生和发展提供物质基础,文化为科技的突破提供理论支持。科技的产生需要相应的文化背景和文化环境,科技水平体现了一国文化发展的程度如何,文化的程度反映了一国的科技实力水平如何。总之,科技是文化环境的理论产物,体现了不同历史时期人们不同的思想观念、文化气息和价值观念。古代的"四大发明"即火药、指南针、造纸术、印刷术,一方面,对人类进步和世界发展做出了重大贡献;另一方面,西方资本主义国家的入侵反映了西方文化的价值观、道德观和世界观。正如马克思所指出的,火药对资本主义国家洋枪、洋炮、舰队等武器发明具有重要意义，指南针打开了世界市场，为资本主义国家建立殖民地开拓了方向，印刷术则是资本主义国家进行文化渗透的工具。

在农学方面，中国自古是农业大国，在农耕技术上有很多发明创造。中国古代的科学技术最先是从解决人的自然需求即衣食住行开始的。早在公元前5000多年的新石器时代，考古学家在浙江一带良渚文化中发现了大面积的野稻，说明我国在原始社会时期已经开始研究农业技术，包括农具的发明、耕种技术、施肥技术，我国已经进入农耕时代。春秋时期，被称为工匠祖师的鲁班，在土木建筑工程方面发明了古代兵器、农业机具和其他生活手工工具，是古代人民发明创造的主要象征。北魏贾思勰的《齐民要术》被称为世界最早农学百科全书；明清时期宋应星的《天工开物》被誉为世界第一部有关农业和手工业生产的百科全书。

在医学方面，众多杰出医学人物、医学典籍、医学技术的出现，是我国医学领域重要成就的表征。汉代名医华佗被誉为"世界外科之祖"，中医针灸技术是我国独特的医学技术和重要发明，《神农本草经》是世界上最早的药物学著作，《黄帝内经》是我国古代最早的一部医学典籍，《洗冤录》是世界第一部法医学著作。此外，李时珍的《本草纲目》，葛洪的《肘后方》，孙思邈的《千金方》等都是中医学的重要研究成果。

在天文学方面，"甘石星经"是世界上公认的最早的星表，《汉书·五行志》有世界公认的最早太阳黑子记录，《春秋》最早记载了彗星，《左传》是世界上最早记录天琴座流星雨的著作。中国古代出现了一批杰出的天文学家，对中国天文学做出了突出贡献，比如东汉的张衡发明了"水运浑天仪"，南北朝祖冲之制定了《大明历》，唐朝一行主编了《大衍历》，元朝郭守敬设计了观象台及观象仪器并完成了《授时历》，北宋苏颂设计了"水运仪象台"、沈括改进了浑仪和壶漏，并大胆提出纯阳历——"十二气历"。

在地理学方面，中国古代缩绘、计算知识已经达到十分科学的程度，《山海经》《汉书·地理志》《周易·系辞》《汉书·地理志》《水经注》《西域图志》《海涛志》等都是我国著名的地理学著作。"郑和下西洋"充分展示了中国古代的航海技术在当时已经达到世界领先水平,其船队规模、船员数量、船只大小远远超过西方国家。

在数学方面,商高创制的《周髀算经》是最早行世的数学天文书籍。中国古代数学以应用数学为主,优势在于处理现实的计算问题和量度问题。中国传统数学的范本是《九章算术》和《算数书》。《九章算术》包括了代数、算术、几何(不含三角)共三个科目的初等数学知识,在算术方面掌握了系统的比例算法、分数算法和求最大公约数的方法,在代数方面建立了正负数加减法法则,在几何图形上建立了立体体积的计算方法。可以说,《九章算术》在两汉时期通过数学理论对实际工程管理和经济管理的计算问题已经达到一定高度。南北朝著名的数学家祖冲之发明了圆周率;隋唐时期刘焯提出"等间距二次内插公式",用"开带从立方法"求根,标志着中国数学登上当时世界数学的一个新高度;北宋沈括的《梦溪笔谈》是科学史上备受推崇的杰作,发明了"隙积术"和"会圆术";此外,南宋秦九韶著《数书九章》,金元之际李冶著《测圆海镜》《益古演段》;南宋杨辉著《详解九章算法》《日用算法》和《杨辉算法》;元初朱世杰著《四元玉鉴》等大量数学典籍丰富和推动了数学技术法的进步。

(六)中国传统教育

教育是一个国家整体文化水平的象征,是国民思想道德素质、思维意识水平和理论知识修养等素质发展的重要体现。传统教育是中国传统灿烂文化得以延续和发展的重要保证,正是因为中国传统教育的一脉相承,才保障了传统文化的薪火相传。我国传统教育是指古代社会的教育,包括原始社会教育、奴隶社会教育和封建社会教育。传统教育蕴藏着深奥而系统的思想体系,主要体现在教育机构、教育原则、教育体制、教育家、教法等方面。

1. 教学内容

中华民族是一个具有几千年教育传统的民族。夏代创建了学校,以传授军事教学为主,是我国古代最早的教学内容;商代教学内容以习武、习礼为主,兼教授礼乐、历法、天文、算学等其他内容;西周教学内容主要是"六艺",即乐、礼、御、射、数、书六种知识技能;春秋战国时期诞生了世界上第一部完备而系统的教育学著作——《学记》,出现了《论语》《荀子》《孟子》《墨子》《吕氏春秋》等大量教育书籍;两汉以儒家经典为主要教学内容,尽管老师的教法和派别不同,但是教授的内容相似,学界出现"独尊儒术"的教育现象。东汉"一体石经"和魏国"三体石经",把《春秋》《论语》《易》《书》等儒家经典作为官方教材刻于石碑之上;隋唐健全了科举考试制度,唐代复兴了汉代的教学体系,教学内容继续以儒经为主,中央官学如太学、国子学、四门学专门学习儒经,专科学校则是兼修儒经。宋代朱熹所著《四书章句集注》是朝廷指定的教科书,以传授儒经文化为主。

2. 教育思想

德与智。我国古代教育重视德育与智育相结合,表现在二者相互促进的关系上。第一,主张教育应该坚持德育与智育相统一的观点。《论语·雍也》指出:"君子博学于文,约之以礼,亦可以弗畔矣夫!"[1]第二,重视德育对智育的促进作用。《论语·学而》指出:"君子不重则不威,学则不固。"[2]第三,强调智育对德育的推动作用。《春秋繁露·必仁且智》指出:"仁而不智,则爱而不别也;智而不仁,则智而不为也。故仁者,所以爱人类也;智者,所以除其害也。"[3]

---

[1] 朱汉民主编:《中国传统文化导论》,湖南大学出版社,2000 年,第 161 页。
[2] 朱汉民主编:《中国传统文化导论》,湖南大学出版社,2000 年,第 161 页。
[3] 朱汉民主编:《中国传统文化导论》,湖南大学出版社,2000 年,第 161 页。

学与思。我国古代教育主张学与思相结合,孔子的教育思想表现为"学而时习之"、学以致用、学思并重、多闻多见、因材施教、实事求是的学习态度。孔子指出,学习应该与思考相结合,只有学习而无思考,或者只有思考而无学习,都会使人变得更加困惑。实施教育的前提是学习,学习是思考的基础,因为学习后人才能去思考问题。孔子提出,君子应该有九思,即"视思明,听思聪,色思温,貌思恭,言思忠,事思敬,疑思问,忿思难,见得思义"①,教育人们在生活中应学会如何思考。

知与行。我国古代教育主张教育与生活相结合,观念要与行为相结合。教育要立足现实生活,从生活实践出发,做到知行统一,反对教育脱离现实生活,脱离实践去求知的观点。颜元主张"格物致知",认为实践或"行"是一切知识的来源和目的,书本上的知识仅仅是间接经验,间接经验要与人的行为相结合。因而老师所传授的知识要能够为实践服务和运用。《荀子·儒效》指出:"学至于行而止矣。行之,明也,明之,为圣人"②,意指把掌握的道德知识和生活实践相结合是成为"圣人"的重要条件。

3. 教育特点

古代教育思想百花齐放、群星璀璨。在不同历史阶段,出现了众多著名的思想家、教育家、史学家、哲学家。春秋战国时期儒家学派的代表人物孔子、孟子、荀子;道家学派的代表人物老子、庄子;墨家学派的代表人物墨子,法家韩非子;南宋理学家朱熹;明代王守仁;清初顾炎武、黄宗羲、王夫之等代表人物,为中国教育界奉献了智慧和文化,为古代灿烂的精神文明做出了重要贡献。

第一,辩证观。作为中国古代杰出的教育家,孔子在道德、学习和生活

---

① 朱汉民主编:《中国传统文化导论》,湖南大学出版社,2000年,第162页。
② 朱汉民主编:《中国传统文化导论》,湖南大学出版社,2000年,第164页。

观念中都注入辩证法思想。在道德观上,孔子十分重视道德教育,道德教育贯彻了孔子的辩证法思想。孔子认为,道德观念与道德行为之间是对立统一的关系,道德观念与道德行为在一定条件下会相互转化。孔子在《论语·卫灵公》中提道:"知及之,仁不能守之,虽得之,必失之"①,意指道德观念如果不能转化为道德行为,道德就会失去规范功能;在教育观上,提出"学以致用"的教学观点,即学习要与实践相结合,要把学到的知识运用到社会实践中,指导社会实践;在生活中,孔子把辩证法本身也实际地运用到现实生活。有一次,孔子带着学生拜访老子时,老子仅仅说了两句关于牙齿和舌头的话语,他便悟出了老子的蕴意,意指牙齿既是刚强的又是柔弱的;舌头既是柔弱的又是刚强的。老子论强弱这一生活案例就形象地体现了老子的辩证法思想,即强与弱的对立统一。

儒学大师荀子批判继承了先师孔子的教育思想,他的理论成果富含丰富的辩证法和朴素的唯物主义观点,其作品《礼论》《劝学》《性恶》《修身》被世人誉为是儒家教育经典。在教育观上继承了孔子的"学以致用"理论,提出"学至于行之而止"的知行观,即行既是知的来源,又是知的目的;认识归根结底是为了行,强调知与行、学习与行为的辩证关系。

第二,内倾观。内倾观是通过强化自我修行,提高道德认知,加强道德自律,经常反省自己的行为,以提高主体内心自觉性,这表现了古代教育家对人的精神生活的崇高要求。儒家、道家、佛家文化的共同之处,就在于教育具有内倾性特征。

儒家和道家两派教育思路不同,儒家从内到外延展,道家从外到内延展,但最终都回到对人内心的追求上,具有共同的教育特点。儒家创始人孔子主张人要行之于"礼",意思是人应以内心的道德来调节自己的行为,做自

---

① 南怀瑾:《论语别裁(下)》,东方出版社,2014年,第709页。

已该做的事。孟子发展了孔子的教育思想,以性善论为前提,主张人的道德具有自觉性,把道德产生的根源从人格化的神转移到人本身。孟子提出"人无有不善",善是人的身体的一部分,是人与生俱来的。朱熹继承了孟子的思想,他认为道德不在上帝手中,也不在天,而在自己的内心,在于自己道德的提高。王阳明进一步发展了孟子的学说,重视人的内在,"天地万物俱在我良知的发用流行中,何尝又有一物起于良知之外,能作得障碍?"①

道家主张自然人性说,即人的本性来自自然界,人性就应当从自然中寻找,把外在的自然内化为人性。道家十分重视人的本能,认为人的本能是人的一种自然行为,实际上,道家学说依然关注人的内心。道家创始人老子在《道德经》中提到"寂兮寥兮,独立不改。周行而不殆,可以为天下母"②。意指道不依赖于外物,先于天地而存在,具有独立运行的规律和自己内在的规定性;《庄子·大宗师》提到"朝彻,而后能见独;见独,而后能无古今;无古今,而后能入于不死不生"③。"见独"表现了道家"人是自足的存在"观点。

佛家重视"心"的作用。佛家认为,道德要从内心去寻找标准,通过人的内心达到向内追求和内在力量的完善,美丑、善恶、是非都源自人内心的想法,与儒家、道家一样,同样具有内倾的性格。佛家认为,"佛"在此岸,在人的心中,并不在彼岸。心只要不受外物的迷惑,就可成佛。王阳明从儒转道,从道转佛,又从佛回儒,融合了儒、释、道三家的心学。

4. 教育体制

传统教育包括学校教育和家庭教育两种类型。就学校教育而言,古代学校有官学和私学两种类型。官学即官办学校,私学即私办学校。受封建等级制度的严重影响,官办教育也呈现出等级化特征。教学体制受政府权

---

① 李中华:《中国文化概论》,华文出版社,1994年,第180页。
② 老子:《道德经》,何占涛编译,万卷出版社,2019年,第103页。
③ 孙通海译注:《庄子》,中华书局,2017年,第135页。

力影响,官办学校采用衙门式的管理制度,教师职业受政治制度束缚,教学内容显得保守、传统、古板;相反,私学教学管理相对独立,教师职业灵活,学生择师自由,教师讲学自由,讲学内容往往与社会学术潮流相联系,更具活力、生气与自由。

(1)官学

我国最早的正式学校是官学。官学起源于奴隶社会夏商时期,夏代建立了专门传授知识的学校,主要传授数学、文字、历法、天文等方面的学问。西周时期,官学机构有了明显的级别区分。学校划分为国学与乡学,国学属于中央学校,乡学属于地方学校。按照学生社会地位的不同,国学又划分为大学与小学,大学是王公贵族的学习之地,是贵族学校;小学是平民百姓的学习之地,是普通学校。大学有天子的大学与诸侯的大学之分,即"辟雍"与"泮宫"两类。乡学属于地方学校,划分为庠、塾、校、序四类。传授知识的老师有"大司乐、大乐正、小乐正、大师、小师、大胥、小胥、师、执礼者、典书者"①,官办学校体制开始趋向完善。

汉朝是官学制度的建立时期。汉代官学制度有中央官学和地方官学之分。中央官学包括大学和专科学,大学程度称为太学,专科学程度称为鸿都门学。地方官学包括校、学、序、庠等。太学传授知识的老师称为博士,实行分科施教制。

唐朝是官学体制的完备和成熟时期。在教育制度上,不仅继承了汉代的官学制度,并在此基础上丰富了学校种类和教学科目。中央官学上设国子监为大学,大学统领各个学校,下设儒经专科如四门学、太学、广文馆、国子学等和其他大学如律学、算学、书学等。中央专科学有天文历法、卜筮、医学、兽医等多种教学科目;地方官学设有儒经、医学、玄学等专科学校。唐代

_____

① 朱汉民主编:《中国传统文化导论》,湖南大学出版社,2000 年,第 156 页。

传授专业知识的老师有直讲、助教、博士。

宋明元时期，官学制度得到进一步发展。北宋的学校类型增加，南宋的教学内容增加，元代学校的科目增加。明清时期，由于政府提倡科举考试制度和八股文学习，以往的官学制度走向衰败，私学开始兴盛起来。

（2）私学

相对于官学而言，私学是民间建立的私人性质的学校。如果说官学是官办的公立学校，那么私学就是今天的私立学校。私学分为大学和小学。大学是高等知识程度的学校，小学又称蒙学，是低等程度的学校。

第一，大学。由于教育被官府所垄断，广大平民无法获得知识教育，为了冲破这种"官师合一""学在官府"的教学体制，出现了民间私学。春秋时期，孔子、孟子、荀子、墨子等一批具有智慧光芒的私学大师出现，私学也随之产生。诸子百家开始创办自己的学校，传授和发扬自己独特的学识，私学大范围出现，推动了文化的繁荣。其中，儒家和墨家的私学是春秋末期最受人们追捧的学校，两种办学规模不相上下。比如，儒家创始人孔子在当时创办了较大规模的私学，主要传授儒家高等知识，在民间产生了深远影响。他的弟子孟轲在战国时期创办的学校规模更大，已经超越了孔子。

汉代延续了私学的发展，进入私学学习的学生规模增大。汉代的"学生"被称为"弟子"，由于入学的弟子人数已经达到成千上万，很多入学弟子并不能得到老师的亲授，只能是其高徒转授、次相授。要成为一派弟子，要么主动到老师门下接受学识成为"门前弟子"，要么是成为将其姓名录入门下的"著录弟子"。

唐宋时期，儒家士大夫创办了新的私学机构叫书院。书院具有一套独特的教学方式和规章制度，老师既能进行自由的学术思考，又能宣扬各门各派的不同思想，对民间和政府都产生了较大影响。由于书院创办越来越多，规模也越来越大，成功的书院还能得到帝王的赏识和恩赐，书院的创办便更加受到士大夫的偏爱，"中国四大书院"——岳麓书院、白鹿洞书院、应天府书院、嵩阳书院应时而生。

南宋是私学机构发展的繁荣阶段。吕祖谦、朱熹、陆九渊、张栻等著名的理学家以理学思想为主，各自建立了自己的书院和学派。书院的教育制度、功能、规章、任务等得到进一步规范和成熟，促进了中国教育的发展和文化的昌盛。之后，元代创办了宋代遗民书院，明代创办了王湛心学书院和东林学派书院，清代创办了乾嘉学子学院等，历代书院的创办和开设象征着中国传统文化的延续和发展。

第二，小学。小学是一种启蒙教育，有高低级别之分。低级别的小学向学生传授认字、习字、算术等最基本知识，如《元尚》；高级别的小学则会提高难度，传授经学的入门知识，如《论语》。小学教育的对象是年龄较小的孩童，称为书童。小学教育完成后，少数孩童可以继续接受高等教育，大部分孩童则没有再接受教育的机会。

小学教育发展较晚，于宋代初步建立了小学教育体制。学生到老师家里接受小学教育，该场所被称为"书馆"，相反，如果把老师请到自己家中传授知识，则该场所被称为"家馆"。宋元时代是小学的发展和完善时期，小学开始普及，人们对小学开始重视，对小学的教材、教学、生活等方面都作了严格的要求，还专门为小学教育编撰了一套正规教材，像《千字文》《百家姓》《三字经》《千家诗》等教材通俗易记，成为当时小学主要的学习教材。

明清时期小学教育得到进一步发展，小学教学内容变化不大，但是办学形式更加具体化。针对家族儿童、贫寒子弟等不同性质的教学对象，创办了"社学""义学""家塾"等新的办学形式，既有公立学校，也有私立学校，既有传授专业技术知识的学校，也有进行大众通识教育的学校。

（3）家庭教育

除学校教育外，家庭教育是另一种实施教育和传播知识的场所。学校是有专门老师、专门场所、专门教材、专门教法传授知识文化的场所,而家庭教育是以世袭式传授知识为特征,传授知识包括道德规范、文化知识、生产技能等。家庭教育作为学校教育的一种补充形式,是针对古代社会缺乏办学条件、没有受教育能力的平民、女子不能入学等情况下实施的一种教育方式。

家庭教育是家长或家族具有某些农业、手工业等技能或文化知识,以父传子弟的教学方式将其技术、经验和文化传递给后代。比如工匠传递技术,农民传递劳动经验等。家庭是儿童接受早期教育的主要场所,在婴儿出生之前,孕妇要注意喜怒哀乐对胎儿的影响,这是我国最早的胎教表现。贾谊在《新书·胎教》中指出:"周妃后妊成王于身,立而不跛,坐而不差,笑而不喧,独处不倨,虽怒不骂,胎教之谓尔。"①孩子进入幼儿阶段,父母要以家教的形式正式向孩子尤其是女孩传授道德礼仪、行为规范、生活常识等。比如,班彪以家庭教育的方式,向其女班昭传授他的才学。在古代历史上,中华民族自来重视家教的地位和作用,以家教的方式传递文化知识产生了很多著名的历史人物,比如,刘向传递学识给其子刘歆、班彪传递知识给其子班固、西周周公对王公子弟的教育等,堪称历史上家庭教育的成功典范。

当然,除了学校教育和家庭教育外,社会教育也是一种传播知识的方式。社会教育主要与物质生产劳动、社会生活密切相关。古代的纺织业、手工业、农业、工业等是平民百姓谋生的劳动方式,社会中具有一技之长的人为了使其知识、技能、经验可以得到传播并流传下去,劳动者需要招收社会人士学习和继承技能并持续经营,社会中就产生了师徒、帮工等关系的社会性质的教育。

---

① 朱汉民主编:《中国传统文化导论》,湖南大学出版社,2000 年,第 159 页。

（七）中国传统政治

政治作为观念上层建筑,是关于一国政治思想、制度、关系和设施的理论、观点。随着社会生产力的发展,原始公有制度的瓦解,生产资料私有制的形成,传统政治思想便伴随着阶级的产生而产生。传统政治服务于中国几千年封建社会统治阶级特定的经济基础,集中反映了封建统治阶级的阶级利益,是中国传统文化的重要构成部分,在社会意识形态中发挥主导作用。

1. 传统政治思想

传统政治思想起源于先秦时期的儒、墨、道、法四家学派。儒家政治思想的核心是人伦关系。儒家学派主张德治,其强调政治问题取决于道德与人格的修养。其中,孔子主张"德治",孟子主张"仁政",荀子主张"以德兼人"。总之,作为儒家文化的重要体现,儒家政治学说提倡以人伦道德来教化和处理政治问题,以实现政治与伦理合一。

墨家政治思想的核心是尚贤与尚同。首先,墨家反对世袭等级制度,重视人的能力,主张"故古者圣王之为政,列德而尚贤。虽在农与工肆之人,有能则举之"[①]的尚贤思想,意思是不论其出身是工匠还是农民,才能是第一位,凭借能力提拔。无能之人,即便是贵族,也不能提拔。这种"尚贤"的政治思想打破了儒家"尊贤有等"的等级制度。其次,墨家把尚贤与尚同联系起来,认为统治者应由贤者担当,使民众"上同而不下比",形成由上至下的统一,以"兴天下之利,除天下之害"作为衡量政治学说的标准。最后,墨家把宗教与政治思想结合起来,通过人格神来强化尚贤与尚同的思想,把政治甚至寄托在"天意"之上。

---

① 李小龙译注:《墨子》,中华书局,2016 年,第 57 页。

道家以"道"为基本范畴,政治上提倡"无为而治"。道家反对儒家文化,儒家提倡忠、孝、仁、义、礼、贤,道家认为一切社会问题的根源都是来自仁、义、礼、智。老子的《道德经》指出:"上德不德,是以有德;下德不失德,是以无德……夫礼者,忠信之薄而乱之首。"[①]"大道废,有仁义……六亲不和,有孝慈;国家昏乱,有忠臣。"[②]显然,道家对社会的伦理道德及政治观与儒家政治观持完全相反的态度。庄子则继承和发展了老子的思想,明确指出社会的一切罪恶都是仁、义、礼、智等道德思想引起的,道德不足以治天下,唯有抛弃道德,抛弃圣人,天下才能避免大乱,社会才能回归至德、至治。总之,道家极端的言论对先秦时期的政治、文化、社会都产生了较大的破坏性。

法家政治思想的核心是法治,即依法治国。法家主张用法治取代以往的礼治,变法革新,重视法制,轻视道德,认为不论亲疏贵贱,一律以法律为标准。吴起、商鞅、申不害、李斯等人是法家思想变法的主要代表,韩非子继承并发展了申不害、李斯、慎到等人所提出的"重势""任术"思想,在"任术"的基础上,提出"七术""六微""八说""八经"等思想,在"重势"思想基础上突出了治理国家和统治臣民中君主的权力、地位的重要性。总之,法家的法律体制、法治理论对中国传统政治制度产生了直接影响,儒家和法家的政治思想在中国传统政治中始终处于主导位置。

2. 古代政治结构

社会结构包括经济结构、政治结构和文化结构。中国古代的政治结构主要体现为以宗法制度为核心的"家国一体"的政治结构和以君主专制制度为本质的政治统治制度。

---

① 老子:《道德经》,何占涛编译,万卷出版社,2019 年,第 159 页。
② 老子:《道德经》,何占涛编译,万卷出版社,2019 年,第 78 页。

（1）以宗法制度为核心的"家国一体"的政治结构

宗法制度是古代政治制度的核心体现。宗法制度起源于原始社会氏族、部落的血缘关系，是在阶级社会产生后形成的一套等级森严而完备的专制制度，表现为嫡长子继承制、分封制、宗庙祭司制度等主要政治制度。以家庭为单位而形成的宗法制度朝着国家政治方向发展，家族统治天下的政治目标成为"家国一体"的重要表现。

从经济基础的层面来看，小农经济长期是中国古代封建社会经济的主要形式，生产力决定生产关系、上层建筑反映经济基础的规律原理使得家族前途与国家政治挂钩，家族制度成为国家政治制度的细胞，家族命运、血亲宗法关系与国家政治、经济等利益紧密联系。从政治上层建筑的表现形式来看，政治制度采用家族世袭制方式来实现家族统治，一部家族统治史就是一部古代政治史的展现。西周的姬姓家庭，战国的秦氏、汉太祖刘氏、唐代李氏皇族、明代朱氏皇族、清代爱氏等，都体现了我国政治结构的基本框架即以家族统治为中心。总之，家庭的、家族的宗法制度构建了"家国一体"或"家天下"为特征的政治结构。

（2）以君主专制制度为本质的政治治理制度

自原始公有社会解体后，私有制和阶级社会产生。尽管封建制社会取代了奴隶制社会，但是生产资料私有制的本质并没有改变。皇族、官僚、贵族等封建地主少数人占有国内绝大部分生产资料，占中国人口绝大部分的农民则基本处于无地状态，由此形成了地主阶级和农民阶级两大对立阶级。统治阶级为了维护和扩大自身利益，通过武力或战争的方式逐步夺取和占领土地等重要生产资料，建立以政治权力为核心的君王统治制度，以体现国家意志，维护国家统治。

社会结构主要表现为地主土地私有制为特征的经济结构，以君王独裁统治为特征的政治结构和以注重道德修养、"三纲五常"为特征的伦理文化结构。

在政治权力的获取方式上，统治者多采用武力征服方式争夺政权。从祖先黄帝使用武力征服部落和获取政治权力开始直至明清时期，形成了两千多年的以皇帝个人专权为统治核心的君主专制制度一直延续下来，并发展到中央集权的顶峰。统治阶级为了扩大利益，武力占领并兼并大量土地，残酷压迫农民阶级。为了缓解阶级之间的对立和冲突，减缓农民起义的爆发，统治阶级也会进行一定的土地制度改革，其目的是维护统治阶级的专制制度所赖以形成的经济基础。

在政治机构的设置上，皇帝个人权力处于金字塔顶端位置。从秦朝到汉朝，政府设丞相和太尉辅助君王，分管各方面事务。唐代设六部二十四司，尚书取代丞相之职。从历史上丞相、尚书台、中书、门下省等掌握国家最高权力职位或机构的转化，皇帝把政治大权从提拔这些亲信到提拔那些亲信的来回之中，其本质都是为了维护和强化皇帝个人专制统治，古代社会的君主专制的集中程度日益加强。

在政治管理上，表现为以伦理道德思想固化封建宗法政治制度。在伦理道德思想上，儒家思想是封建统治阶级的官方思想。"君为臣纲、父为子纲、夫为妻纲"作为封建社会的三条基本道德规范，是封建统治者维护宗法制度的根本。如"君要臣死，臣不得不死"的"忠"，"孝为百行之首"的"孝"，"修身齐家治国平天下"等，强调国家政治大事以良好的个人道德修养为前提，良好的道德品质可以实现人内心的自我约束、自我行为规范。通过伦理道德来约束和规范小我，养成内心的绝对服从的观念意识，从家庭道德规范上升到国家层面的道德规范，最终皇帝成为中国最大的家长，既能限制个人（主要指臣民）政治权力的欲望，又有助于老百姓养成遵守国家政治权力制度的内心自觉。伦理道德思想成为统治者实现政治管理的重要法宝，或者说伦理道德与政治管理的混合，将政治道德化，道德政治化，巩固和加强了

“王”的统治。

三、传统文化的基本特征

（一）传承性

传统文化通常指经过人类主体的选择、沉淀、保留下来直到现在依然发挥影响的那部分历史文化。历史上我国很多杰出人物、社会群体创作的哲学思想、教育理念、文学著作、艺术作品、宗教活动等领域的文化成果，尤其是对人民有益的优秀物质文化形态和精神文化形态至今对现代人的思维方式、行为习惯、道德规范、价值取向、思想文化、生活态度、兴趣爱好等方面都产生了较大影响。我国古代产生了很多文学作品，《三字经》《弟子规》《论语》《孟子》《道德经》《大学》《中庸》等至今都被世人传诵，一些篇目也成为学前教育指定的启蒙读物。孔子、老子、孟子、荀子等思想大师，李白、杜甫、范仲淹、王安石等伟大诗人，鲁迅、郭沫若、茅盾、朱自清等文学家以及他们的作品早已成为学生接受文化知识学习的重要资源，并直接载入教材。中华民国时期，孙中山领导辛亥革命推翻了中国最大的统治者，封建文化大厦的根基受到严重冲击，男子中山装、女子旗袍的服饰装扮一度受到当时青年人的追捧。为了纪念伟大的近代民主革命的开拓者孙中山，人们用中山装、植树节、中山大学等现代形式传承与歌颂孙中山的伟大革命精神。2016 年，习近平在纪念孙中山先生诞辰 150 周年大会上明确提出向孙中山先生学习，学习他坚韧不拔、百折不挠的奋斗精神，热爱祖国、献身祖国的崇高风范。现代文化是传统文化的延续，正是在传统文化的基础上，现代文化有了理论源头和历史底蕴。同理，未来文化是现代文化的延续，只要人类历史活动还在延续，文化就会延续和流传下来。

（二）时空性

根据马克思主义基本原理,运动是物质的根本属性,时间和空间是物质运动的存在形式。世界是运动、变化和发展的,传统文化作为人的对象化活动的结果,是对世界物质形态的精神反映,随着世界的发展而发展,随时空的变化而变化。

从传统文化的时间维度来考察,传统文化能够穿越时间。时间具有一维性,文化具有时代性。只要时间还存在,物质就会不断运动变化。文化有过去、现在、未来时代之分,对应产生了传统文化、现代文化、未来文化。传统文化、现代文化、未来文化三者紧密联系。传统文化是文化的过去,是民族之根。传统文化不仅代表过去时代的文化,也会随着人类社会的发展延续到现在,直至将来。没有传统文化,现代文化就会失去思想土壤;没有传统文化和现代文化,未来文化就会失去主体和方向。传统文化不仅存在文化的过去时态,还有现在时和未来时。传统文化是文化之根,现代文化和未来文化是秆、叶、花。随着时间的推移,秆、叶、花会不断产生、枯萎、再产生、再枯萎……新旧文化不断融合、更替和发展。

从传统文化的空间维度来考察,传统文化能够穿越空间。空间是物质运动的伸张性、广延性,具有三维性特点。传统文化是人类在一定空间下认识和改造客观对象的产物,没有空间,世界万物就不会存在,人类就没有立足之地。没有人类主体存在,传统文化便无从谈起。随着人类社会的发展,空间也在向前推进,传统文化不仅会从古代时空来到现代时空,还会奔向未来社会。我国传统文化内容丰富、博大精深。我国传统文化中的哲学思想以儒家、道家、佛家、法家之学为主要代表;文学著作以古代"四大名著""四书五经"、唐诗宋词等为代表,琴棋书画艺术以古筝、围棋、琵琶、二胡、笛子、书法、国画、戏曲等为代表;宗教文化有宗教哲学、宗教伦理、宗教礼仪、宗教艺术、宗教建筑等。传统哲学思想、文学著作、宗教信仰、艺术作品等传统文化伴随着社会形态的更替和人类文明的进步,从旧社会空间穿越到了新社会空间。比如,《西游记》《三国演义》《红楼梦》《水浒传》作为我国经典四大名著,从古代穿越到近代至现代,成为每一代人研读和传诵的经典作品。

(三)民族性

文化由人创造,不同的人创造不同的文化,不同的国家具有不同的文化特色。传统文化与不同的民族相结合,形成不同民族的传统文化。俗话说,靠山吃山,靠水吃水。活动主体会根据不同的客体开展不同的社会生产实践、政治实践和精神实践。世界上每一个国家因地理环境、气候土壤等自然条件不同,人们获取物质生产资料的方式、难易程度、原材料种类和数量等存在巨大差异。这些差异迫使人们养成了不同的生存方式、思维习惯、爱好特长和社会习俗,导致主体创造出不同的民族文化,形成不同的民族心理。环境影响人,人创造环境。不同的环境造就不同的人,不同的人造就不同的文化观念,不同的文化观念塑造不同的民族。比如,美国的地理环境、气候条件和生产实践活动造就了美国特有的美式文化,美式文化塑造了美国民族;中国的地理环境、气候条件和生产实践活动造就了中国特有的中华文化,中华文化塑造了中华民族。了解一个民族的社会环境和生产实践便能间接了解该国人民的思维方式、社会习俗、心理状态、宗教信仰等,进一步了解该国的文化特色。

四、传统文化的发展脉络

中国传统文化经历了从旧传统文化到新传统文化的延续和发展。旧传统文化包括原始社会时期、奴隶社会时期和封建社会时期产生的传统文化。

新传统文化是近代新民主主义革命时期产生的文化。

原始社会时期产生的文化简称原始文化,是我国古代传统文化的起源。从人类的起源来看,"中国最早的古人类化石是元谋人,活动在云南地区,距今约 170 万年"①。北京人、蓝天人、丁村人、河套人等距今已有几十万年。进入新石器时代后,原始文化进一步被发掘。在仰韶文化区发现了谷物栽培,产生仰韶小米文化;河姆渡文化遗址中发现了水稻的栽培,产生了河姆渡水稻文化;大汶口文化已经初现了父权家长制的文化。随着原始文化的发展,黄河流域龙山文化、中原龙山文化等多种中原文化的互融与繁荣,最终汇聚而成中华文化的源头,繁衍了整个华夏文化。总之,从旧石器时代到新石器时代,是中华民族的祖先由猿至人的阶段,也是华夏民族开创中华文化的起点。

奴隶社会时期产生的文化简称奴隶文化,是我国古代传统文化发展的第二个阶段。奴隶社会是以奴隶制度为文化特征的社会形态,经历了产生、完善、衰亡三个发展时期。黄帝、炎帝、蚩尤之间的三次部落战争揭开了奴隶社会的历史序幕。炎帝部落为了发展农业,从事农业活动,大力治水;蚩尤使用冶铜技术制造兵器;人兽合葬,猪头祭祀葬、腰斩等社会风俗,祭祀鬼神、祭祀天地的自然宗教、巫师祭祀的人文宗教等相继出现。经过颛顼、尧、舜、禹之间权力的争夺和艰难的征战,导致奴隶制国家出现。随着奴隶社会的政治、经济、刑律、礼乐、文教等各项制度的完善,形成了统一的华夏文化。

封建社会时期产生的文化简称封建文化,是我国古代传统文化发展的第三个阶段。封建社会是以封建专制政治制度和地主土地私有制经济制度为特征的社会形态,出现了以儒家文化为核心的封建文化。从公元前 475 年战国时代到 1840 年清代,儒家文化中的孔学被封建统治者推崇为思想正统,

---

① 李中华:《中国文化概论》,华文出版社,1994 年,第 5 页。

是中国封建社会的主流意识。孔子的道德学说、教学思想、史学思想、政治学说、经济学说、美学思想成为儒家文化的经典。儒家思想以尊卑等级为核心,讲究"礼治""德治""人治"。此外,封建时代还产生了道家文化、墨家文化、法家文化、兵家文化多个思想流派,每种文化皆有自己的思想观点、立场。在宗教文化上主要有道教、佛教、天主教、伊斯兰教、摩尼教等,还有少数民族宗教和民间宗教。

近代社会时期产生的文化简称近代文化,是指从 1840 年至 1949 年我国在近代社会期间产生的文化,包括近代半封建文化和新民主主义革命文化。由于西方帝国主义国家的入侵,封建主流文化受到西方文化的挑战,导致文化分裂,出现了封建主义文化、资本主义文化、社会主义文化多元并存。以五四运动作为新旧民主主义革命和新旧文化的转折点,新民主主义革命开启了社会主义文化的新方向,属于新传统文化部分。

从 1840 年鸦片战争到五四运动前夜,是我国近现代史的上篇。由于中国的社会性质从古代封建社会沦为半殖民地半封建社会,西方文化打破了封建文化长期一统中国的局面,中国文化亦从完全封建文化状态进入半封建文化状态。在探索救国救民真理的道路上,从洋务运动、维新运动到辛亥革命,我国先进人士对国家出路的探索经历了从器皿层面到制度层面的转变,在向西方学习的道路上进行了不断的尝试和努力。

洋务运动提倡"中学为体,西学为用"为指导思想,主张学习西方帝国主义国家的军事技术,以实现"自强""求富"的目的,但在文化上依然维护封建文化制度和封建科举制度。维新运动在洋务运动的基础上把对西方的学习推向了一个新高度,即向西方国家学习资本主义政治制度和思想文化。面对中西文化的交锋,维新派掀起了变法维新的思潮,引发了守旧派和维新派的思想论战,出现了资产阶级思想与封建主义思想在中国的第一次正面碰撞。维新运动在文化上提出兴西学,废八股,创立京师大学堂,派人出国留学等主张,宣传自由平等观念,批判封建纲常伦理制度,使长期顽固的封建文化被打开了思想的缺口,不仅开阔了中国人民的眼界和视野,还打破了封建思想毒霸文化阵营的局势。以孙中山为代表的资产阶级革命派,提出"三民主义",民族主义、民权主义体现了中国爱国主义传统文化,民生主义是孙中山对西方资本主义土地思想的一种认识和补充。在资产阶级革命派的宣传工作中,大力宣传民主革命的思想文化,在文化界出现了张炳麟、陈天华、邹容等知识分子撰写的反对封建保守文化的一系列书籍和册子,促进了资产阶级文化在中国的广泛传播。辛亥革命是中国发生历史性巨变的重要里程碑,不仅推翻了封建社会的君主专制制度,还抛弃了几千年的封建思想文化,极大地推动了中国人民的精神解放,改善了社会价值观念和社会风气。可见,学习西方政治制度和思想文化成为当时先进人士探索国家出路的文化主流,中华民族几千年封建传统文化遭到重大冲击。

1919 年五四运动到 1949 年新中国成立,是我国近现代史的中篇。辛亥革命失败后,根据当时我国所处的时代背景和国际环境,面对"三座大山"的重压,经历了新文化运动、五四运动、土地革命战争、抗日战争和解放战争,我国把目光从资本主义制度转向社会主义制度,先进知识分子从资本主义思想转向马克思主义。

以陈独秀、李大钊为代表发动的新文化运动进一步促进了国人的思想解放,打开了禁锢人们思想的闸门。新文化运动前期是一场提倡新道德反对旧道德、提倡新文学反对旧文学、提倡民主科学反对专制迷信的文化革命,中国的思想先驱们再一次高举西方思想文化,旨在在中国建立一个西方资本主义式的国家。但在传播西方文化的过程中,李大钊、陈独秀开始对西方文化产生了质疑。第一次世界大战的爆发展现了资本主义制度的矛盾,李大钊也开始反省西方资本主义制度是否适合中国,反省西方文化和中国传统文化结合的问题。

俄国十月革命一声炮响,给中国送来了先进思想即马克思主义,使中国文化界领袖人物从对西方资本主义的关注转向东方社会主义。五四运动的爆发推进了马克思主义先进文化在中国的传播,掀起了中国早期马克思主义思想运动,并推动新文化运动的进一步发展,马克思主义先进文化开始在我国思想文化领域中发挥指导作用,中国共产党的成立成为开天辟地的大事变。

土地革命战争初期,农村革命根据地得到重要发展,在军事反"围剿"斗争的同时还进行了文化上的反"围剿",文化界出现了大批传播进步思想的文化作品,比如,茅盾的小说《霜叶红似二月花》《子夜》《虹》,鲁迅的小说《彷徨》《呐喊》《朝花夕拾》,聂耳和田汉创作的歌曲《义勇军进行曲》,瞿秋白的杂文《苦闷的答复》《狗样的英雄》《曲的解放》等,他们成为当时中国文化革命最伟大的旗手。在土地革命时期,在江西瑞金成立了中华苏维埃共和国临时中央政府。苏维埃政府十分重视文化建设,广大工农普遍获得文化教育的权利,人民的文化水平得到提高。人民政府在根据地创办马克思共产主义学校,中央农业学校、师范学校和各种补习学校、夜校、识字班,以强化马克思主义理论教育。

土地革命中后期,由于党内领导人连续三次"左"倾错误,尤其是王明"左"倾教条主义错误,使中国革命遭受了巨大挫折。导致"左"倾错误的关键原因在于全党马克思主义理论素养不高,不善于把马克思主义思想理论与中国革命实践相结合,一味照抄照搬,使党失去了革命根据地被迫转移——长征。遵义会议的召开开始扭转中国革命的局面,思想理论建设成为党从幼年到成熟的重要经验。在新民主主义社会时期,毛泽东发表了《矛盾论》《实践论》《中国革命战争的战略问题》等著作,以提升全党的马克思主义理论素养。

抗日战争时期,在周恩来、郭沫若的领导下,抗日文化工作阵地形成,文化界抗日民族统一战线建立,确立了"抗战、团结、民主"开展文艺工作的三大目标,西部大后方人民的爱国情感和民主观念逐步增强。在党的思想建设上,毛泽东明确提出"马克思主义中国化"的命题,撰写了《中国革命和中国共产党》《〈共产党人〉发刊词》《反对党八股》《整顿党的作风》《新民主主义论》等理论文章,开展整风运动,端正思想路线,提高了党对马克思主义的认识与运用,实现了马克思主义与中国具体实际相结合的飞跃。

解放战争时期,解放区进行了轰轰烈烈的土改运动,废除了封建性及半封建性剥削的土地制度,摧毁了中国封建制度的根基包括封建地主土地私有制的经济制度、封建政治专制制度和封建思想文化制度。中国人民从此告别封建迷信旧时代,摒弃了千年封建旧文化,走向人民民主的新社会,迎接新的社会文化制度。

总之,从鸦片战争到五四运动再到新中国的成立,我国先进知识分子经历了从资本主义思想文化转向社会主义思想文化的艰难探索和奋斗历程,最终从传统文化与现代文化、中国文化与西方文化的差异比较中,选择了符合中国客观实际的文化理念和思想——马克思主义,选择了符合中国发展的制度和道路——社会主义,选择了代表中国广大人民利益的政党——中国共产党,确定了中国的建国方案和奋斗目标——共产主义社会。

1949 年新中国成立至今,是我国近现代史下篇,也是我国进入现代社会的起点。我国经历社会主义七年改造、社会主义十年建设、"文化大革命"、改革开放、社会主义现代化建设和中国特色社会主义继续推进。

改革开放前的文化,是指从 1949 年新中国成立至 1976 年"文化大革命"结束,表现为社会主义全面建设时期的文化建设和"文化大革命"时期的文化建设。在探索社会主义建设道路过程中,以毛泽东同志为主要代表的共产党人提出了若干关于社会主义建设的重要原则。面对传统文化和中西方文化的冲突,我国坚定了社会主义文化立场与文化态度。在社会主义文化建设方面,提出了坚持马克思主义的指导地位,同时提出"百花齐放、百家争鸣"的方针;提出"古为今用、洋为中用、百花齐放、推陈出新"的方针;提出思想政治工作是经济工作和其他一切工作的生命线的观点等。"文化大革命",顾名思义是一场文化上的革命或斗争。发动"文化大革命"的出发点是对国内阶级斗争形势以及党和国家政治状况的错误估计。"文化大革命"的"左"倾严重错误致使党的事业的各个领域,尤其是文化、教育、科技领域遭受严重的损失。

改革开放后的文化,是指从 1978 年改革开放至中国特色社会主义文化建设时期。1978 年党的十一届三中全会的召开,提了改革开放的重要决策,重新确立了马克思主义思想路线,对什么是社会主义,怎样建设社会主义进行了新的探索。在真理的标准问题上,《实践是检验真理的唯一标准》文章的发表,引起了文化界、思想界和教育界的强烈反响,使我们重新认识了马克思主义的重要观点——实践,厘清了马克思理论中主观与客观、认识与实践的辩证关系。以江泽民同志为主要代表的中国共产党人提出了"三个代表"重要思想,其中一个就是中国共产党要代表中国先进文化的前进方向,提出了建设民族的科学的大众的社会主义文化,以提高全民族的科学文化素质和思想道德素质。党的十八大以来,习近平提出用社会主义核心价值观引领社会主义精神文明建设的文化理念。习近平历来重视文化,尤其重视中华文化和中国精神,并强调马克思主义在意识形态领域的指导地位。就中华传统文化和社会主义文化建设方面,在 2016 年出版《习近平总书记系列重要讲话读本》、2017 年出版《习近平关于社会主义文化建设论述摘编》,2018 年出版《习近平新时代中国特色社会主义思想三十讲》、2019 年出版《习近平新时代中国特色社会主义思想学习纲要》及 2014 年至 2022 年期间连续出版《习近平谈治国理政》第一、二、三、四卷等书籍。在其诸多书籍中,习近平明确提出了关于传统文化、思想政治教育工作、社会主义文化、文化软实力等方面的重要观点。

在习近平提出的中国特色社会主义的"四个自信"之一就有文化自信，社会主义事业"五位一体"的总布局之一就是文化建设，"五位一体"也是习近平新时代中国特色社会主义思想的"十个明确"之一。在 2017 年党的十九大报告中，习近平指出，"文化自信是一个国家、一个民族发展中更基本、更深沉、更持久的力量"①。在 2018 年第十三届全国人大第一次会议上，习近平提出，要以更大的力度和措施来加快社会主义文化强国的建设，"推动中华传统文化创造性转化、创新性发展"②，提高国家文化软实力，建设社会主义文化强国的理念。习近平在党的二十大会议上指出，"坚持和发展马克思主义，必须同中华优秀传统文化相结合"③，"传承中华优秀传统文化，满足人民日益增长的精神文化需求，巩固全党全国各族人民团结奋斗的共同思想基础，不断提升国家文化软实力和中华文化影响力"④。

1949 年新中国成立后，中国由新民主主义社会进入社会主义社会改造和建设阶段。因此，1949 年前的中国文化包括古代原始文化、古代奴隶文化、古代封建文化和近代半封建文化和新民主主义革命文化，都属于中国传统文化；1949 年后的中国文化包括改革开放前的文化和改革开放后的文化，属于中国现代文化。从近代革命战争到社会主义现代化建设过程中，思想文化关系着中华民族的命运，关系着党的存亡，在社会主义革命和建设中起着思想引领和旗帜作用。从党的诞生之日起，中国共产党的领导人就十分

①　中共中央宣传部编：《习近平新时代中国特色社会主义思想三十讲》，学习出版社，2018 年，第 194 页。
②　中共中央宣传部编：《习近平新时代中国特色社会主义思想三十讲》，学习出版社，2018 年，第 206 页。
③　习近平：《高举中国特色社会主义伟大旗帜　为全面建设社会主义现代化国家而团结奋斗——在中国共产党第二十次全国代表大会上的报告》，人民出版社，2022 年，第 18 页。
④　习近平：《高举中国特色社会主义伟大旗帜　为全面建设社会主义现代化国家而团结奋斗——在中国共产党第二十次全国代表大会上的报告》，人民出版社，2022 年，第 18 页。

重视文化建设、思想宣传和政治教育,革命传统文化和现代社会主义文化是对中华民族几千年传统文化的批判、继承和发展。

五、中国传统文化与中国现代文化

传统文化是文化的过去时,现代文化是文化的现在进行时。传统文化与现代文化是过去时与现在进行时的区别。没有过去,就无所谓现在。"现在"是在"过去"的基础上产生和发展起来的。传统文化是现代文化的前提和动力,现代文化是对传统文化的继承和发展。没有传统文化,现代文化就会失去土壤和根基,没有现代文化,传统文化就会停滞不前,失去发展的通道。现代文化需要构建一种新的符合人类发展的社会秩序,而传统文化所富含的集体主义价值理念、仁爱的道德观、爱国主义情怀、人际礼仪、人格修养等文化财富为现代文化和社会核心价值观的建立提供了深厚的文化底蕴。

文化既要保持民族性,又要保持时代性。保持民族性是对传统文化的继承,保持时代性是对现代文化的强调。如何使中国文化从"传统"走向"现代",是在 20 世纪 80 年代就开始讨论的问题。从过去时走到现在时,从传统文化走向现代文化,弘扬我国传统文化与彰显现代文化两者并不矛盾,如何"推动传统文化与现实文化相融相通"[1],是推进中华文化历史性、整体性、连续性发展的客观需求,是对中华民族的精神内核和整体面貌的集中体现。

鸦片战争后,中国传统文化遇上了西方文化。由于受到强大西方资本主义国家的军事、政治、经济和文化入侵,落后的中国开始反思本国的传统

---

① 中共中央宣传部编:《习近平新时代中国特色社会主义思想三十讲》,学习出版社,2018 年,第 207 页。

文化的不足，曾经霸占中国文化主流的封建传统文化遭受质疑，甚至是被全盘否定。全盘西化的实质就是抛弃中华几千年文化的根，是历史虚无主义和民族虚无主义的体现。在复杂的近代环境下，在一次又一次血的教训中，中国传统文化受到了一次又一次的冲击。在五四运动后，面对中国文化、西方资本主义文化和马克思主义思想的强烈碰撞，面对中国学习西方资本主义文化屡战屡败的事实，中国人开始正视自己国家文化的不足，重新定位自己的文化，全盘否定和全盘西化都是不正确的，毕竟传统文化是在封建社会的环境下成长起来的。在俄国十月革命的影响下，马克思主义思想在中国开始广泛传播，先进知识分子开始思考传统文化新的出路，寻找传统文化与近代社会的结合，探索传统文化的近代化发展。

在马克思主义基本原理与中国革命实际相结合的过程中，由于对马克思主义思想的理解不足，中国革命曾经遭受严重挫折。在科学理解马克思主义作为一个时代的产物，将马克思主义与中国当时具体实际相结合的成功运用后终于迎来了土地革命战争、抗日战争和解放战争的胜利。新民主主义革命的成功，毛泽东思想的树立，意味着中国文化获得了新的生命力。中国文化由封建社会走向近代社会、由封建传统走向近代传统，由旧传统走向新传统，中国传统文化的现代化之路得到顺利推进。

中国文化的现代化是一个复杂的问题。传统文化是现代化的基础，那么中国文化现代化中的"文化"这一概念应首先得到界定。是什么样的文化要现代化？是传统文化的现代化？传统文化是指儒学的现代化？更多的学者偏向于把文化定位到近代新民主主义革命阶段的传统文化，而不是封建社会的传统文化。毕竟，中国近代经历了中西文化的碰撞后，国人致力于寻找西方文化来拯救中国，直到遇见代表全人类的马克思主义新文化，中国才走上了民族复兴之路。所以，中国文化的现代化应当以马克思主义的现代化为主体，其次是对传统文化的批判继承和对外来文化的批判吸收。

邓小平理论、"三个代表"重要思想、科学发展观、习近平新时代中国特色社会主义思想是马克思主义与中国现代实际相结合的产物,是中国共产党将马克思主义与中国现实相结合的一次次推进,是中国文化的现代化体现。对待传统文化和外来文化的基本态度是批判、继承和吸收,去其糟粕,取其精华,才能构建社会主义新文化。文化的现代化过程是文化与现实社会相结合的过程,既要使我国传统文化与当代社会现实相协调,又要使传统文化与现代文明相吻合。推动传统文化向现代文化的递进、向未来文明驶入,是中国文化得以延绵发展的关键,是社会主义接班人和建设者的历史担当和社会责任。

六、中国传统文化与世界文化

文化具有民族性、开放性、地域性。传统文化是文化民族性特征的体现,世界文化是文化开放性、地域性特征的体现。不论是面对自己民族的传统文化,还是面对世界多元文化,正确态度就是吸收精华,抛弃糟粕。中国是世界大国中的一员,中国文化也是世界文化中的一种民族文化,中国与世界是部分与整体的关系,中国不可能从世界文化中分割出来。在文化多元化的背景下,面对中国文化与世界文化的交流、交融,如何使中国文化从"传统"走向"世界"？如何既保持文化的独立性、特色性、差异性,又能融入世界之林？如何既能彰显中国传统文化的优势,又能抵御外来文化的入侵？处理中国传统文化与世界文化的关系的正确立场,习近平在多次会议上明确提出,要坚定马克思主义在意识形态的指导地位,坚定中华文化自信,坚定社会主义文化道路。

从矛盾的普遍性与特殊性来看,世界文化具有普遍性与特殊性。世界文化的普遍性是针对世界整体性而言,指世界文化是一种具有一般性的文化。世界文化的一般性适应于绝大多数国家和民族,没有地域、种族、阶级、贫富之分,是属于全人类的、全世界的、人民群众共同部分的文化。马克思主义是真理,是指导全人类社会发展的、具有普遍性意义的科学思想,是世界文化的精华部分。

20 世纪初,马克思被英国广播公司和英国剑桥大学评选为千年思想家、千年伟人,尤其是我国在马克思主义的指导下成功实现了中华民族的独立和中国人民的解放,实现了中华民族从站起来、富起来到强起来的历史性发展。2010 年,我国成为世界第二大经济体,便是马克思主义在中国特色社会主义实践中的成功范例。

世界文化具有特殊性,是针对国家个体而言,指世界上每一个国家都拥有自己独特的民族文化。不同的国家、不同的地域、不同的历史、不同的社会制度,会产生不同的文化现象。

从马克思主义看世界文化的普遍性。近代鸦片战争的爆发,使中国沦为半殖民地半封建社会的同时,也打破了中国闭关锁国的状态,促使国人睁眼看世界,推动先进人士对中西文化进行比较、选择和学习,林则徐是我国睁眼看世界的第一人。俄国十月革命之前,面对西方列强的军事、政治、经济和思想的入侵,在对中国封建文化"专制"和西方资本主义"民主""平等"等思想文化的比较中,西方资本主义文化成为大家眼中救国救民的唯一选择。俄国十月革命后,我国先进分子对中国传统文化、西方资本主义文化和马克思主义进行了比较,最终选择了马克思主义,选择了适合我国国情的社会主义制度和思想文化。

从马克思主义的创始人来看,马克思主义的创始人是马克思和恩格斯,但马克思是"世界公民"。马克思和恩格斯出生在德国,尽管马克思主义诞生于欧洲,但它的影响是世界性的。马克思世界公民的身份使他的思想超越了国际边界,传播到了世界各地,影响了亚非拉国家,尤其是中国。马克思主义在当时作为一种外来文化或西方文化,却是一种完全不同于资本主义国家的文化,其本质是号召无产阶级推翻资本主义,揭示资本主义必然灭亡、社会主义必然胜利,谋求全人类幸福的思想文化。

从社会主义实践来看,十月革命在俄国的胜利意味着社会主义革命的胜利,意味着马克思主义思想的胜利。俄国成为世界上第一个社会主义国家,马克思主义在东方国家获得理论与实践的结合,取得了革命实践的胜利。马克思主义已经不再局限于欧洲国家,而是从西方跨越到东方,从欧洲跨越到亚洲;马克思主义已经不是纯粹的西方文化,而是成为全人类的、世界性的文化。

中国先进知识分子之所以选择马克思主义,其中一个原因就是文化根源,即中国传统文化与马克思主义在文化上的契合。马克思主义的观点、立场与中国传统文化具有很多相融相通的元素,比如,中国的辩证法、实践观、以人为本的思想等,这既使马克思主义在中国传统文化的土壤上具有生长根基,又为中国人民选择马克思主义提供了文化前提。

中国共产党在学习和实践马克思主义的过程中,实现了马克思主义与中国革命实际的结合,产生了毛泽东思想。邓小平理论、"三个代表"重要思想、科学发展观、习近平新时代中国特色社会主义思想都是马克思主义中国化的理论成果。

文化的主体是人。社会人际交流主要是思想文化的交流。思想文化交流的过程是文化的比较、肯定或否定、否定之否定的过程。玄奘取经、郑和下西洋是古代社会中西文化交流的体现。改革开放后,尤其是在全球一体化背景下,中国文化与世界文化的交流强度、程度和密度进一步发展,中国文化影响了世界文化,世界文化也影响了中国文化。中国文化既表现出中华传统文化的民族特色,又表现出对世界文化的吸收与排斥。

在世界多元文化交流与碰撞的过程中,文化建设首先要面对的是核心价值观问题。习近平总书记指出,"落后就要挨打,贫穷就要挨饿,失语就要挨骂"①,对待世界文化应吸收各国优秀文明成果,增强中华文化国际影响力。尤其是面对西方文化的侵蚀,大学生的思维观念、生活方式、行为习惯等都出现了西化倾向。因此,在世界人民面前讲好中国故事,展示文明大国的形象,弘扬中国精神,传播中国价值,提升社会主义文化繁荣和国际话语权,这对大学生坚守民族传统文化、坚定社会主义阵营、提高文化自信具有重要意义。

第二节　优秀传统文化融入大学生思想政治教育的价值

随着社会科学技术的日新月异,国家之间的人才竞争日益激烈,大学生的就业形势变得日益严峻。为了更好地应对社会竞争和就业压力,大学生重视提高自身的专业素质和技术水平,提升就业率成为学校管理学生工作的硬指标和办学重点。学校对学生专业发展和技能培养的比例提升,对优秀传统文化教育的投入比例减少,重能轻德的办学模式导致大学生思想道德素质普遍不高。在大学生精神文明建设方面,少数"00后"大学生群体存在拜金主义、享乐主义、利己主义、奢靡浪费等不良风气,而艰苦朴素、吃苦耐劳、乐于奉献、顾全大局、严格纪律等传统文化精神略显不足。

面对世界多元文化的碰撞,中国特色社会主义新时代大学生群体的思想政治教育越来越受到党和国家的高度重视。传统文化和思想政治教育都

---

① 中共中央宣传部编:《习近平新时代中国特色社会主义思想三十讲》,学习出版社,2018年,第210页。

具有文化教育功能,运用传统文化的力量去提升思想政治教育的文化功能,发挥传统文化在思想政治教育中的价值,即传统文化的思想政治教育价值,不仅为处理当下思想政治教育所面临的多元文化冲击指明了方向,还能从根本上对大学生世界观、价值观和人生观进行正确指引,形成积极向上的校园生态文化。

一、优秀传统文化为大学生科学世界观和方法论的建立提供了文化土壤,具有思想教育价值

中华文化从几千年传统文化走向现代文化的过程,经历了传统文化的衰落、对西方资本主义文化的反复探索和实践,最终在学习马克思主义的道路中,找到了一条适合中国发展的社会主义文化道路。唯物辩证法是马克思主义科学世界观和方法论的核心内容,是认识世界和改造世界的根本方法。

世界观是中国哲学无法回避的基本问题。作为中国传统文化主要流派之一,儒家学派的创始人孔子在鬼神观问题上没有给予正面回答,使得儒家哲学在世界观上欠缺唯物论思想。鬼神论、天命观、宿命论等封建迷信长期存在。中国古代朴素唯物主义的主要代表有老子、荀子、王冲、刘禹锡、张载,其观点主要概况为四种:自然论、神灭论、崇有论、元气论。道家创始人老子是唯物主义自然观的发起人,他用"道法自然"和崇有论否定了鬼神论和天命观,他的"道"具有唯物主义思想的倾向。儒家另一代表人物荀子批判地发展了儒家思想,创建了先秦哲学完备的朴素唯物主义体系。他将孔子的天命和老子的天道客观化、自然化,认为天就是天,是自然,不是神,提出"天行有常,不为尧存,不为桀亡"[1],指出天地万物皆是自然规律的结果,

---

[1]　方勇、李波译注:《荀子》,中华书局,2016 年,第115 页。

天道也不会因人的心理而改变;在物质与意识的关系上提出"形具而神生"①,指出先有天,后有神,回答了哪个是世界第一位的问题,否定了"形"对"神"的决定作用,坚持了唯物论,提出了神灭论。阴阳五行家邹衍提出五行说,视"金木水火土"为宇宙万物的基础。同时,木生火,火生土,土生金,金生水,水生木是五行相生的转化形式,任何事物之间都存在对立统一关系,这体现了他的朴素唯物主义和辩证法的思想。东汉王冲是杰出的唯物主义思想家,他继承和发展了道家思想,但冲破了老庄思想的不足。他反对神灭论,认为元气是世界的基础,"元气论"和无神论体现了他的唯物主义自然论思想。唐代刘禹锡肯定了世界是物质的观点,"五行之气"指出了气是万物的本原,强调自然规律,用无神论批判有神论和天命论,其哲学思想具有明显的唯物主义色彩,促进了儒学思想运动的复兴。

综上所述,在物质与意识谁是第一性的问题,以上古代哲学家肯定了世界的本原是物质,坚持了唯物主义第一的观点,但是把物质理解为某种具体的物质形态,却是一种消极的、直观的唯物主义,具有局限性,被称为朴素唯物主义。尽管朴素唯物主义哲学思想具有局限性,却代表了中国古代文化的前进方向,坚持了哲学基本问题的唯物主义立场,与马克思主义世界观具有契合部分,是我国传统文化的积极成果。

在回答了世界的统一性问题后,接着回答世界上万事万物的存在状态问题,即事物之间是联系的、发展的、运动的,还是孤立的、片面的、静止的?阴阳说体现了对立与统一关系的哲学思想。《黄帝内经》指出,"人生有形,不离阴阳"②。荀子在《礼记》中指出,"天地合而万物生,阴阳接而变化起"③。阴阳指世界上的事物存在既对立又统一的力量。事物之间相生相克

---

① 方勇、李波译注:《荀子》,中华书局,2016年,第118页。
② 姚春鹏译注:《黄帝内经》(上),中华书局,2010年,第153页。
③ 方勇、李波译注:《荀子》,中华书局,2016年,第190页。

的关系就是阴阳的两面,万物来源于阴阳两种相反的气作用的结果,没有生就没有克,没有克也没有生,生与克既对立又统一。春秋战国时期,"先民后神""吉凶由人""物生有两"等观点体现了事物之间对立统一的关系及无神论思想。

我国传统文化主要以儒、道、佛三家为代表,其中,儒家文化是传统文化的主干。尽管孔子在鬼神观问题上没有给予正面回答,但在教育上提出"多见多闻""学而知之""学以致用""因材施教"等知行合一的认识论思想和对实践精神的重视,具有唯物主义色彩。中华优秀传统文化百部经典之一的《左传》,是我国古代春秋时期先秦哲学的代表性成果,除了具有浓厚的儒家思想外,还包含了深刻的民本思想。孟子在《尽心下》中提出"民为贵、社稷次之,君为轻"①的政治学说体现了孟子继承了民本思想。

马克思主义要落地中国,要与中国实际结合起来,寻找中国传统文化与马克思主义基本原理的大致吻合之处便是关键。马克思主义的世界观是物质的世界观,对立统一规律是唯物辩证法的核心,矛盾分析方法在唯物辩证法体系中处于核心位置,实践对认识的决定作用,中国传统文化正是与以上这些观点存在契合点或相似性,才使得马克思主义在中国能够生根发芽。早在100多年前的旧中国,中国的先进人士之所以选择马克思主义作为革命的指导思想,马克思主义之所以能在中国思想文化领域发挥指导作用,其原因就在于马克思主义不仅是一种科学的、先进的、解放全人类的指导思想,而且它在中国具有生根开花的文化土壤,在反对几千年中国封建思想和社会制度方面发挥了思想教育的作用。

总之,古代传统文化所包含的朴素唯物主义思想、对立统一思想、知行合一的认识论、民本思想等优秀成果是中国文化的底蕴,优秀传统文化为马

---

① 金良年:《孟子译注》,上海古籍出版社,2010 年,第 296 页。

克思主义与中国当前实际的结合提供了文化根基,对大学生接受科学的世界观和方法论教育、掌握正确认识世界和改造世界的思想武器具有思想教育价值。

二、优秀传统文化为大学生社会主义核心价值观的培育提供了正确的价值导向,具有道德教育价值

当今社会,人们对美好生活的追求成为物质生活的目标之一。面对当前我国社会矛盾的变化,对"美好生活"的追求除了物质生活水平的提升外,还包括精神生活的丰富与充裕。高尚的人格品质、正确的价值取向、积极的人生态度是构建大学生良好的精神世界、打造社会高尚精神文明的着力点。

道德教育是我国传统文化的重心,是传统文化价值体系的核心。传统社会是一个讲究人际伦理、重视家族利益的网络社会,家庭是形成和处理社会关系的纽带。在个人与集体的关系上,中华传统美德强调整体利益和国家利益,具有明确的义利观、公私观,形成了集体与个人、国家与小家之间的先义后利、以义为上的关系和"夙夜在公"的奉献精神;在人与人的社会关系上,推崇"仁爱"观念,重视人伦秩序和道德义务,追求和谐的人际社会关系。儒家文化中提出的"仁者自爱""仁者爱人""亲亲"原则、"以孝治天下""孝悌忠信"等道德教育观念,以"仁爱"为出发点,从个人、家庭层面推及社会、国家、国际层面,这体现了中华传统文化富含强烈的集体主义观念和爱家爱国的价值取向;在个人塑造上,重视道德修养,追求理想人格。儒家注重人的精神境界的培养和修炼,提出"修身""修己""克己",从内在提升自己的品质,使自己养成良好的道德情操和道德习惯,塑造理想的道德人格。

社会主义核心价值观不是凭空产生的,中华优秀传统文化正是其思想道德资源活的源泉和历史底色。社会主义核心价值观包含国家、社会和个

人三个层面的内容,其基本内容包含富强、民主、文明、和谐,自由、平等、公正、法治,爱国、敬业、诚信、友善。社会主义核心价值观从个人上升到社会、国家的要求与中华传统美德在逻辑建构、精神理念、价值追求上呈现一致性。中华传统文学《三字经》《弟子规》《论语》《孟子》《道德经》《大学》《中庸》等千古名篇所蕴含的礼义廉耻、诚信克己、团结友善、理想追求等伦理道德;中华重大社会传统习俗所传承的忠孝仁爱、团圆和谐、与人为善、团结进取等家国情怀;中国传统哲学所内含的理想人格、道德修养、和平团结、民为邦本、家国天下等精神理念;中华传统医学所饱含的仁爱观念、平等之心、忠恕之道、怜悯之情;中华传统建筑所体现的天人合一、人与自然相和谐的人文意识;中华传统舞蹈所传递的团结、友爱、平等、和谐、国泰民安等民族情感;中华书法所蕴含的和谐思想等,皆是社会主义核心价值观的理论源泉。社会主义核心价值观正是从大量的优秀传统文化中汲取了营养与智慧,高度凝练而成了我国社会主义所特有的核心价值观。

优秀传统文化是本和根。守住本才能更好地开辟未来。传统文化历来重视以德树人,德是做人的第一步,社会主义核心价值观继承和发展了中华传统美德,是中华民族德育精神的重要传承。面对社会文化的多元性,尤其是西方资本主义文化的渗透,我国价值观也面临着诸多挑战。价值观问题是青年大学生扣好人生的第一粒扣子的关键问题。将我国优秀传统文化融入大学生道德教育体系,让大学生了解老子、孔子、孟子、墨子等古老哲学家、思想家、教育家高尚的道德观、价值观和人生观,学习古代圣贤在人与人、集体与个人、人与自然等方面所提出的理念和思想,感受中华几千年来优秀传统文化的魅力与底蕴,对大学生感知正确的价值观有积极影响。审视古代圣人高尚的德性与现代多种低劣思潮和不良主义之争,反思古往今来、中西文化的对立与差异,在社会和国家利益层面,中华优秀传统文化能增强大学生的民族文化认同感和文化自信,把自己与国家命运联系起来,树立正确的政治站位,形成自己应有的民族担当和社会责任感;在公民层面,优秀传统文化能提升大学生思想道德素质,坚持正确的价值遵循,将修德、勤学、笃实、明辨更好地落实到大学生活和学习中。不管是在过去还是现在和未来,中华优秀传统文化对大学生增智、正心、立身都具有独特的时代价值。

三、优秀传统文化为大学生树立社会主义先进文化自信提供了积极向上的精神引领,具有时代教育价值

中华民族具有五千多年的传统文化,历史悠久,延绵不绝。古老的中国在经济、哲学、文学、科技、艺术、医学、天文、航海等领域为人类文明做出了重大贡献,产生了一大批杰出的哲学家、思想家、文学家、教育家、政治家、科学家、军事家、艺术家等。古老的中国所创造的辉煌、灿烂的物质文明和精神文明长期引领世界,中华儿女以此为傲。

以1840年鸦片战争的爆发为转折点,开启了中国近代的屈辱史、奋斗史、探索史。除军事、政治、经济的侵略、控制和掠夺外,文化渗透一直是资本-帝国主义国家摧毁中国人民民族自尊心和文化自信心的重要手段。侵略者披着宗教的外衣,在中国建教堂、办报刊,传播西方文化,制造"种族优劣论""劣等民族""黄祸论"等各种侵略性舆论。中国共产党带领中国人民进行了土地革命战争、抗日战争和解放战争,推翻了"三座大山",取得了新民主主义革命的胜利,创造了中国红色革命文化,恢复了中华民族的文化自信心、自尊心。

20世纪80年代起,以美国为代表的西方国家利用影视文化、娱乐文化和饮食文化等文化产业潜移默化地对我国进行文化渗透。由于中西方生活方式、价值观念、思维模式等存在的巨大差异,攀比心理和物质欲望开始冲

击中国人的精神世界。享乐主义、拜金主义、个人主义一度闯进学生的思想道德观念,冲击着中国传统文化教育。随着通信技术的发达,智能手机、互联网、大数据的迅速发展,21世纪成为全球信息化、智能一体化时代,各种网络新媒体应运而生,西方文化得以进一步渗透。为了维持美国的世界霸主地位和遏制我国经济的迅速发展,对我国进行网络文化渗透成为信息化时代瓦解中国人民的民族认同、分解民族精神和弱化民族文化的重要技术手段。西方国家借助脸书(Facebook)和推特(Twitter)等新媒介宣传资本主义价值观。西方国家试图在中国传播西方的价值观念,以混乱中国人的思想,扰乱中国人的价值认知和价值取向,淡化中国文化。

面对复杂的国际文化渗透形势,国内全面深化改革进入深水区,意识文化领域迫切需要坚定马克思主义的指导地位,迫切需要对先进与落后、正确与错误的各种价值观念作出正确判断,迫切需要对大学生思想政治教育发挥精神引领。高校是培育人才的摇篮,是培养社会主义建设者和接班人的阵地。让大学生学习圣贤的"仁者爱人""夙夜在公"的无私奉献理念,追求整体利益的爱国主义情怀,民为邦本的人民主体观,守诚信、求大同、崇正义的和谐观念等,有利于大学生在面对西方文化侵入时,运用厚重历史文化知识,保持清醒头脑,自觉同享乐主义、拜金主义、极端个人主义等资本主义价值观作斗争,在斗争中锤炼大学生个人品德,增强优秀传统文化自信、革命文化自信、社会主义文化自信。在社会主义全面改革过程中,只有坚守社会主义文化自信,加强文化自觉,才能走出一条中国特色社会主义发展的道路。

中华优秀传统文化所蕴含的丰富人生哲理、高尚道德修养和强烈的家国情怀是永不过时的。正如习近平同志所指出的一样,优秀传统文化具有"跨越时空、超越国界、富有永恒魅力、具有当代价值"①。随着时代的发展,

---

① 习近平:《在哲学社会科学工作座谈会上的讲话》,《人民日报》,2016年5月19日。

将优秀传统文化与现代文化不断结合,激发优秀传统文化的时代性和生命力,以本固今,用优秀传统文化引领大学生思想政治教育,增强社会主义先进文化的自信,具有时代教育价值。

第三节 优秀传统文化融入大学生思想
政治教育的途径

按照马克思主义基本原理,人的认识过程是从实践到认识,再由认识到实践的循环往复无限发展的过程。如何将优秀传统文化这种几千年形成的认识成果融入大学生思想政治教育同样需要从实践与理论两个维度来思考。具体来说,大学生学习、生活、娱乐的场所主要是学校,大部分时间在学校度过,将优秀传统文化融入大学生思想政治教育,应将优秀传统文化融入大学生的学习与生活,走进大学生课内与课外,通过理论与实践两个环节循环融入思想政治教育。

一、从理论维度来看,将优秀传统文化融入大学生课程教学体系

根据习近平总书记关于教育的重要论述,尤其从学校思想政治理论课教师座谈会上的重要讲话精神来看,对新时代高校思政课课程深化改革提出了时代要求。2019 年中共中央办公厅、国务院办公厅印发《关于深化新时代学校思想政治理论课改革创新的若干意见》和 2020 年教育部发布了《高等学校课程思政建设指导纲要》的通知,提出把思想政治教育融入高校各门课程(不论是文科、理科、工科)是全面落实立德树人、提高人才质量的关键举措。将优秀传统文化融入大学课堂,既要融入大学生思政类课程,又要融

入大学生其他专业课程,这是对"培养什么人、怎样培养人、为谁培养人"战略高度的全面贯彻。

(一)以思政课程为理论教学主阵地,将优秀传统文化融入高校大学生思政理论课教学

思政理论课课堂是高校大学生接受思想政治教育的主要渠道,是培养社会主义合格接班人和建设者的战略阵地。将优秀传统文化融入大学生思政理论课教学课堂包括三融入,即融入高校思政理论课教材、融入思政课教学设计、融入思政课教学过程。

1. 将优秀传统文化融入高校思政理论课教材

将优秀传统文化融入思政课课程,首先是要将优秀传统文化融入高校思政理论课教材。高校思政理论课程主要包括"马克思主义基本原理""中国近现代史纲要""思想道德与法治""毛泽东思想和中国特色社会主义概论""形势与政策""习近平新时代中国特色社会主义思想概论"等。思政课教材是思想政治教育理论的高度凝练,具有抽象性、理论性、思想性、实践性、时代性、政治性、历史性等特点,这就决定了思政课教材不可能是通俗的、简单的、照镜子似的认识。文化的魅力是无穷的。将优秀传统文化融入教材,不仅能继承和发扬我国优秀传统文化,还能增添教材内容的丰富性、生动性、趣味性。以"思想道德与法治"和"中国近现代史纲要"两门课程为例。

"思想道德与法治"课程是大学生入学后的第一门思政理论课。2023年版"思想道德与法治"中第三章第一节第一个专题"崇尚精神是中华民族的优秀传统",第二节第三个专题"尊重和传承中华民族历史文化"、第五章第二节第一个专题"传承中华传统美德"已明确将"优秀传统文化"内容写入教材。此外,教材中"社会主义核心价值观""社会主义道德的核心与原则"

"社会公德""家庭美德""职业道德""个人品德"等课程内容与优秀传统文化所蕴含的道德修养、道德实践、价值追求等思想一一呼应。可见,将优秀传统文化融入"思想道德与法治"课教材不仅是思政课程应有之意,而且进一步凸显了思政课"立德树人、大学生敢于担当时代使命"的课程目标。

"思想道德与法治"课是一门围绕马克思主义世界观、价值观、人生观、道德观、法治观为主线,针对提升大学生思想道德修养和法治素质而展开的主题教育课程。将优秀传统文化融入"思想道德与法治"课堂教学,不仅能传承和发扬中华传统美德,还能帮助大学生树立科学的"三观",锤炼个人品德。

"中国近现代史纲要"课程是大学生入学后的第二门思政理论课。教材"导言"开篇就提出中华传统文化对世界的影响,即古老中国所具有悠久的历史和灿烂的文明为世界文明做出了自己的贡献。鸦片战争后,近代中国人民争取民族独立、人民解放所开展的前仆后继的反侵略斗争,最终实现了国家独立。正是由于中华儿女骨子里埋藏着自强不息、爱国主义的种子;正是优秀的传统文化获得连绵不断的传承,才让中华儿女有了不怕牺牲、不怕艰难困苦的勇气;正是中国共产党继承了优秀的传统文化才孕育了近代红色文化和伟大的革命精神。爱国主义教育、理想信念教育、革命精神教育等思政教育红线贯穿整本教材,优秀传统文化在新民主主义革命中得到薪火相传。

将优秀传统文化融入思政课教材具有重要意义。第一,将优秀传统文化融入"中国近现代史纲要"课程,有助于传承和发扬中国革命道德,厚植大学生的爱国主义情怀。刘胡兰、赵一曼、黄继光、杨靖宇、陈树湘等无数革命英雄和青年豪杰为国牺牲的英勇事迹,能激发大学生"精忠报国""舍生取义""天人合一"的奉献和无畏精神。

第二,将优秀传统文化融入"中国近现代史纲要"课程,有助于大学生增强作为华夏儿女的底气、骨气、志气。尽管过去的中国曾经落后挨打,曾经一穷二白,但今天的中国已经是世界第二大经济体,是世界上最大的发展中国家。大学生既要看到今天中国的努力与成就,又要树立社会主义接班人的主体意识和社会责任感,重新找回昔日中国的富强,努力成长为民族复兴的时代新人。

第三,将优秀传统文化融入"思想道德与法治"课程,有助于激发大学生在物质安逸的生活中思想觉醒,帮助大学生立大志、担大任、成大才。精准扶贫、脱贫攻坚、摘掉贫困帽、全面建设小康社会等改革实践,并不是让大学生思想停顿、止步不前地去享受目前安逸的物质生活,而是让大学生在改善生活环境的条件下能全力以赴地成为社会主义的接班人和建设者。

近代的屈辱已经一去不复返,当代中国的繁荣富强需要当代大学生站在世界舞台中央。五四运动昭示今天的青年学子,大学生是时代先锋、革命先锋、改革先锋。当今的大学生要像李大钊等革命先驱一样为时代呐喊、为人民服务,为中国发出时代最强音。

2.将优秀传统文化融入思政课教学设计

教学设计展示了教师将以什么样的教学方式呈现一门课,展示了一门课的教学逻辑结构、教学重难点和教学形式等。将优秀传统文化通过学生辩论赛、演讲、小组讨论、作业汇报、问卷调查等多种形式,融入师生互动环节,有利于提升教学效果。中国传统文化博大精深,涉及领域非常广泛,把中国古代政治、文学、哲学、艺术、数学、宗教、天文学、物理、科技等知识融入教学设计,能极大丰富学生互动环节。比如,以中国传统教育方式为主题展开学生辩论赛,以古代著名的教育家、教法内容、教育机构等文化知识为主题展开演讲或小组讨论,不仅有利于提高学生的自主学习能力和理论素养,还能增强学生的学习乐趣与课堂参与率、抬头率。

3.将优秀传统文化融入思政课教学过程

教师主动将优秀传统文化通过案例教学、专题讲座、微课等方式介入教学过程,有利于学生有效吸收思政课理论知识。高校思政理论课是面向全校学生设置的考试课程,由于教授对象存在不同的学科、不同专业背景,课中应根据学生不同的专业和实际情况作出知识性调整,包括学生互动环节的形式、案例介绍、知识的深浅等应结合学生所学学科有所差异。比如,教学对象是文科专业的学生,可以融入唐诗、宋词、元曲、明清小说等中国古典文学;教学对象是理科专业的学生,可以融入商高创制的《周髀算经》、传统数学范本《九章算术》《算数书》等中国传统数学理论;教学对象是音美专业的学生,可以融入古典音乐、古代舞蹈、古代乐器、古代建筑、古代戏剧、雕刻等传统艺术。

(二)以课程思政为理论教学辅阵地,将优秀传统文化融入大学生专业课课程教学

"课程思政"是继高校思政课改革创新后提出的新概念、新主张。虽说"课程思政"提法新,思政教育却是所有课程应有之意;虽说思政课是进行思政教育的主阵地,但仅凭借一门公共课发挥教育功能,其力量是有限的。毕竟,教师队伍主体是专业课教师,占据学生大部分课程时间的是专业课,学生在专业课学习花费的时间远远超过思政课。育人机构是一个系统,育人课程也是一个综合体系,每门课程都有它的育人功能。因此,将优秀传统文化融入专业课,发挥专业课的思政功能是打通或连接思政教育脉络的重要途径,也是提升学生思政教育效果的突破口。

将优秀传统文化融入大学的不同学科。学科之间虽具有不同的专业性质,却具有共性之处,即培养专业人才。优秀传统文化内涵正确的世界观、人生观、道德观、价值观,内涵集体主义、爱国主义的情怀,将优秀传统文化融入不同学科,有助于专业课发挥它的德育功能。由于中华优秀传统文化在各个学科领域都有重要成就,专业课教师需要根据专业知识点寻找与思

政育人的重叠与共性,找到与不同专业相结合的支撑材料。思政课教师面对不同专业学生群体需要具体问题具体分析,作出不同文化知识的结合,专业课教师同样可以进行符合专业的不同文化知识的结合。比如,音美艺术的教学可以融入中国的传统艺术,包括古典音乐、舞蹈、书法、绘画、戏剧等内容;土木工程、建筑等专业的教学可以融入中国的传统建筑艺术;电子科技等专业的教学可以融入中国古代传统科技包括纺织、冶铸、印刷、制陶、造纸等,尤其是影响最突出的古代四大发明:火药、指南针、造纸术、印刷术;天文学专业的教学可以融入中国古代天文学的发明创造,比如《甘石星经》《汉书·五行志》《春秋》《左传》;医学专业的教学可以融入中国古代很多著名的医学人物及医学典籍,比如被誉为"世界外科之祖"汉代名医华佗,世界上最早的药物学著作《神农本草经》,我国古代最早的一部医学典籍《黄帝内经》,世界第一部法医学著作《洗冤录》,明代李时珍的《本草纲目》,葛洪的《肘后方》,孙思邈的《千金方》等古代中医学的重要研究成果皆是融入专科课程的好题材。

　　将优秀传统文化融入大学生专业课课程教学,发挥课程思政作为理论教学辅阵地的重要作用,打造思政课与专业课强强联手,实施全方位课程育人,对提升大学生思政教育效果具有现实意义。

二、从实践维度来看,将优秀传统文化融入大学生实践活动

　　根据马克思主义基本理论,实践是认识的来源、目的和动力。关于理论和实践的关系,实践是基础,认识要回到实践中,才能更好地理解认识。只有理论没有实践的教学是枯燥而无力的。大学生实践活动包括课内实践和课外实践。课内实践包括课堂开展的学生主题辩论赛、演讲、小组讨论、作业汇报、问卷调查等教学互动环节。课外实践包括学生课外作业、实践学

习、学生相关部门实践活动等方面。

（一）将优秀传统文化融入学生课外作业

将优秀传统文化融入学生课外作业,促使学生主动查找相关文化资料,主动了解传统文化的博大精深,积极思考传统文化与现代社会现象之间的关系。"毛泽东思想和中国特色社会主义概论"是一门政治性、理论性较强的思政理论课,如何加强学生对现阶段中国特色社会主义理论的认识,可与传统政治制度、政治思想、政治结构等作对比性认识和了解。比如,从中国传统政治制度的角度(即政治上中央集权、封建专制的国家),结合现代中国特色社会主义的治国理念、人民当家做主的社会主义民主政治,给学生布置课外作业,让大学生找到二者的本质区别与联系,谈谈看法和观点等。此外,齐国管仲、秦国商鞅等中国古代著名的政治家,他们提出了丰富的政治思想。"以古代某个政治家的政治思想为材料,分析古今政治制度的差异"的作业形式,有利于促使学生以史增智、以史思今,提升学生当代社会主义政治自信,端正政治态度,坚定政治立场和政治信仰。

（二）将优秀传统文化融入课程实践教学环节

实践教学是学校所有课程成绩考核的必要环节,在学生期末综合成绩中占据一定的比例。实践教学环节是思想政治理论课教学的重要环节,开展实践教学活动是高校大学生素质教育的整体体现,有利于培养大学生理论联系实际的能力,有利于大学生塑造科学的人生观、世界观和价值观。把优秀传统文化融入实践教学,为实践教学活动提供了丰富的材料支撑和理论基石。孔子的"仁者爱人"、商鞅"立木为信"、季布"一诺千金"、岳飞"精忠报国"、辛弃疾励志救国等是典型的优秀传统文化,把它们融入各个学科的实践教学,通过问卷调查、实地调研、人物采访等线上、线下的社会调研,进行古代名人角色扮演、历史情景体验、文学艺术创作,完成过程记录、调研报告、微视频、现场汇报等,使整个实践教学环节充满年代感、岁月感,极大地增添课程的丰富性、哲理性和吸引力。

(三)将优秀传统文化融入学生工作部门

开展学生工作的主要机构包括校团委、学生工作处、各二级学院等党群机构和教学机构。每年校团委、学生工作处、各二级学院都会组织学生开展很多主题性社会实践活动。以校团委为例,校团委是一个立足基层团支部建设、加强大学生团员思想政治宣传教育、提升大学生团员综合素质、形成良好校园文化氛围的职能部门。校团委的日常性工作包括开展学生文体活动、大学生志愿服务、"三下乡"社会实践活动、各种主题纪念活动、社团活动等。作为中国共产党的后备军,作为党领导的先进青年组织,校团委始终是一个以学生为对象、以学生实践活动为载体,肩负着青年团员思想政治教育使命的职能部门。以校团委为实践阵地,将优秀传统文化融入青年团员社会实践活动,为校团委展开学生实践活动提供了丰富的文化题材。战国时期儒家孔子和孟子、道家老子和庄子、墨家墨子、法家韩非子等著名的思想家,他们的社会价值观、伦理道德观、政治观、教育观对中华民族产生了深远影响,他们的思想主张对当今大学生思想观念有什么积极意义和消极影响?利用传统社会风俗、传统节假日、历史纪念日等开展纪念主题宣传教育活动,比如端午节、重阳节、中秋节、七夕、冬至、春节、元宵节等传统节日,既能传承传统美德,增强中国传统文化的仪式感,寓教于乐,又能淡化圣诞节、情人节、万圣节等西方节日的冲击。以校团委为实践阵地,将优秀传统文化融入青年团员社会实践活动,践行传统文化中的"仁义礼智信",有利于培养政治思想合格的高素质人才,培养学生正确的人生观、价值观,培养学生爱党、爱国、爱社会主义的高尚精神。

优秀传统文化是大学生思想政治教育的重要素材。通过思政课堂、课程思政、课外实践活动等方式将优秀传统文化融入大学生思想政治教育，不仅能增强大学生社会主义文化自信，还能促进社会主义文化繁荣，提高国家文化软实力。

第四节　落后文化影响思想政治教育的原因

传统文化是一个矛盾统一体，具有精华和糟粕的两重性。精华部分是优秀的、积极的、进步的文化表现，糟粕部分是腐朽的、落后的、消极的文化表现。文化作为社会意识的重要组成部分，先进的文化对社会存在具有推动作用，落后的文化对社会具有阻碍作用。落后的文化是一种落后的社会意识，其产生受物质生产方式，阶层结构和主奴意识，官僚体制和社会习俗，教育体制和学习渠道，血缘关系和父权制度等因素的影响。

一、物质生产方式

物质生产方式是落后文化存在的决定性因素。马克思指出："物质生活的生产方式制约着整个社会生活、政治生活和精神生活的过程。不是人们的意识决定人们的存在，相反，是人们的社会存在决定人们的意识。"①作为社会存在的重要方面，物质生产方式是生产力和生产关系的统一体，是决定社会意识的主要方面。文化作为社会意识的重要构成，是物质生产方式的主观反映，物质生产方式的内容、水平、程度、性质决定了文化的内容、水平、

---

① 《马克思恩格斯选集》(第二卷)，人民出版社，2012年，第2页。

程度、性质。

生产力决定生产关系,生产关系是一种经济关系,生产关系包括生产资料所有制关系、生产过程中结成人与人的关系、产品分配关系。根据生产资料所有制关系的不同,分为生产资料公有制和生产资料私有制。不同的生产资料所有制关系,形成了不同的社会文化。有什么样的经济关系,就有什么样的社会文化。

在原始社会,生产力水平极端低下,石器是原始人主要的生产工具。低水平的生产力决定了生产资料归集体所有,实行平均分配,人人平等。落后的生产力导致原始社会文明程度十分低下,真正意义上的文化尚未出现,至多处于文化萌芽前期。随着劳动实践范围的扩大,生产力发展到新的水平,原始人逐渐社会化,催生了原始人意识和自我意识的产生。由于劳动实践和生活需要,人与人之间互相帮助,团结一致、吃苦耐劳、顽强勇敢等原始民主意识、道德品质和集体精神得到发展,婚姻关系、劳动关系等新的交往关系取代了以往野蛮的天然秩序。劳动创造了人类的意识和社会交往,是人类文明的起源。随着劳动产品出现剩余,人际关系扩大,人与人之间利益观念产生,推动了道德意识的产生。

从石器到青铜器再到铁器时代,生产力得到了极大推进,生产资料公有制被私有制取代,人类离开原始社会进入第一个剥削社会——奴隶社会。奴隶社会的生产关系以奴隶主占有绝大部分生产资料(包括奴隶本人),生产工具普遍以金属工具为主。夏、商、西周、春秋是奴隶社会的形成、发展、繁荣和瓦解时期,分封制和井田制是奴隶社会的主要经济制度,天命思想是奴隶主阶级维护其统治的文化表现,表现为鬼神、祭祀、敬天、占卜等鬼神迷信。春秋战国乱世年代,大国争霸战争频繁,奴隶反抗战争不断,是奴隶社会转向封建社会的变革、分裂时期,也迎来了中国古代第一个思想黄金时期。儒家、道家、墨家、法家等各个流派相互争鸣,一些重要的道德思想、政治观点、教育主张等社会意识相继出现。《论语》《孟子》《道德经》《墨子》《韩非子》等大量作品诞生,极大地推进了中国文化的发展,儒家思想成为中国统治阶级的思想正统。

继奴隶社会瓦解后,人类进入第二个生产资料私有制时代——封建社会。封建社会的生产关系是封建地主占有土地等绝大部分生产资料,不完全占有奴隶。封建社会形成了长期的自给自足的自然经济形式,生产技术落后、规模小、生产力发展缓慢。为了维护封建宗法等级制度,形成了相对应的封建思想文化,尤其体现在封建道德规范上。封建道德规范的根本是"三纲",即君为臣纲、父为子纲、夫为妇纲。与"三纲"相对应的,提出了"三从""四德""五常"。

社会主义社会是生产资料公有制社会。生产资料公有制即生产资料归全体劳动人民共同所有,具有平等、民主、互助、团结、自由、友善等精神文明现象,不存在剥削。生产资料私有制的社会是生产资料归少数人所有,产生了等级、专制、独裁、霸权、野蛮等精神现象,出现了对立阶级、剥削和压迫。

二、阶层结构与主奴意识

自劳动产品出现剩余,私有制开始萌芽,原始社会瓦解,人类进入私有制社会。随着生产方式的变化,生产资料所有权的归属不同,社会内化成不同的阶层结构。阶层结构包括基本阶级和非基本阶级。基本阶级之间的矛盾是社会的主要矛盾,非基本阶级之间的矛盾是次要矛盾,社会基本阶级矛盾的变化制约了非基本阶级矛盾的变化。

社会每一阶层都有与之相适应的生产方式,反映与之相适应的经济关系。生产关系是所有社会关系中最基本的关系,决定了社会的政治关系、道德关系、宗教关系、家庭关系、法律关系等其他一切关系。概括来说,社会关系可以分成经济关系和思想关系,经济关系决定思想关系,决定不同文化制度的产生。文化服务于特定阶级,阶级社会存在不同的阶级文化。在生产资料所有制关系中占不同利益、不同地位的主体,决定了社会文化具有不同的阶级属性和主导地位。

奴隶社会中的统治阶级和被统治阶级、封建社会中统治阶级和被统治阶级都有着对立的思想文化,而在生产资料所有制关系中占据支配地位的统治阶级则规定了社会的主流文化是为统治阶级利益服务的。

奴隶社会的基本阶级表现为奴隶主和奴隶两大对立阶级。统治阶级和被统治阶级之间的关系表现为主奴关系,统治阶级的文化思想则表现为奴隶主的私有思想,即奴隶主与奴隶之间绝对的不平等。奴隶主是奴隶的主人,奴隶终身依附奴隶主,如同牲畜,奴隶主对奴隶实施占有、掠夺、凶残、压迫、杀害等野蛮行径,而奴隶无权反抗。统治阶级为了维护统治地位和阶级利益,利用神灵、上天、宗教等迷信淡化和麻痹被统治阶级的思想和精神世界,以消除被统治阶级的反抗意识和强化统治者私有思想。奴隶主阶级的思想逐渐成为统治思想,被统治阶级的思想文化、精神理念则发展缓慢。除了奴隶主与奴隶之间的绝对不平等外,阶级不平等还表现在男女关系不平等上。男子压迫女子,丈夫奴役妻子的道德文化反映在奴隶主的家庭关系中。长期的阶级不平等形成稳定的、自发的主奴意识,奴隶顺从奴隶主、女子顺从男子成为天经地义的事情,奴隶由无权反抗发展到无意识反抗,这巩固了道德文化在阶级社会中的主导地位。此外,除两大基本阶级之间的对立外,每一阶级内部还存在非基本阶级,比如手工业者、自由民等。

封建社会的基本阶级表现为封建地主和农民两大对立阶级,非基本阶级包括商人、手工业者,包括学徒、帮工、师傅等。封建社会的社会关系是以土地为基础的新的等级关系,绝大部分人从奴隶变为农民,农民在新的纲常等级制度中遭受了更野蛮的剥削。封建社会继承了奴隶社会的私有制思想文化,以儒家思想为核心,通过"三纲""五常""八德目""天命""天人感应"等道德教育、纲常理论、神学论来压制农民反抗地主、女子反抗男子的新思想、新义化的产生。封建文化在道德理论、神学、宗教等掩盖下,被压迫阶级安于现状、顺从屈服、怯弱胆小、听天由命、愚忠愚孝、主仆观念、重男轻女等一连串自我意识升级。这种自我意识严重束缚了人民大众的个性发展,传统文化被禁锢在封建礼教之中。当然,农民阶级也有揭竿而起的时候,秦朝吴广起义、汉代黄巾起义、明代李自成起义等上百次农民起义都体现了农民阶级反抗地主阶级,反对封建礼教,追求社会平等的新文化、新思想。

为了维护封建的宗法等级关系,封建统治阶级形成了哲学、文学、政治、艺术、宗教等领域一整套为统治阶级而服务的封建文化制度,道德文化成为调节人与人、个人与集体之间利益关系的主流思想,成为统治阶级压迫、剥削被统治阶级的主要方式。奴隶社会和封建社会同是阶级社会,腐朽的封建礼教化身为非制度性文化制约和规范着被统治阶级的生活实践,成为统治阶级维护其统治地位的意志体现。

三、官僚体制与社会习俗

古代中国是一个官僚体制社会。官僚体制是以中央高度集权的专制制度为核心的政治制度。自秦始皇一统全国后,一并废除了奴隶社会原有的世卿世禄制度、分封制和各封地领主的特权,改分封制为郡县制。秦朝设中央机构和地方机构,中央机构设置"三公"即太尉、丞相、御史大夫,实行三公九卿官员制度;地方设置郡、县。从中央到地方的各级官僚由任命产生,建立了中央集权的专制制度,集中央大权于皇帝一人之手,构造了一个金字塔型的级级管控的官僚结构,官僚体制产生。从秦始皇起,官僚体制一直延续到清代。

在官僚制度上,隋唐设置三省六部制,明代设置六部制,清代延续明制;在官僚机构设置上,明代设内阁,废丞相,地方设置省、府、州、县四级行政机构。清代沿袭六部,设置中央官职和地方官职,中央官职分为中枢部、佐理部、帝室部,地方设置省、府、州、县。在传统封建思想的影响下,古代官僚体制式的行政模式既保障了统治者的最高权力和地位,又完成了治理国家、人事管理等职能。

政治关联经济,文化服务于特定的政治制度。例如,北宋王安石有"荆门新学"与司马光有"朔学"不能相容的政见之争,思想不同引发的政见不同。为了更好地服务于政治,顺利推行官僚体制,统治阶级需要把政治与道德文化融为一体,通过形成理论化、系统化的一整套道德规范、纲常伦理去化解社会矛盾。把儒家文化与官僚体制相结合起来,让官僚机制披上道德的外衣,实现政治道德化,为官场行政服务。儒家政治思想的核心是人伦关系,主张解决政治问题取决于道德与人格的修养。比如,孔子主张"德治",孟子主张"仁政",荀子主张"以德兼人"。总之,儒家政治学说以人伦道德来教化和处理政治问题,实现政治与伦理合一,"修身、齐家、治国平天下"也是把个人道德与国家政治相结合的一种表现。

受传统官僚体制的影响,传统文化既被推动到封建主义社会的高峰,同时也迫使文化长期处于劣势位置,呈直线式衰落。传统的思想火花只是被延续和保留下来,甚至变得更加保守与落后,没有任何创新。比如,儒家学派崇尚先义后利、以义制利的价值思想。在道德价值和物质利益二者面前,强调义为重,利为轻,用仁义道德来束缚人的行为,甚至为了追求道德而鄙视、淡漠个人的正当利益。君子是儒家学派追求的理想人格。义为先则为君子,凡与"君子"意见相左的另一方则是"小人",两种观点截然分明。这种传统文化中非白即黑、非此即彼的争论,形成了人们静止性思维模式和排他性心理,影响哲学思想的健康发展。儒教还提出"文本位"思想,唯我独尊,排挤一切外来文化,这种思想上的排外,引发国人自大、自负的心理和思想的落后,阻断中国文化朝现代化道路发展。

社会意识划分为社会意识形式和社会心理。社会心理包括情感、意志、社会习俗等,是低层次的社会意识。落后文化的产生受社会习俗的影响。原始社会,为了原始氏族的生存,原始人创造了巫术、图腾、禁忌、礼仪、风俗等文化,以规范人们的行为。奴隶社会,人们尊奉天命,盛行鬼神思想,奴隶主阶级的丧葬,奴隶人殉、人祭等成为非常重要的习俗。封建社会,为了维护封建的宗法等级关系,人与人之间存在严格的等级之分,各等级之间存在不可逾越的鸿沟。吃喝穿戴、社会风俗、礼仪举止都有严格规定,正是通过这些社会风俗来维护封建等级主义原则。鬼神、占卜、天命、墓葬、祝寿、待客等生活习俗的本质是封建迷信,违背自然规律和人文精神,严重制约了传统文化的进步。

四、教育体制与学习渠道

春秋战国时期,伟大的教育家孔子已经开始关注教育,《论语》就是其弟子及再传弟子记录孔子及其弟子言行的语录文集,之后《荀子》《孟子》《墨子》《吕氏春秋》等大量教育书籍相继出现。《春秋》《论语》《易》《书》等儒家经典成为封建社会教育所用的官方教材,传授儒经文化成为封建社会长期以来的主要教学内容。隋唐健全了科举考试制度,唐代建立了太学、国子学、四门学要求专门学习儒经,宋代以仕儒为载体通过科举制与皇权相结合。可见,封建社会教育的本质就是为皇权政治而服务的一种教化理论。

教育体制主要表现为学校教育和家庭教育两种方式,人们学习知识的渠道即学校教育和家庭教育两种途径。受封建等级制度的严重影响,官办学校采用衙门式的管理制度,教学体制受政府权力影响,官办教育呈现出等级化特征。学校在文化教育上建立"尊孔读经"的教育体制,孔教成为国教和国之根本,教学内容显得保守、古板。针对古代社会缺乏办学条件、没有接受教育资格和能力的平民,家庭教育是另一种补充式教育方式。家庭教育是以世袭式传授知识为特征,传授知识包括道德规范、文化知识、生产技能等。对于家境较好的平民阶级家庭,以父传弟子/子的教学方式将其手工、农业等技术和经验传递给后代。比如工匠传递技术,农民传递劳动经验等。

受朝廷政治体制的影响,只有皇亲国戚、贵族、官员、地主等阶层才能进入正式学堂接受教育,而大多数平民很难进入学校教育体制接受教育。等级化的教育体制,使教育受众范围狭窄,受教育人数受限,人均受教育程度低。同时古板而单一的官方教育模式,限制了学生思维的积极性、主动性、创造性,文化知识的程度、种类、学科长期处于一个层面而没有突破性发展。受传统教育体制的影响,传统文化长期停留于落后的状态。

五、血缘体系与父权制度

原始社会是人类历史的第一个社会形态。原始社会经历了原始群团和氏族公社两个发展阶段。原始人始终是一个以血缘关系为纽带的群体,血缘家族公社的出现,标志着原始社会由原始群团过渡到氏族公社的历史阶段,也是人类社会婚姻与家庭相结合产生的重要时代。

氏族公社经历了两个阶段:母系氏族公社和父系氏族公社。在新石器时代,两个氏族成员之间互相通婚,由于母亲在繁衍后代、照顾子女、家务劳动等方面扮演主要角色,所以大家只知有其母而不知有其父,在这种不知父的背景下产生了母系氏族,母亲在氏族公社中发挥着主导作用。随着生产工具和劳动实践活动的发展,推动了农业、畜牧业的进一步发展,打猎、采集食物、打磨工具等体力劳动逐步落到了身强力壮的男性身上。恩格斯在《家庭、私有制和国家的起源》中指出："妇女的家务劳动现在同男子谋取生活资料的劳动比较起来已经相形见绌；男子的劳动就是一切，妇女的劳动是无足轻重的附属品。"①可见，男性已经取代了女性在家庭的重要作用，开始成为整个物质生活资料的主要来源。

随着女性在社会中的主导地位逐步下降，男性社会财富的增加，氏族首领便由女性改为男性，母系氏族瓦解，父系氏族诞生。恩格斯指出："谋取生活资料总是男子的事情，谋取生活资料的工具是由男子制造的，并且是他们的财产。"②父系氏族标志着父与子的关系的确立或父子关系的社会确认，人们开始知道社会不仅有母亲，还有父亲。父权制观念正是在男子娶女子建立一夫一妻制的家庭观念出现时开始萌芽的。当男性拥有越来越多的社会财富，在氏族部落开始扮演英雄角色时，父权制开始登上历史舞台，父权制战胜母权制，公有制解体，私有制产生。

在父权制度下，父亲在家庭中占统治地位，是守护家庭和子女的主要力量，扮演着征服者、保护者的英雄角色，具有至高威严，也是与社会保持联系的重要纽带。女子要顺从父亲或丈夫的意愿，父亲具有不可动摇的权威。在传统父权文化下，父亲占据社会一切财富资源，父亲的个人形象被神化，神一般主宰这个世界。而女性则丧失了话语权，处于社会底层地位，被社会边缘化，社会性缺失。为了继承父亲巨大的私有财产、权力和身份，以家庭血缘关系作为继承前提的世袭制产生。

进入封建主义社会，父权与封建主义制度相结合，父权是封建主义社会的父权，封建主义社会是父权的社会。父权在，封建主义在；父权灭，封建主

---

① 《马克思恩格斯选集》(第四卷)，人民出版社，2012年，第178页。
② 《马克思恩格斯选集》(第四卷)，人民出版社，2012年，第178页。

义灭。封建主义社会发展了两千多年,父权也发展了两千多年。父权的权威奠定了封建主义社会最高统治者君权的地位。在生产资料私有制的封建主义社会,地主阶级拥有大量农民阶级所赖以生存的土地,农民阶级只有在解决衣食住行的情况下才能从事思想文化等精神活动。经济基础决定上层建筑,自给自足的自然经济和农民对地主土地的依赖,使得农民阶级缺乏参与社会文化活动的物质条件。父亲作为地主家族的家长,是享有家族生产资料的最高所有者、决策者。封建主义文化由父权决定,由封建主义金字塔顶端的君权示意。在父权制的影响下,儒家思想独领风骚上千年,孝道思想是维持父权文化存在的精神支柱,"亲亲、尊尊"思想是封建主义专制主义制度屹立的根本。

第五节　落后文化对大学生思想政治教育的影响及改进举措

中华传统文化流传至今已有两千多年,作为延续中华儿女存在和发展的精神命脉,对今天大学生的思想政治教育既存在大量积极价值,也存在消极的因素。落后文化对大学生树立正确的世界观、人生观、价值观、政治观、道德观等会产生负面影响。

一、落后文化对大学生思想政治教育的影响

落后文化不利于大学生形成正确的世界观。世界观是大学生认识自然界、社会和人本身的首要观念。大自然、鬼神、天地是古人开启世界认知的开端。儒家文化在鬼神观上,孔子持"敬而远之"的态度,认为鬼神属于天道

问题,不应谈及或关注,人道才是生活中应当关注的问题。对于鬼神,存而不论。尽管儒家学派在鬼神思想上认识复杂,但大力提倡祭祀祖先、天地,却隐含着鬼神论思想和封建迷信,这是一种与马克思主义的物质世界观和无神论相反的认识路线。当伟大的思想家孔子在鬼神观上并没有给予直截了当的回应时,落后文化容易导致大学生产生唯心主义的错误认识。正确梳理和认知儒家文化,分清利弊和优劣,树立马克思主义的世界观,这有利于大学生践行社会主义荣辱观之"以崇尚科学为荣,以愚昧无知为耻"的思想理念。

落后文化不利于大学生形成正确的人生观和价值观。中央集权的专制主义思想产生了封建官本位思想。是否做官或官职的大小成为人们衡量自己人生价值的唯一标准,权力争夺成为官员追逐一生的理想,权势大小成为人们生活的人生目的和人生意义。在权力争夺过程中,权力崇拜意识、极端个人主义、享乐主义致使人们萌发错误的理想信念和歪曲的人生观、价值观。为人民服务的执政理念是社会主义与以往旧主义、旧社会的根本区别,正确的权力意识和服务意识,有利于大学生践行社会主义荣辱观之"以服务人民为荣,以背离人民为耻"的价值取向。

落后文化不利于大学生形成正确的民主政治理念。从集权体制来看,中央集权的官僚体制从秦朝起延续了两千多年。在政务管理上,皇帝拥有最高决定权,尤其是人事任免权。中央官员的选拔只对皇帝负责,全国的臣民、官员都要服从皇帝的意愿。这种任命体制受朝廷官员主观因素的干预和影响,引发官场腐败、"官本位"、裙带关系、人事混乱等社会问题。落后的传统政治文化实际上是人治,是官员层层权力的声张,是为少部分人、特定的人而服务的,而政府官员却远离了做官为民为国的初衷。古代官员选拔虽有考试制度,但受主观意愿、喜好、利益等社会因素影响,主观任命成分较多,无法体现人民的意愿和选举权,不是大多数人的民主,这与社会主义民主集中制是相违背的。作为传统文化的核心，儒家文化中所宣传的三纲五常、伦常纲常思想、跪拜礼节风俗等内容是违背社会主义民主思想。

落后文化不利于大学生形成社会平等观。自母系氏族被取代以后，几千年来妇女一直处于社会底层。落后文化在思想道德上宣传"三从四德"，妇女被严格的等级制度限制在家庭中，不享受任何权利；从父权文化来看，女性在两性关系、人际交往、劳动生产、婚嫁等社会各个领域都受到不平等的待遇。女性被男性封锁在家庭中，料理家务成为女性的主要使命，女子的行为举止受到严格的家庭管教。比如，女子出门前要得到父亲大人的批准，在街上严禁随意和陌生男子说话等。父权制充分展示了传统人伦关系，划分了社会等级和身份贵贱，产生了人与人之间的绝对不平等关系；从教育思想来看，"女子无才便是德"的思想深深地阻碍了女性的成长和精神生活；从社会习俗来看，女性发型衣饰、妇女骑驴、女子不入宴席、嫁娶等社会习俗，都是对女性精神的压迫。落后文化天然地形成了人与人之间，尤其是男女之间的不平等、城乡差异、阶级对立，这些都不利于社会的和平与稳定，不利于人民获得普遍利益，不利于大学生形成正确的人生观、价值观、世界观。

落后文化不利于大学生形成以人民为中心的发展思想。官僚体制下的地方官吏只对自己的上级官员负责，中央官员只对皇帝负责，凡事以皇帝的喜怒哀乐为中心，官员之间争权夺利，很多官员更多关心自己的经济利益和政治前途，对老百姓的生活苦难却关心极少。在地主阶级和农民阶级的对立之下，官员与人民大众二者生活在不同的社会两极，官员不仅不体恤人民，反而压迫人民，社会民不聊生，人民食不果腹。这种"官员对上负责，不对下负责"、视民为草芥的思想，其本质就是一种歧视人民、远离人民的错误观念，严重背离了马克思的"人民群众是历史的创造者"的唯物史观，背离社会主义的本质特征。

落后文化不利于大学生形成艰苦奋斗精神。理想目标的实现，需要艰苦奋斗的精神。传统文化中的社会习俗,像鬼神、占卜、天命、墓葬、祝寿、待客等生活习俗的本质是迷信思想,是对人性的压制。比如,对于未来生活目标的追求,不是通过社会实践活动为之努力,而是通过以镜占卜、以钱占卜、请紫姑、跳神、蛙神等占卜方式,这种把希望寄托在神灵上的有神论思想,不仅让人不思进取,安于现状,悲观被动,而且抹杀了人们积极向上、热爱劳动、艰苦奋斗的意志品质。对传统习俗形成正确的认知,有利于大学生践行社会主义荣辱观之"以艰苦奋斗为荣,以骄奢淫逸为耻""以辛勤劳动为荣,以好逸恶劳为耻"的行为准则。

以文育人,以文化人,落后文化代表了落后的价值观,落后的价值观既不能战胜西方歪曲的文化价值观,也必定被社会主义社会先进价值观所取缔。"核心价值观是文化软实力的灵魂"①,先进的核心价值观是面向世界、面向现代化、面向未来的社会主义文化指导理念,是提升社会主义意识形态的竞争力的一大法宝,是加强大学生爱国主义、集体主义的精神力量,是进行大学生思想政治教育的重要法宝。

二、消除落后文化影响的举措

抛弃传统文化中封建、落后、保守的因素,去伪存真、去粗取精,有利于大学生在良好的德育环境中树立正确的世界观、人生观、价值观、政治观、道德观,有利于大学生树立社会主义核心价值观,有利于大学生坚定民族文化自信。因此,寻找消除落后文化的措施,以减少、减轻落后文化对大学生思想政治教育的消极影响。

深度剖析传统文化的思想内涵。从奴隶社会至封建社会,儒家思想源

---

① 《习近平谈治国理政》(第一卷),外文出版社,2018年,第163页。

远流长，儒家学派在封建社会作为政府官方正统思想，其代表人物从创始人孔子到其弟子孟子、荀子、董仲舒、程颐、朱熹等，经历了两千年的延绵发展。儒家学派的不同代表人物，不同程度地或完善、或修改、或改进了儒家思想体系。孔子作为儒家学派的创始人，思想体系深邃，悟道高深，大学生对古人哲学思想的领悟具有一定难度，加上圣人在鬼神观上的模糊表达，大学生容易出现理解偏差、思维混乱、认识不当等问题，容易得出唯心主义的错误结论，这就需要大学生深度剖析和正确领会孔子的哲学思想，深入挖掘传统文化的真正意境和思想内涵，辨别思想文化中的现象与本质、真与假、对与错，有利于大学生屏蔽落后的封建文化。

加强大学生思想政治教育理论课学习。大学生思想政治教育理论课学习的过程是培养大学生科学的世界观、人生观、价值观的过程。"马克思主义基本原理"是为高校大二全体学生开设的一门思想政治教育理论课，它包含"物质统一于世界、社会存在决定社会意识、生产力决定生产关系、人民群众是历史的创造者、社会实践活动是生活的本质"等马克思主义的基本观点，包含辩证唯物主义和历史唯物主义的马克思主义基本立场，包含对立统一规律、"重点论""两点论"等马克思主义基本方法。马克思主义的基本观点、基本思想、基本方法能帮助大学自觉抵制有/鬼神论、天命论等唯心主义观点，抵制不平等的男女观、人伦贵贱落后思想，抵制轻视人民主体地位的错误历史观念和政治思想，帮助大学生对世界形成正确的认知，培养正确的思维方法，提高思维能力。

用优秀传统文化理论消除落后文化理论。传统文化既有精华部分，也有糟粕部分。在封建主义社会，同一个学派或不同学派在同一历史阶段会呈现出百家争鸣、百花齐放的思想文化发展态势。儒家提出德治，道家提出法治，鬼神论与神灭论、朴素唯物主义与唯心主义等对立的哲学思想是文化发展过程中思想博弈的正常现象。统治者为了维护君权、统治地位和经济利益,必然会选择为经济基础服务的上层建筑,也就是选择性吸收传统文化中对统治阶级有利的部分。而奴隶主阶级和奴隶阶级、地主阶级和农民阶级是对立的阶级,统治阶级选择的所谓有利的文化部分,则是对被统治阶级不利的部分。因此,学习优秀传统文化知识是对落后文化知识在理论上的排斥。比如,在世界观问题上,荀子、王冲、刘禹锡、张载等中国古代朴素唯物主义的主要代表,他们的自然论、神灭论、崇有论、元气论是对鬼神论、天命观、宿命论的反击。老子作为唯物主义自然观的发起人,其"道法自然"和崇有论等朴素的唯物主义思想也是对鬼神论和天命观的否定,具有进步意义。此外,道家的法治思想应对封建主义官僚体制中的权力思想,儒家的"民为贵""君为轻""民为邦本"等人民思想和"仁爱"思想应对封建社会君权思想、父权文化、纲常伦理观念、社会等级制度等,皆是优秀传统文化对落后文化的否定。

积极参与校园文化活动,抵制思想迷信活动。高校校团委、学生工作处、各二级学院等学生工作机构,会常规性地组织学生开展一系列提升青年大学生综合素质、加强大学生思想政治宣传教育的主题性社会实践活动。积极参与校园文化活动,有助于大学生形成积极向上的心理和健康的情感,有助于培养大学生的集体意识和爱国主义情怀,有助于形成良好的校园文化氛围。除了校园生活外,家庭是大学生生活的重要场所。由于经济和文化发展落后,偏远山区的很多习俗和封建迷信思想被固化流传下来,即使是迁移到城市的家庭,在思想观念上依然没有摆脱老一辈封建迷信的影响。因此,拒绝参与家庭封建迷信活动、抵制陋习和落后习俗,能帮助大学生远离落后文化对思想的侵蚀。

总之,挖掘和发扬中国优秀传统文化,抛弃和抵制落后文化,有助于大学生继承中华传统美德和发扬民族精神,增强对中华优秀传统文化的认同感,有助于高校顺利实施大学生理想信念教育、道德法治教育、爱国主义教育和全面发展教育等思想政治教育,有助于推动社会主义文化自信、文化自觉和文化繁荣。

第二章 家庭教育对思想政治教育的影响

第一节 家庭教育

大学生思想道德素养的形成和"三观"的塑造不仅依赖于学校思想政治教育工作,还取决于家庭教育发挥思想政治功能。习近平总书记在会见第一届全国文明家庭代表时指出:"无论时代如何变化,无论经济社会如何发展,对一个社会来说,家庭的生活依托都不可替代,家庭的社会功能都不可替代,家庭的文明作用都不可替代。"[①]关注家庭教育,重视家庭教育思想政治功能的发挥,对大学生的思政课教学效果将产生重要影响。

一、家庭教育的概念

家长是孩子的第一任老师,家庭是人类最早接触的教育环境,家庭教育

---

① 习近平:《在会见第一届全国文明家庭代表时的讲话》,共产党员网,https://news. 12371. cn/2016/12/15/ARTI1481810971564960. shtml。

是人出生后的第一种教育形式。家庭教育,即家教。家庭教育是家长将自身思想认识、文化观念、道德情操、性格爱好、生活技能等方面传递给孩子的一种教育方式,是孩子复制家长意识的过程。这个过程是孩子对人、对事、对物形成主观看法和思维的过程,是孩子知识文化和思想道德品质培养的过程,是孩子"三观"初步塑造的过程。家庭教育内涵丰富,涉及生活的方方面面,覆盖了孩子的生活、学习以及自身思维、情感、意志等各方面内容。俗话说,有什么样的家教,就有什么样的孩子。从孩子出生到成年,父母言传身教,把自己的道德观和价值观一点一点地传递给孩子。可以说,父母有什么样的道德观和价值观,孩子也会有近似的道德观和价值观。家庭教育对孩子的思想道德观念的产生和发展有直接影响。

二、家庭教育的内容

教育是家庭、学校和社会三者合力的结果。从时间角度来看,家庭教育是人的启蒙教育,是教育的早期阶段;家庭伴随人的一生,家庭教育是终身持续性教育。从空间角度来看,家庭是人生活的主要活动场所,家庭场所是受教育者的重要实践场地。俗话说,基础不牢,地动山摇。家庭教育对子女的成长、成才具有基础性教育效能。家庭教育的活动结构表现为家长是教育者(主体),子女是受教育者(客体);家庭教育的活动方式是父母的言传身教;家庭教育的活动结果是子女被家长对象化的产物。家庭教育成为家长主体作用于孩子客体,通过主体客体化的过程,产生客体主体化的结果。随着孩子进入不同年龄阶段,家庭教育呈现出不同特征。

在婴幼儿教育阶段,家庭教育以智力启蒙为主。实际上婴儿还在母体阶段,家庭教育就开始了。孕妈妈的各种胎教,如故事胎教、音乐胎教、瑜伽胎教、按摩抚触等,已经开始了早期的情感教育和智力教育。早教班、游泳推拿、营养补充、智力玩具等是婴儿时期的家庭教育内容。绘画、乐高、围棋、音乐、小主持、英语、舞蹈、跆拳道等各种特长班是幼儿家庭教育内容。

在童年教育阶段,家庭教育从特长教育转向学习教育。孩子进入学龄阶段,教育上增加了学业这一重要任务,家长的教育便从多样化的特长培养转变为重点式的专业培养,减少大量的幼时兴趣班。即使是为了培养孩子一技之长或是特殊专长,家长也会从众多兴趣班中开始筛选特长教育。由于学习重点的转变和学习时间的有限,孩子的教育任务已经走向以学习为主体的教育模式。

在青少年教育阶段,家庭教育以培养学习型人才为主导。少年时期,面临孩子学习升学的转型阶段,由于学习科目难度的增加、学习作业量的增多、学习时间的加长,孩子大量时间基本花在学习上,家长在此阶段会加倍重视孩子的学业,给孩子安排更多额外的学习辅导,比如奥数补习、思维训练补习、英语补习、语文作文补习等。2021 年 7 月,中共中央办公厅、国务院颁布了《关于进一步减轻义务教育阶段学生作业负担和校外培训负担的意见》,避免了学生学业负担的进一步加重。特长教育进一步减少,缩减为重点培养。但是学生的学习竞争压力依然较大,学习依然是家庭教育的重点内容。

综上所述,现代家庭十分重视孩子的教育,根据不同年龄阶段呈现为智力型、特长型、学习型为主要家庭教育内容的社会发展趋势。

三、家庭教育的特征

家庭教育是社会综合发展的产物。基于现代社会发展的现实情况,儿童存在与以往不同的家庭教育特征,出现了智育、德育、劳育不同层面的脱节,现代社会对家庭教育提出了新要求、新思考、新方向。

第一，德智不平衡。随着科技的日新月异，人才竞争越发激烈。家庭作为社会的细胞，肩负着培养人才的重任。现代社会越来越集中于智力型、科技性、创新性的人才需求，家庭教育在社会发展的导向之下，培养学习型人才成为家庭教育的主要目标。从家庭教育的内容来看，各种学习提高班、特长班等都是父母重视智力教育的体现。过分专注智育或学习，势必会忽视孩子的德育培养。一个缺乏全面教育的家庭环境，会使孩童错失正确价值观形成的最佳时机；一个缺乏正确价值观的孩子，其道德品行的败坏，人生很容易走向歪路和歧途。德是才之首。人要立，首先是德立，无德，人便不能立。在培养"德智体美劳"全面发展的人才中，德是第一位，德是人格形成的基础。"德智"失衡是一种不健康的家庭教育模式。

第二，体智不平衡。由于独生子女的政策，一家一个独苗成为爷爷奶奶、外公外婆的宝贝，即使二胎、三胎政策的实行也没有能改变孩子至上的形势。随着经济社会的发展，在今天物质水平提升的情况下，家人更是十分看重孩子的身体健康，怕孩子挨饿受冻，给予了孩子更多的物质财富，让孩子吃名牌、穿大牌、玩高级、享受奢侈生活，物质上呈现了高大上的特点；而孩子的智力和学习发展则完全交给学校，在思想上展现了家庭精神教育的贫困。教育是家长的职责，"养而不教"是家庭的失误。仅给予孩子强壮的体魄，而缺失优秀的道德品质和健康的精神生活的家庭教育模式是对孩子的长期发展偏激而不健康的。

第三，智能不平衡。智力教育是大多数现代家庭教育的普遍要求，是培养学霸型、神童型人才的重要方式。为了让孩子把所有的时间和精力都投入各个学科的学习，胜任各种考试和竞赛，很多家长包揽了孩子除学习以外所有的事，孩子穿衣、洗碗、拖地、做饭、整理房间等生活技能和家务劳动皆被家长完成。在家庭教育中，孩子的学习教育被无限放大，而劳动教育则被无限缩小；孩子的学习成绩得到显著提高，而生活能力却十分薄弱，家庭教育方式的畸形发展,造成孩子的能力与年龄、生理与心理不匹配、不协调发展。近年来,清华大学、北京大学神童退学的事例已经不是一两件,神童的特点是学习和智力都比同龄人超前,但是生活能力几乎为零。智力与能力的不匹配,即使学习成绩远超同龄人,在生活生也是一个弱者。

四、家庭教育的结构

一个家庭将以何种形式去培养孩子、教育孩子,造就孩子,取决于家庭教育的整体结构。家庭教育结构主要包括家庭教育方式、家庭教育内容和家庭教育环境。

(一)家庭教育方式

家庭教育方式主要表现为权威式家庭教育、溺爱式家庭教育、放任式家庭教育和民主式家庭教育四种方式。

1. 权威式家庭教育

权威式家庭教育是以家长意志为中心的打压式的家庭教育方式。在我国几千年传统文化教育理念中,家长拥有绝对权威,一味教导孩子循规蹈矩,不能有丝毫越轨行为,孩子一旦犯了错误,家长便会进行严厉惩罚。受中国传统伦理纲常观念的影响,一些家庭依然延续了权威式的教育理念。在权威式家庭教育中,如果孩子与家长的认识不同,通常以家长的意见为主,极少听取孩子的意见,家长甚至把自己的主观想法强加在孩子身上。如果孩子违背了家长的教育理念,孩子还有可能会遭受批评、严厉批评、体罚等惩罚。可见,在权威式家庭教育中,孩子与家长处在一个不平等的位置上。家长高高在上,孩子处于低下位置,这种以高对低的位置导致不论教育的是非对错,家庭毫无民主可言,家长缺乏反思意识与行为。权威式家庭教育方式忽视孩子主观能动性的发挥,严重抑制了孩子自然天赋的秉性,扼杀了孩子的好奇心、想象力和探索欲,造成孩子缺乏自信和独立性,畏首畏尾,毫无主见。从实践生活来看,权威式家庭教育不仅对孩子的身心健康有害,还会影响孩子人格特征的发育与形成。总之,权威式家庭教育体现的是家长权力意志,孩子处于非主体的教育位置,孩子的主体需求被忽略,这种教育方式不符合教育规律和孩子生理特点,家庭教育不能发挥正面效果。

2. 溺爱式家庭教育

溺爱式家庭教育是以满足孩子主观需求为中心的宠爱式家庭教育方式。溺爱式家庭教育方式的特点是以孩子为中心,对孩子提出的主观要求采取无条件满足。当代社会,父母对于孩子习性、喜好、需求、行为习惯一味迁就,并毫无原则地达成。在这种教育方式下,父母是孩子的保护伞,孩子长期在顺境中成长,受父母娇惯,所遇困境皆由父母为之解决,从小避免了各种困难、挫折和痛苦等境遇,使得他们既没有吃过生活的苦,也没有吃过学习的苦。在溺爱的成长环境中,孩子逐渐养成任性自私、心胸狭隘、懒惰霸道的性格特征,产生"以自我为中心"自私自利的价值观念。在人与人相处的过程中,不会关心他人,不会换位思考,不善于处理复杂的人际关系,容易把他人对自己的付出看成是理所当然,总想不劳而获。在学习和生活中缺乏上进心、责任感和处理问题的独立能力,他们很难在社会中独当一面,家庭教育效果不佳。

3. 放任式家庭教育

放任式家庭教育是家长对孩子的教育漠不关心,任由孩子自由发展的一种家庭教育方式。由于现代社会经济压力的增大,一些家庭父母把工作放在第一位,对孩子的成长很少关心,包括孩子的身体状况、心理需求、精神状态和学习情况等。还有部分家庭由于家长自身文化程度不高,忽视家庭教育,对孩子的道德教育漠不关心。放任式家庭教育的特点是父母双方缺失,或父缺失,或母缺失,对孩子极少过问和陪伴,孩子活动空间过大。由于父母对孩子的性格、情感、行为和学习等缺乏引导和教育,任由孩子自由散漫式发展,这容易导致孩子养成自我约束能力差、无组织纪律等不良习惯,甚至在没有父母的关爱下个性极端,容易走向犯罪道路。尤其是在偏远地区,由于贫穷的生活环境,以致很多家长外出打工,孩子普遍成为留守儿童。没有父母的关心和教导的家庭演变成典型的"养不教"或"不养不教"的家庭教育,家庭教育的缺失致使儿童出现一些负面的心理问题和情感问题,对他们的健康成长极为不利。

4.民主式家庭教育

民主式家庭教育是以孩子为主体并充分体现家庭成员民主的家庭教育方式。在民主式家庭教育中,家长在充分听取孩子意见和想法的基础上,根据孩子自身的个性、特点与喜好寓教于乐,培养孩子高尚的道德修养、良好的行为习惯、优秀的个人品质。民主式家庭教育既能让家长把握教育大方向,又能培养孩子独立的个性,家庭教育的氛围民主开放,孩子与家长的交流与沟通处于一个平等的位置,父母与孩子的关系融洽和睦,家庭教育效果和教育质量较好。

(二)家庭教育内容

第一,重教育轻道德。随着社会文明的迅速发展,孩子的教育问题几乎成为每个家庭的头等大事。从宝宝还在妈妈肚子里时就开始胎教,呱呱坠地后的早教活动,"0岁方案"、五花八门的益智玩具、"不能让孩子输在起跑线上"的各种智力开发兴趣班,比如绘画、钢琴、围棋、外语、篮球等。从宝妈宝爸促进幼儿的大脑发育、动手能力、专注力、手眼协调能力等智力活动的教育策略,到虎妈虎爸让孩子未来进入学习领域所研究的各种教育成功学,家庭教育活动的系列升级让整个社会呈现了一种"教育过度"现象。由于各种学习技能培训班的兴起,家庭教育偏重于孩子的智、体、美方面的培养,而孩子的德育问题却没有得到重视。国无德不兴,人无德不立。道德反映了一个人的价值取向、思想观念和品德情操,是一个人品质和精神的灵魂,是孩子成人的重要因素。智力反映了一个人掌握科学文化知识的水平,是孩子将来成才的基本条件。要实现孩子成人成才的目标,家庭教育既要把握孩子的成才问题,又要把握其树人问题;既要注重孩子科学文化知识的学习,又要关注德育。德智体美劳全面发展是衡量一个学生成长成才的主要标准。重教轻德,重智轻德、重才轻德都是片面的家庭教育论。孩子的家庭生活实践过程或社会交往过程,正是孩子性格特征、行为习惯和道德养成的过程。如果家庭一味以孩子的教育为中心,忽视孩子的德行,使得孩子在与人的相互交往中,容易形成以自我为中心、自私自利等不健康的道德观。当前,社会上各种育儿经和育儿机构五花八门,自觉或不自觉地正在引导育儿方向,家庭教育内容被智力培训占据和充斥,孩子的德育被家庭无形中疏忽,即使家庭教育也渗透着对孩子的礼仪、行为规范等道德内容,但是智力教育在家庭教育中的成分和位置远远超过了道德教育。

第二,重成绩轻能力。在中国应试教育大环境下,家庭越来越重视孩子的学习成绩,孩子学习竞争压力随之扩大。由于家庭从小重视孩子的个人培养,学习成绩自然会更加重视,有的家长甚至把学习成绩作为考察孩子是否优秀的唯一标准。为了提高孩子各门功课的成绩,除上课之外,学生普遍都要在课外补习大量功课,比如作文、英语、数学等。由于家庭长期以来对孩子学习一贯重视的思维定式,即使实习了"双减"教育改革,也很难较大程度地减轻学生的学业负担。鉴于学习的重要地位和时间付出,孩子除了学习这一件事外,几乎不需要做家庭劳动,就连基本的生活起居、简单家务都由父母包办。比如,很多家长协助或包办孩子穿衣脱鞋,扫地擦桌,洗衣叠被等生活自理之事和家务琐事,这种孩子只需要"张口"与"伸手"的环境压抑了孩子的基本生活能力。如果孩子连生活自理这种基本生存能力都没有掌握的话,那么未来如何应对社会? 分析问题和解决问题的能力又从何谈起? 神童被大学退学的事例也不是第一次。

第三,重物质轻精神。随着中国成为世界第二大经济体,中国经济发展水平呈现跨越式发展,很多家庭都已经摆脱贫穷走向小康。在一些生活条件较好的家庭,父母忙于各种应酬,一心捞金,让孩子吃名牌,穿大牌,玩高级,享受奢侈生活,认为只要把孩子养成"白富美""高富帅"就是家庭的最高目标,其他一切有关思想、精神、教育等方面被忽视。由于家庭重视物质生活水平,一心从物质上给予孩子优质的条件,家长极少花时间去陪伴孩子,极少倾听孩子内心的声音,通过给予大量的物质消费品去填补孩子的精神世界,却忽略了孩子精神世界的塑造。从孩子成长成才的目标来说,成长主要指孩子身体和心理的健康,成才主要指孩子科学文化知识的学习。在重物质轻精神的家庭,所谓的成长也只是重视孩子身体体质、体能方面的健康,对心理健康关注是极其欠缺的。因此,这种重物质利益轻精神追求、重养轻教式的家庭教育,让孩子只浮于物质现象表面,内心世界空洞,精神力量匮乏,情感意志脆弱,是一种道德缺失、教育不平衡的体现,真正失去了家庭的教育功能在现实生活中的意义。

(三)家庭教育环境

教育环境有大环境和小环境之分,即社会教育环境和家庭教育环境。

第一,社会教育环境是大环境,即国家教育政策导向学校和社会教育机构的教育环境。国家教育政策通过全国各地的学校对学生实施教育内容和培养目标来体现。而学校对学生思想政治教育以及各门功课的考核则是主要依据学生该门课的考试成绩。国家教育政策导向学校教育改革方向,学校则进一步导向学生的教育方向。一个优秀的学生应该表现为品学兼优、德才兼备。思想政治教育和学习成绩的一大区别,就是思想政治的教育是一种隐性教育,其教育结果是潜移默化的,需要学生日积月累,通过日常生活实践,一点一滴地影响到学生的生活习惯、思维模式、道德行为等方面。而学习成绩则是显性教育,通过作业或者考试成绩就能判断。学校成为一个家庭或社会评定学生优差的教育环境,学习成绩也成为学生是否优秀的判断标准。一个学生学习成绩好,在家长们的眼中就很优秀;一个学生学习成绩差,大家的印象就是差评。学习成绩成为高校教育优良的一把尺子,成为衡量孩子优差的唯一标准。为了提高学科学习成绩,社会教育机构应运而生。社会教育机构是以国家教育方向为导向,为提高和完善学生学习能力、思维水平等能力而设置的一种校外学习机构。如果出现学生不能按质完成学习任务、学习成绩跟不上或是父母文化水平不够等诸多情况,家庭就会借助社会教育机构来提高孩子的学习成绩。随着国家颁布的"双减"政策的实行,社会教育机构教育(主要指课外补习学校)也大量减少,学生过度补习现象也随之减少。所以,国家教育政策不仅导向学校和社会教育机构教育,还对家庭教育具有引导作用。

第二,家庭教育环境是小环境,是父母对孩子的教育理念、教育方式、教育目标等形成的氛围。家庭如何教育孩子、如何培养孩子是孩子成长的第一影响力。尽管家庭教育环境是小环境,对孩子来说却是至关重要的。俗话说:孩子是家长的一面镜子。孩子的启蒙教育从家庭开始,孩子成长如何直接透射家庭教育环境如何。家长是孩子的第一位老师,家庭教育环境是孩子接触的第一个教育环境。家庭教育环境受两方面因素影响:一方面,家庭教育环境受家庭经济条件影响。物质决定意识,家庭经济条件决定家庭教育观念,不同的家庭经济水平,就有不同的家庭教育观念。在竞争激烈的大城市,家长了解知识学习的重要性,不仅重视孩子的学习成绩,而且强调孩子人格的塑造、能力的培养和素质的提升,关注孩子发展的全面性,对孩子注入加倍的教育消费。相反,在经济落后地区,家庭忙于解决生计问题或事业提升,对孩子的教育质量和全面性关注减少,投入自然就少。因此,对于贫穷或普通家庭而言,要么极少关注孩子的需求,不了解社会需求,不知道孩子需要什么样的教育;要么则只过度强调学生的学习成绩。另一方面,家庭教育环境受家庭环境素养影响。家庭环境素养主要指家庭成员的素养所形成的文化氛围,尤其是父母素养。父母素养的高低决定了家庭教育的思想理念。父母学历水平较高的,重视孩子的教育,关心孩子的成长,懂得如何去培养孩子,家庭学习氛围较好。而父母学历水平较低的,不懂得如何去培养孩子,对孩子的文化教育、思想道德教育都显得不够重视,家庭学习氛围较弱。

总之,大环境决定小环境,小环境受大环境影响。家庭教育是社会教育的重要组成部分,家庭教育观念受学校和社会教育理念影响,社会教育理念受国家教育方针导向,家庭教育培养目标与学校、社会、国家培养目标具有一致性,无论是家庭教育的小环境还是学校教育、社会教育的大环境,对于培养德才兼备的大学生具有重要意义。

第二节　家庭教育的思想政治教育功能

国家是整体,家庭是个体,无数的小家庭构成了国家这个大家庭。小家和谐则国家稳定,小家文明则国家文明。现代家庭教育是社会教育和学校教育的发源地,是社会主义精神文明形成的具体体现。家庭是人生的第一所学校,家庭教育是人生思想政治教育的摇篮。习近平强调:"重视家庭建设,注重家庭、注重家教、注重家风,紧密结合培育和弘扬社会主义核心价值观,发扬光大中华民族传统家庭美德。"这充分体现了家庭教育对良好家风、家教、家庭形成的重要性,家庭教育在稳固家庭和睦、传承家庭美德、践行社会主义核心价值观等具有重要意义。家庭教育对子女产生的思想政治教育功能,主要体现在道德教育功能、政治教育功能、审美教育功能和法制教育功能四个方面。

一、道德教育功能

家庭道德教育以德育为主要内容,以家庭固有的思想道德规范去引导、激励和教化子女,从而达到塑造个人品德的目的。中国几千年来属于伦理道德型社会,家庭伦理道德所发挥的教育职能在中国传统文化和社会生活中处于基础性地位,是民间社会道德规范产生的源泉。传统家庭道德教育的主要特点是把知识与道德合二为一,以教授道德经典来传达做人做事的知识和道理。传统道德教育以家训、家风、家教、家规、族规等方式来教导和约束家庭成员的言行,一些家训甚至成为古代社会家庭教育理论的典范教材。《朱子家训》的家庭道德教育强调重孝、重德、重和、重义、勤俭节约、修身养性等,《曾国藩家训》的家庭道德教育强调孝敬父母、仁爱孝悌、诚信勤俭、谦让友善等,《颜氏家训》的家庭道德教育强调如何为学、修身、处世、齐家、治国等。总之,传统家庭道德教育以"孝""礼""仁""义""信"等概念为中心来传承家风、家教、家训,主要表现为孝敬父母、忠君爱国、重义轻利、诚实谦逊、勤劳节俭、注重节操、待人以礼、不畏强暴、同情弱小等家庭伦理思想和道德修养。

当今社会,现代家庭道德教育是个人品德、职业道德、社会公德形成的前提,对社会主义精神文明建设和社会主义核心价值观的培育发挥着重要作用。现代家庭道德教育将传统家庭道德教育中知识与道德合二为一的综合教育转变为知识与道德一分为二的专业教育,将知识与道德、自然科学与社会科学、家庭教育与学校教育作了明确区分。伦理学成为高校关于道德教育研究的一门学科，形成了尊老爱幼、勤俭持家、夫妻和睦、男女平等、邻里团结等现代家庭美德。

随着社会竞争日益激烈，家庭面临的经济、教育、医疗、养老等方面的压力日益明显，家长工作的时间和精力占据了家庭生活的主要部分，现代家庭德育出现了前所未有的新问题、新情况。一方面，家庭教育主体缺失。随着工作节奏加快、压力增大、事务增多，家长白天上班，甚至晚上加班的情况使得家长缺失在孩子教育的岗位上，孩子只能委托于长辈、保姆等托管，产生隔代、隔亲喂养，孩子的德育只能是有限展开。另一方面，"重智轻德"家庭教育模式突出。父母花大量的金钱和时间，送孩子上各种培训班和益智班，开发和提高孩子的智力，而对孩子思想政治品德的重视显得不足。

俗话说：人无德则不立。所谓先立德后树人，家长对孩子的教育首先应是道德教育。家长可以通过生活起居、看书学习、社会交往等方式开展家庭德育功能。比如，家长应教育孩子是非对错、善恶美丑的价值观念，使用"您好""谢谢""对不起""再见"等礼仪用语，积极培养孩子形成高尚的道德情操。德育以人的思想品德的形成和发展为研究对象，家庭德育即是以孩子的思想品德的形成和发展为研究对象。一方面，家庭环境是子女接受道德规范理论学习的发源地，是子女道德实践的重要场所。另一方面，家庭德育是社会德育和学校德育的基础和前提。德育的实践范围必然以家庭为始，延伸到社会和学校，再回归新家庭，发生德育实践的时空转换。因而，家庭是子女重要的德育环境，教育主体的缺失和教育内容的偏倚对现代家庭道德教育功能的发挥具有重要影响。

二、政治教育功能

思想政治教育环境包括宏观教育环境和微观教育环境,家庭环境则属于微观教育环境。马克思主义是思想政治教育的理论基础。坚持以马克思主义思想理论为指导,以社会主义文化教育为中心,发挥马克思主义在微观环境的思想引导作用,在家庭环境中传播社会主义核心价值观和社会正能量,为家庭成员从小树立正确的政治立场和政治方向,对家庭培育合格大学生和社会主义事业的接班人具有重要意义。家庭政治教育的主要内容有以下三点:

第一,树立科学的家庭价值观教育理念。在家庭教育中,教育者树立良好的教育理念是培养全面发展型人才的重要内核。现代家庭教育理念基本上是一种重智轻德型的教育意识和理念,智与德的不平衡教育理念是对优秀传统文化的抛弃,是现代家庭对家庭成员思想政治教育的轻视,进而引发对价值观、人生观教育的忽视。科学的教育理念是坚持智与德、成人与成才并重的教育观念。只有知识的深度而缺乏正确的政治导向和价值观取向的家庭教育,是不完整的教育。一个人即使拥有专业的、高深的科学文化知识,但性格偏激,道德观念歪曲,价值观扭曲,意识形态偏颇,对社会和国家而言并不能发挥积极作用。所以,建立科学的家庭价值观教育理念,把握好智与德的平衡发展关系,把家庭价值观念外化到家庭生活中,率先示范,言传身教,有利于孩子健康成长成才。

第二,继承中华优秀的传统家庭价值观。传统文化重视国家利益和整体利益,强调爱国精神、奋斗精神、奉献精神、牺牲精神,讲究人与人、人与社会、人与内心的和谐,追求道德修养和理想人格等都是传统家庭价值观的重要体现。优秀的家庭传统文化为现代家庭价值观教育提供了丰富的材料来源和实践示范。在家庭生活中践行优秀的传统价值观,对培养家庭成员积极的人生追求、健康的身心发展、为人处事的社会准则、高尚的价值取向和正确的政治立场等具有激励和推动作用。优秀的传统家庭价值观是社会主义核心价值观在公民、社会、国家三个层面的理论来源,社会主义核心价值观是对优秀的传统家庭价值观的继承和发展,二者一脉相承,具有相同的核心价值取向。继承中华优秀的传统家庭价值观,把优秀的传统家庭价值观与社会主义精神文明建设相结合,有利于形成新时代中国特色的家庭美德,有利于在家庭层面培养和树立家庭成员的社会主义核心价值观。

第三,践行社会主义核心价值观。价值观代表一个人的精神追求,展现社会个体评判社会是非曲直的价值标准。一个人有什么样的文化构成,就有什么样的价值观;一个人有什么样的价值观,就有什么样的政治取向。在多元化的价值碰撞中,如果大学生赞同或倾向于西方价值观,那么它对西方的历史、文明、政治等方面都极有可能达成与之价值观相一致的认识。由于我国与西方的政治意识形态截然不同,社会制度不同,指导思想不同,社会理想不同,当中西方价值认知发生冲突时,势必会影响我国核心价值体系的培育和社会主义文化的建设。西方价值观牵涉资本主义的政治立场、政治观点、政治态度,与我国以马克思主义为指导的社会主义价值观念截然不同。社会主义核心价值观是社会主义核心价值体系的主要内容,既依赖于科学理论的指导,也需要付诸实践之中。在家庭教育中,家长的实践是孩子终身学习和效仿的榜样,家庭成员要首先树立和践行社会主义核心价值观的科学理念,在潜移默化的示范中引导孩子建立正确的价值追求。日复一日的家庭生活实践使孩子的家庭价值观进一步加深、巩固,甚至定性,以致在面对社会多元化的价值取向中,能运用传统家庭价值观自觉抵制资本主义价值观,以保障社会主义核心价值观不动摇。

三、审美教育功能

传统家庭审美教育提倡"礼教""诗教""乐教"的传统文化,追求人性真善美的融合以达到理想的心境。现代家庭审美教育是以自然美、艺术美、生活美、社会美为主要教育内容,培养孩子美好的情操、健康的审美趣味、正确的审美态度、高级的审美观念,初步建立孩子认识美、创造美、表达美的能力,促进儿童的全面发展和美好人格的形成。美有很多种表现形式,通过观察客观事物的形状、颜色、体积、状态等知晓什么事物是美的,什么事物是丑的,称为自然美;通过了解事物的功能特征、历史知识、文化底蕴等而知晓什么是美,什么是丑,称为艺术美;通晓社会礼仪、形体举止高雅、言语得体等,称为生活美;具有家庭和谐观念、社会整体意识、社会美感等,称为社会美。

当胎儿处于母亲腹中时,以审美教育为起点开启了早期的胎教。胎教音乐、胎教故事、运动胎教、情绪胎教等,除了让孕妈和宝宝保持一个愉悦乐观的好心情外,这也是一个陶冶情操、形成美感的过程。孩子出生后,由于并没有建立初级的美感概念,对于"什么是美,什么是丑"依然没有清晰的认知。如何让孩子感受到美,认识到美,接受美感的教育,需要借助家庭美育功能的发挥。美感本身是一种抽象的、非具体的感性认识和初级情感,需要通过家庭搭建具体的、形象的媒介传递其意蕴。传递美感的媒介有很多,学习、娱乐、旅游等亲子互动都能产生美感教育。比如,家长可以给孩子讲"孔融让梨"的故事,让孩子知道与人相处要学会分享和谦让的生活之美;可以带孩子去动物园感触动物的形状、声音、颜色、气味、习性等了解自然之美;可以用故事绘本给孩子讲述白雪公主、青蛙王子的故事,展示人性之美;可以用一幅自然作品、一个动物玩偶所展示的绚丽的色彩、质地、轮廓、外形等展示艺术之美;可以带孩子去旅游参观,让孩子了解世界不同风俗、不同地貌、不同历史文明的多样文化之美等。可见,家庭美育贯穿于家庭生活,美育功能融合于家庭德育之中。

家庭美育过程首先是通过对客观事物规律的认知即"真"及对事物的道德评价即"善",然后才能上升为美好情操即"美"的过程。如果家长给予孩子错误的认知教育,那就违背了"真";如果家长给予孩子错误的道德引导,那就违背了"善",违背了"真"和"善","美"就很难顺利实现。家庭思政教育是真、善、美相统一的教育过程,三者相辅相成,不可分割。"真"与"善"是"美"形成的前提,只有对科学知识和道德修养的不断追求,才能指引家庭成员审美教育的正确方向,实现人生价值"美"的追求。发挥家庭美育功能,应以真善美为出发点,把握审美方向,树立美的世界观,实现人生"真善美"的统一。

家庭美育功能的发挥受家庭内部环境和社会外界环境的影响和制约。家庭内部环境所营造的美感是可以调控的,而社会外界环境所营造的美感是较难调控和把握的。在家庭内部环境上,保持生活环境的整洁舒适,家具与装饰品之间风格的一致,陈设的颜色、形状的协调统一、灯光明亮柔和等,尤其是儿童房间可以使用丰富的色彩及与儿童年龄相适合的摆设,营造一个具有美感的视觉空间,有利于开发孩子对"美"的事物的兴趣,提升美感的品位。而社会外界环境是一个不可把控的环境,社会上美的、丑的、真的、假的、善的、恶的都会进入孩子的生活世界。由于孩子认知能力与道德修养还未成熟与完善,孩子难以在短暂的时间内区分社会上的美和丑。社会环境是客观存在的,其内容也是不以人的意志为转移的。家长需要结合社会环境的内容,给予孩子思想政治教育正确的引导,传递是非对错、善恶美丑,形成积极的、健康的审美趣味。所以,孩子的审美能力的提高,美的人格的建立,还有待家庭审美教育功能的强化,有待家庭思政教育的提升。

四、法制教育功能

依法治国是"四个全面"战略布局的重要组成部分,社会主义法治社会的建立离不开以家庭为单位的法制教育的学习和实施。家庭法制教育是社会新形势、新环境下家庭思想政治教育的内在要求,是国家提升治理能力和治理体系的基本途径。法治与德治二者相辅相成,是治国理政的两种不同方式。道德是内心的法律,以价值、理念和精神等形式体现;法律是成文的道德,以法律规范的形式来体现。道德与法律对公民都具有规范、调节和约束的作用。建设法治中国,需要一代又一代具有法治观念、法律意识、法治思维等较高法律素质的青年大学生落实和推进。

一方面,从社会外部环境来看,需要提高大学生法制教育。随着我国经济的迅速发展,家庭物质生活水平不断提高,人们精神生活日益丰富,网吧、酒吧、奶茶吧、KTV、电子游乐场等娱乐产业遍布横生。面对如此色彩斑斓的娱乐生活和各种新鲜事物的诱惑,经验与阅历不足的大学生容易受到社会外界不良现象和不法分子的干扰而误入歧途,甚至走上犯罪道路。比如,与毫无法治观念的社会人交往,容易形成藐视法律的观念,并感染恶性和模仿一些违法行为,如偷盗、抢劫、打架、吸毒等;与诈骗分子结识,容易受诈骗分子引诱和欺骗,造成钱财损失,甚至成为诈骗分子的犯罪工具或同伙。2022年,高校大学生受诈骗现象较为明显,冒充客服赔偿、刷单、网络贷款、投资理财、网络聊天等诈骗事件频发,涉及金额较大。反诈骗教育需要提高大学生的法律意识和法治素养。

另一方面,从家庭教育环境来看,需要提高家庭成员的法律意识和发挥家长的表率作用。家庭是子女学习法律知识、预防犯罪的第一阵地。孩子学习相关的法律知识,树立正确的法律观和义务观,了解公民应享受的法律权利和应承担的法律义务,为家庭德育提供强有力的后盾。近年来,儿童在家庭德育缺损、情感缺位和法制教育缺失的家庭环境中成长,是青少年犯罪率呈上升趋势的内在原因。因此,家庭对子女进行必要的、基本的法律意识教育,通过家长的言行举止、生活习惯、人际往来等生活小事来引导孩子学习简单的法律常识并形成正确的法治观念,树立基本的规矩意识和法律意识,培养孩子用法律思维来解决问题和处理矛盾的良好习惯,为将来学生学习法律知识、提升个人法律素质奠定较好基础。

提高法制教育意识,发挥家庭法制教育功能,要从家长做起。家长作为孩子的表率,要自觉遵守宪法和法律,依法履行各项法律义务。比如,遵守公共秩序、爱护公共财产、尊重社会公德、依法纳税、抚养教育未成年子女和赡养老人的义务等,家长的表率对孩子的法律意识的形成至关重要。提高父母的法律意识和法制观念,用实际行动来展示家庭法制教育,创造良好的家庭法制环境,对培养孩子的法律意识有重要意义。相反,如果父母法律意识淡薄,不遵守法律规范,其子女也会缺乏规矩意识和法律意识。

因此,培养法律意识、学习法律基础知识已经成为家庭思政教育的应有之意,预防和降低青少年违法犯罪的趋势,是家庭法制教育的重中之重。强化家庭法制教育功能,实施法育和德育双管齐下,有利于培养大学生遵纪守法、弘扬正气、抑恶扬善、伸张正义的个人品德,有利于提高家庭成员的法律素质和思想道德修养,对预防青少年犯罪、健全大学生人格、推动大学生身心全面发展有着重要意义。

第三节 家庭教育对大学生思想政治教育的影响

当今社会,物质形态高度膨胀,精神文明不断提高。家庭教育是有关物质与精神的价值取向的家庭观念和家庭风气的体现。不正确的家庭教育观念不仅会使孩子缺乏自力更生的能力，还丧失独立地分析问题和处理问题的能力。在物欲横流的社会，很多家庭提升了孩子对物质需求的满足，并为孩子排除万难，"一帆风顺"的安逸生活使孩子在物质上和思想上养成了对父母的依赖，影响了大学生正确的消费观、价值观、人生观的形成。大学生思政教育的效果需要家庭教育的配合，只有家庭教育与学校思政教育两方面有机结合，才是行之有效的思政教育。

从现代家庭教育的方式、内容和环境来看，家庭价值观教育较为薄弱。一个国家有大德，一个家庭有小德。我国是一个具有几千年悠久历史和文化传统的国家，是一个重视"仁义礼智信"家庭道德的民族，优秀的中华文化传统产生了中国革命精神，并在此基础上二者凝练了中国精神，中国精神激发了当代社会主义核心价值观。良好的家庭教育传递良好的道德品质，良好的道德品质会帮助孩子形成正确的价值观。孩子的原生价值观来源于家庭，取之于父母对待人、社会、世界的总的看法、观点和评价，通过家庭无数的小理、看法和观点，形成孩子初级的价值观。家庭的价值观来源于家长，家长的价值观既有对传统家风、家教、家规的继承，也有对当代社会主义核心价值观的学习。家庭价值观正确与否，关系到判断是非对错、善恶好坏的评价标准，是孩子社会交往、处世明理的基本法则。

一、家庭教育方式的影响

（一）榜样示范的教育方式

家庭教育主体是孩子的第一个思想政治教育的启蒙老师，是社会主义核心价值观的传播者和践行者。孩子的道德观念如何，价值取向是否正确，取决于启蒙老师是否具有正确的社会主义核心价值观。家长践行正确的价值观,孩子就能接收到正确价值观;相反,家长践行错误的价值观,孩子就受其错误的价值观影响。作为家庭教育主体,家长是孩子形成正确社会主义核心价值观的指挥官,家庭教育是孩子形成正确社会主义核心价值观的理论基底。

家庭教育主体的榜样示范是增强大学生思想政治教育有效性的重要途径。家长作为孩子的第一任教师,家长的思想观念及其言行通常都会成为孩子模仿的对象,并潜移默化地影响孩子"三观"的形成。不同的榜样产生不同的教育效果。在具有良好生活习惯、文化素养较高的家庭教育中,孩子耳濡目染家长的优秀品德,能帮助他们健康成长,形成优秀的道德品质和积极向上的人生态度;相反,在具有种种恶习、文化素质较差的家庭教育中,孩子会复制家长的恶习和不良言行,产生不良的道德品行和消极的人生态度。家庭教育主体错误的示范,必然会给学校思政教育工作带来阻碍,给思政教学带来负面影响。把家庭教育与高校思政教学有机联系起来,将大学思政课教学大纲、重点、难点家庭生活化,家庭教育主体身体力行、言传身教,通过家庭教育主体的正确示范,有利于大学生长期在这种带有思政教学导向的家庭教育环境中成长,浸润式地接受思政教育,无疑会极大提升高校思政教育的实际效果。

把家庭教育与思政教学理念相结合,使思政教育浸透在日常生活中,能引导家长形成正确的榜样示范主体,发挥正确的榜样示范作用,传递正确思想观念。家庭教育与学校思政结合的方式,可以采取参加学校思政教育知识讲座、浏览学校思政论坛、下载学校思政教学 App 等线下和线上相结合的方式,学习思政相关教育理论,提升家长思想道德素养,改善家庭教育路径,以保证家庭教育主体榜样示范的正确方向,提高家庭教育的深度、广度和力度,实现家庭与高校思政教育协同共进。

(二)表里如一的教育方式

表里如一的教育方式是指表面与本质相符合、理论与行动相一致的教育方式。家庭思想道德教育的表里如一是加强大学生思想政治教育有效性的内在途径。在对孩子进行思想道德教育时,家长对孩子的言传身教、榜样示范作用能促进孩子迅速成长。但是家人的榜样示范作用绝不是一时一刻的,也不是一时兴趣。理论只有首先内化于心,然后才能外化于行。只有长期表里如一的榜样示范,家长才能成为一名真榜样。

如果家长践行正确的价值观,孩子就践行正确价值观;相反,家长展开错误的价值观,孩子就模仿错误的价值观。如果家长说一套,做一套,没有做到言行一致,仅是单方面对孩子说教,这种表里不一的标榜教育显得虚假而缺乏说服力,甚至适得其反,对孩子产生较大负面影响。家庭教育主体应首先学习思想政治理论,并真正落实到自己的日常行为习惯和生活实践之中,做到表里如一,一以贯之,才能在不经意间、在点点滴滴的生活细节中浸润孩子,发挥家庭教育的作用。

表里如一的教育方式能强化大学生思政教学的实际效果,让学生不论在校内校外、课中课后,能保持思想的一致性和连贯性。因此,家庭教育主体应关心国家政治,关注国家方针政策,重视学习思想政治理论的重要性,用党的思想政治理论规范自己的行为,在学中做,做中学,保持言行一致,将思政教育思想真正内化于心,外化于行,形成表里如一的家庭教育方式,这有利于孩子从家长的一个简单的生活习惯上升为自己的价值认同层面,有利于孩子从家长点滴的言行举止升华成学生个人的"三观",有利于家庭教育契合学校思政教育内容。

（三）多元化的教育方式

家庭思想道德教育的多元化形式是增强大学生思想政治教育有效性的合理途径。内容是事物内在要素的总和，形式是内容的表现形式。内容与形式相辅相成，二者具有一致性。教育形式的多元化，增添了教育内容的丰富性。家庭思想道德教育要取得良好的效果，需要丰富的内容和多样化的形式。高校思政教学受课堂的限制，形式较单一，理论性强且抽象，内容缺乏丰富多彩的因子。家庭生活是活生生的、具体的生活世界，包含丰富多彩的社会实践活动，不同的活动主体、活动客体和活动中介都将产生不同的思政教育内容。随着时空的发展，家庭思政教育将随着不同时代、社会环境、活动对象、特定事件等展现不同的教育内容。

多样化的家庭教育活动形式能够更好地服务于丰富的家庭思政教育内容。就家庭思政教育活动一般形式而言，包括家庭会议式、故事启发式、游戏娱乐式、奖励教育式、惩罚教育式、劳动式等，方式灵活多样、五花八门。就每个家庭的个体情况而言，教育可以现身说教，也可以成为家庭惯例；可以给予适当的鼓励，也可以及时纠正错误。根据家庭成员的构成、背景、结构不同，而设置不同的家庭思政教育形式。家庭思政教育活动是时间与空间相结合的教育产物，有人亦有物，有理亦有据，形象而具体，这对于弥补高校空洞无物思政教学具有现实意义。以家庭思想道德教育为载体，开展形式多样的教育活动，有利于提高大学生思想政治教育实效性。

二、家庭教育内容的影响

（一）重伦理道德的家教模式

重伦理道德的家教模式，即家庭教育以中国古代传统道德为文化基底，关注传统文化,弘扬中国伦理道德。中华传统伦理有精华和糟粕之分,精华是传统文化的肯定方面,糟粕是传统文化的否定方面。

落后的、消极的伦理文化属于中华传统伦理的糟粕部分。我国古代剥削阶级伦理文化的核心内容是以家族为单位的宗法等级制度,以等级制度为特征的道德原则是统治阶级道德观念的主要内容,具体表现为"三纲五常""三从四德"的伦理思想。"三纲"肯定人的义务,否定人的权利,压抑人性的发展,使人的思想因循守旧,丧失独立人格,束缚了广大人民积极开拓、锐意进取的思维,成为禁锢中华民族自强不息的精神枷锁。封建社会时期长期"男尊女卑""三从四德"等级制度影响下所形成的"父系社会"和"君权社会","父为子纲"是天经地义的家庭道德法规,"父权领导"的传统家风长期存在至今,表现为大男子主义,男性权威,男子为一家之主,男主外、女主内等思想。父系社会下的传统道德家庭,重礼仪,讲孝道,尊家规,唯父亲至上,展示了家长尤其是父亲的特权。家教、家规、家风皆由父亲制定,家长与孩子之间缺乏平等、尊重、发展的亲子互动结构,是一个以强对弱、以上对下的不平等关系。孩子在这样的家教之下,学会了安分守己与循规蹈矩,僵硬的家风、家教将泯灭孩子自由的个性和独立人格,严重束缚孩子的主观能动性、创造性思维和创新能力,这种消极的、等级式的伦理文化家庭教育模式与高校的大学生思政教育教学是背道而驰的。改革创新是当代中国的最强音,是时代精神的核心思想。要培养改革创新精神就要大胆探索、突破陈规,从教条式的、常规式的思维中解放出来,从旧体制、旧观念中解放出来,解放思想,做改革创新的实践者。思政教学强调要培养大学生改革创新的自觉意识、责任感和本领,这些都需要打破以等级主义道德原则为中心的传统伦理家教模式,丢弃家庭传统伦理的糟粕部分,否则会影响大学生时代精神的弘扬,降低大学生思政教育实效。

进步的、积极的伦理文化属于中华传统伦理的精华部分,是中华传统文化美德。中华传统文化美德是中华传统文化的精髓,是珍贵的思政教育资源。重视民族大义和集体观念,倡导诚信、谦让、礼仪的道德原则和社会责任意识,推崇"仁爱"和民本思想,追求道德修养和理想人格的精神境界等既是中华传统文化美德的基本精神,也是思政教育的重要内容。在家庭教育方面,中华民族自古重视家风、家教、家规,强调"仁义礼智信"的社会交往准则,倡导尊老爱幼、勤俭持家、贤妻慈母、家庭和睦、长幼有序等家庭伦理观念。把中华传统伦理美德植入家庭教育,有助于在公民层面引导家庭成员形成尊老爱幼、艰苦朴素、见义勇为、廉洁自律的价值观念、思维方式和行为习惯,树立正确的价值追求和广泛的价值共识,弘扬社会正能量,积极践行社会主义核心价值观。比如,在日常生活中,通过家长有意识地涉及岳飞、屈原、班超、文天祥、郑成功等古代民族英雄故事及"四大经典名著"等传统优秀文化作品,有助于在心灵上启迪孩子学习民族英雄的民族气概,学习"大丈夫"的有所为有所不为的正直品质,学习为理性信念而积极拼搏奋斗的精神,学习"修身齐家治国平天下"的大德,养成一身正气。中华传统美德是社会主义道德的理论源泉,是思想政治教育工作的精神根脉,是现代家庭教育的价值支撑。重伦理美德的家教模式与思政教育工作、社会主义道德内涵具有一致性。因此,重传统伦理美德的家教模式,能引起家庭道德教育与学校思想政治教育的共鸣,推动学校思想政治工作的顺利开展。

(二) 重意识形态的家教模式

重意识形态的家教模式,即家庭教育以中国近代革命时期传承下来的革命精神及时代精神为文化基底,关注时事政治,重视民族精神。重意识形态的家教模式通常出现在革命传统家庭或红色基因家庭中。革命传统家庭是在中国共产党的带领下参加民族革命、改革、建设过程中产生的无产阶级革命者或革命群众的家庭,是老一辈无产阶级革命家对中国共产党革命精神的传承过程中形成的具有红色家教、红色家风、红色气节特征的小集体。在中国特色社会主义建设新时期,中国传统革命精神与当前中国具体实际相结合诞生了新时代以社会主义核心价值观为核心内容的中国精神。社会主义核心价值观是新时代精神的灵魂,是现代家庭教育的指南针,是公民思维与行动的价值标准。在多元文化和多重价值体系的现代社会,社会主义核心价值观为家庭教育确定了具有思想政治教育特征的教育内容、教育方向和教育思路,奠定了优秀的家庭价值观念体系。

革命传统家庭是中国传统革命文化一代又一代传承的重要媒介,革命传统价值观是革命传统家庭维系家庭和谐和孩子健康成长的精神支柱。革命传统家庭通常具有天然的无产阶级革命思想底蕴和较强的爱国主义意识,家庭教育以马克思列宁主义、毛泽东思想、邓小平理论、"三个代表"重要思想、科学发展观及习近平新时代中国特色社会主义思想为思想主轴,把党的思想理论与自己亲身的革命实践相结合,贯穿党性教育、历史教育、爱国主义教育、理想教育等精神教育,营造红色家风,传播红色文化。用红色文化作为精神引导,从小培养孩子勇敢、勤劳、团结、不怕累、不怕苦的高尚人格,以及艰苦朴素、自力更生、实事求是、乐于奉献的家庭价值观。教育孩子对待人生要有远大理想、崇高信念,对待自己要修身自律、保持节操,对待他人要胸襟坦荡、光明磊落,对事业要清正廉洁、淡泊名利,始终用一名共产党员的标准去严格要求自己,继承革命事业,发挥革命优良传统,锻造革命顽强意志,把红色基因在家庭中世代相传。倡导革命传统文化中的革命传统家教模式与当前社会主义核心价值观具有一致的价值取向,与学校思想政治教育内容与目标不谋而合。比如,大学开设了"中国近现代史纲要""毛泽东思想和中国特色社会主义理论体系概论""马克思主义基本原理""思想道德与法治""形势与政策""习近平新时代中国特色社会主义思想概论"等思想政治理论课,其课程教学大纲与革命传统家庭的教育目标具有一致性。

因此,大力发挥革命传统家庭的教育模式,能够使革命传统精神落脚于生命之初,注入于人生成长最早的时空和思维活动中,以家庭生活实践的方式内化于心,在学校学习实践和校园生活中外化于行。红色基因家庭为学校思想政治教育工作的开展埋下了坚实的思想基础,能促进高校思政课教学效果的提高。

(三)重功利鼓动的家教模式

重功利鼓动的家教模式源自世代为官的家庭教育环境。所谓重功利鼓动的家教模式,即家庭教育以功名利禄、物质利益、地位名誉等庸俗个人利益追求为文化基底,关注个人名利和事业成败,单向追求个人发展。这种重功利的家教模式,对孩子的学习成绩、待人接物的方式方法要求很高,强调物质利益,容易忽略孩子的精神世界;强调活动结果,忽视活动过程;强调目标感,忽视孩子的独特个性和爱好、情感需求和人格培养。重功利鼓动的家教模式通常来自具有较强功利心、利益心和成功欲望的家长,过度关注个人名誉、社会地位、金钱和权力等物质荣誉,把个人主观意志潜移默化地传递给孩子,对孩子寄予高度期望。比如,要求孩子学习成绩只能第一、不能第二,各种竞技比赛只能赢、不能输等强势观点使孩子长期处于学习高压的精神状态之中。一旦出现主观不够努力、成绩下落、学习注意力不集中、被老师批评等情况,一旦没有达到父母的期望值,人性固有的畏惧心理和负面情绪容易导致学生产生撒谎、暴躁、自卑、逃避、厌学等心理问题。长此以往,孩子容易养成做人带目的,做事走捷径,人格不健全,道德不完整,心理不健康,甚至走向人生歧途等倾向。倘若父母把孩子放在社会金字塔顶尖去培养和期许,并以身示范,让孩子学会的就是为了成功、为达目的,而不顾伦理道德和方式方法,孩子不仅会失去应有的童年快乐,还会产生错误的人生观、道德观和价值观。

思想政治教育涉及大学生意识形态、道德情操、价值取向、人格培养等多方面思想理论教育工作,既重视科学文化知识的系统教育,又重视道德品质的日常塑造,反映了"立德树人""德才兼备""成人与成才并重"的教育宗旨。德是树人之根本,先立德,后求真,求真与求善是辩证统一的两个方面。而重功利鼓动的家教模式表现为片面的"重利轻德",重视利益(尤其是重视个人利益而忽视集体利益),忽视孩子的道德品质和人格塑造。在家庭教育中强调个人利益,在高校"思想道德与法治"课程教学中,"社会主义道德建设"一节内容强调社会主义道德建设的核心是为人民服务,社会主义道德建设的原则是集体主义。当个人利益与国家利益、社会利益发生严重冲突时,个人利益要以大局为重,服从国家利益和社会利益,必要时做出牺牲。重功利鼓动的家教模式与学校思想政治教育是两种截然不同的教育模式,两者的教育理念截然相反,这种模式既不利于大学生思政课的学习,还会降低思想政治教学的效果,阻碍学校思想政治教育工作的开展。可见,良好的家庭教育模式、健康的家风对大学生思想政治教育具有重要影响。

三、家庭成员结构的影响

家庭教育环境是大学生践行社会主义核心价值观的重要场所。家庭是孩子一生重要的生活场所、学习场所和活动场所,是孩子维持生存、满足物质生活和精神生活的私人环境。人的价值观不仅萌芽于家庭,其践行也离不开家庭环境。孩子的模仿能力天然强大,在观察和学习家长言行举止的同时也在模仿和践行家长的一言一行。可以说,上一秒是家长的行为,下一秒就是孩子的践行。孩子学习和践行的过程即是他们成长的过程。进入大学阶段后,尽管大学生的生活和学习场所发生了从家庭向校园的转移,但是大学的学习时光毕竟是短暂的、暂时的,大学生终将离开校园走向社会、回归家庭、建立新的家庭。从家庭到校园再到新的家庭，循环往复，从起点到新的起点，家庭教育环境仍旧是人类生活实践的主要场所，是大学生塑造和践行价值观的主要土壤。

（一）家庭成员业缘结构的影响

家长是家庭教育的实施者。不同的家庭职业构成，意味着家长具有不同的思维模式、不同的专业领域、不同的性格特征、不同的道德观念、不同的职业操守等。不同职业构成背景造就了不同的家庭教育理念。家庭成员的职业构成主要从工农、教师、商人为职业代表来作简要分析。

工农职业家庭构成的教育理念偏向养德并举。农民和工人是体力劳动的代表，为了生计长期从事生产、经营或外出打工，对生活的压力和艰难生存环境深有体会。由于生产实践的广度、深度和水平有限，接受文化知识较少，思维受限，缺乏长远目标。工农家庭既重视孩子的养育，满足孩子的衣食温饱，又强调孩子的品德教育，培养孩子善良朴实、勤劳勇敢、吃苦耐劳、艰苦朴素等工农群体的优秀品质。可见，工农家庭职业构成的思想品德教育是对中华传统美德、革命传统精神的重要传承和发扬，是大学生时代精神形成的天然基石。工农家庭职业构成的家庭教育与高校思想政治教学目的相一致，能够提升大学生学校思想政治教学效果。

教师职业构成的家庭教育理念提倡德教并举，教育目标是德才兼备。教师职业构成的家庭教育，顾名思义，家庭成员主要以教师构成为主。教师被人们称为蜡烛，燃烧自己，照亮别人。教师作为知识分子的代表，从事教育事业，学习思维严谨，工作责任意识强，道德品质较高，奉献精神较强，对知识学习和学术研究有着更加深厚的理解。从事教育行业的教师善于有意识地培养孩子良好的学习习惯，重视孩子思想教育和学习成绩。在道德教育上，教师家长重视孩子的精神追求，包括孩子的道德品质、人格理想、价值追求,人生态度、奉献精神和爱国主义思想等。教师在学校是学生的老师,在家庭是孩子的老师,教师职业构成实现了家庭与学校的教学内容、教学目的、教学要求和教学效果的共同性和互通性,教师职业构成的家庭教育与学校思想政治教育呈正态发展。除了教师职业构成外,在科学研究、医疗卫生、工程技术、文化艺术等以知识分子为主要家庭构成的各个领域家庭,也具有相似的教育理念。

商人职业家庭构成的教育理念。对待商人职业家庭构成需一分为二地看待。商人职业构成的家庭教育的共同点是重视养育理念,强调物质生活享受;不同点则表现为教育理念的多样化,有的商人职业家庭重视孩子的个人能力而轻视学业;有的单纯重养而忽视孩子思想道德教育;有的重视学习而轻视个人生活能力等。由于商人存在艰苦奋斗型、智慧型、务实型等多重性主观特征,决定了商人家长的教育理念不尽相同,这也意味着商人职业家庭构成的教育理念与学校思想政治教学目的呈现一致或相反的情况,对大学生学校思想政治教育效果也存在着促进或阻碍的功能。

通常情况下,家庭是由教师、医生、商人、工农、公务员、警察、自由职业等职业混合构成。家庭成员的职业构成不同,家庭教育环境不同,家庭教育理念不同,对大学生思想政治教育的效果也就不同。

(二)家庭成员趣缘结构的影响

家庭成员趣缘结构能导向家庭教育的方向和内容,影响或左右孩子的兴趣爱好、道德规范及行为准则的形成。家庭成员的兴趣爱好通过语言行为、生活习气、饮食习惯、爱好特长、专业学习等方式潜移默化地对孩子产生影响。事实证明,在柴米油盐的家庭生活中,家长吃什么,孩子跟着吃什么;家长不吃什么,孩子也跟着不吃什么;家长说什么话,孩子就跟着说一样的话;家长做什么事,孩子也跟着做什么事……总之,家长是孩子效仿和学习的对象,家长关注什么,孩子也跟着关注什么。家长对某事物长期的兴趣爱好,孩子也会无意识地模仿或学习家长的爱好。

高尚的兴趣爱好有助于提升孩子对活动目标坚持不懈的意志品质和道德修养水平,低级的兴趣爱好会导致孩子不健康的思维观念、行为习惯和道德标准。不同的兴趣爱好产生不同的社会关系和朋友圈子,对孩子的健康成长将产生不可小觑的影响。比如,家长的爱好是赌博,家长的社会关系就是一群赌友,赌博以金钱为唯一追求,整天沉迷于赌博,吸烟喝酒,这对孩子的身体健康和道德教育必然是不利的。麻将成为现代大众娱乐消遣的主要方式之一。如果家长终日把注意力集中在麻将和麻友上,孩子也只会逐渐模仿大人的麻将爱好。这种低级的、不良的兴趣爱好不仅会导致孩子缺乏父母的陪伴和关心,给孩子的身心带来消极影响,还会给大学校园生活和大学生思想政治教育工作的开展带来负面影响。可见,低级的兴趣爱好及形成的社会关系不利于思想政治教育的开展和良好教育效果的产生。相反,生长在兴趣爱好高雅的家庭的孩子,家规严格,家风良好,孩子更容易树立坚定的理想信念和价值追求,养成积极向上、开朗乐观的性格。对孩子来说,父母高尚的兴趣爱好及产生的社会关系既能培养良好的家庭小环境风气,又能塑造具有正能量的社会大环境氛围。在大学生活中,大学生能积极适应人生的新阶段,踊跃参与校园各项活动,热情洋溢,身心和谐。学生良好的学习态度、学习风气、学习氛围都能拉动思想政治教育活动的开展,为大学生思想政治教育带来正面效果。

(三)家庭成员素养结构的影响

教育活动是主体客体化的过程。家长作为实施家庭教育的主体,子女作为家庭教育的客体,家庭教育是家长与子女之间主体客体化的结果。家庭教育主体客体化是指教育主体通过教育实践活动将自己的本质力量转化给客体,即家长将自己的综合素养转化给子女的活动过程。在家庭成员中,尤其是家长自身思想道德素质、文化素质、教育观念对受教育者存在重要影响。

家庭成员的道德素养和知识水平是关乎家庭教育质量好坏的重要因素。家长具有较高的思想道德修养、政治素养和知识水平,能够以榜样的形式引领孩子的成长方向,给予高质量、高层次、高效率的家庭教育,孩子能以主动积极的心态参与学校组织的校园社会实践活动,从而推动学校思政教学工作的开展。相反,生活在家长综合素质较低的家庭中的孩子,由于家长自身缺乏科学的教养方式、高尚的道德情操和文化知识的理论基础,孩子没有较好的教育平台和文化功底,反而会消化吸收家长的不良思想观念和行为习惯,不仅会阻碍大学生养成健康的道德人格,还势必给学校的思想政治教学工作带来困难,甚至影响思想政治教育活动的效果。因此,家庭成员的素养结构是关乎家庭教育质量好坏的重要因素。教育主体的综合素养较好,转化到受教育客体身上的就是较好的素养反映,相反,教育主体的综合素养较差,转化到受教育客体身上的就是较差的素养反映。

家庭成员的教育观念是关乎家庭教育成败的重要因素。家庭成员的文化素质高低决定了家庭教育观的类别。家庭教育观包括家庭教育的方式方法、家庭教育的内容和家庭教育的环境等。家庭教育观决定家庭思政教育的方向和品质。有什么样的家庭教育观,就会教出什么样品格的孩子。孩子是功利型、智力型、能力型、道德型还是混合多样型,均来自不同家庭的不同教育重点。不同种类的教育观,不仅影响孩子理性人格的塑造,还影响孩子对生活和学习的心态,乃至孩子对未来职业、婚姻家庭和社会关系的看法。家庭教育观对学校德智体美劳教育中的德育存在重要影响。树立科学的家庭教育观,寻求合理的教育思路、教育方法和教育内容,充分发挥家庭教育的思政功能,将影响到孩子对待学校思政教学的态度,进而影响思政教学工作的质量和效果。

四、家庭教育环境的影响

(一)家风的影响

家风即家庭作风,是家庭教育环境中产生的较为稳定的家庭风气。从广义上看,家风是对一个家庭或家族传统文化和伦理道德规范的反映;从狭义上看,是指父母的道德品质、行为习惯、生活态度和人际关系的展现。家风形成于家庭、家族的内部环境,产生于以家长为代表的教育主体。家风是家庭思想教育环境形成的开端,贯穿思想教育的整个过程。从出生到成年,人生有三分之一的时间是在家庭中度过的,处于受教育位置的孩子会不同程度地耳濡目染家长的思想品行、性格脾气、道德观念、价值追求、审美标准、情感智慧等主观因素。综观现代各种家风,喜欢读书的家庭,孩子性格稳重,善于思考;善于与孩子亲子互动的家庭,孩子情绪稳定,归属感和依附性强;敌视社会和他人的家庭,孩子容易好斗,喜怒无常;父母好吃懒做、不求上进的家庭,孩子也易生惰与安于现状;善于与他人交好的家庭,孩子更为友善和具有亲和力;父母努力工作、事业不断攀登的家庭,孩子也更为勤奋好学、自力更生等。家风由一代代家长形成、保持、延续下来,是孩子个人品德、社会公德、职业道德、家庭美德、法治观念形成的摇篮,对学校思想政治教育具有辅助和借鉴作用。提升教育主体主观认识,改善家庭的受教育环境,培养良好的家风、家教,对高校思想政治教学工作的推进有积极意义。

(二)家庭成员间际关系的内在影响

家庭成员间际关系是关乎家庭教育效果好坏的关键。良好的家庭教育需要良好的、和谐的、稳定的家庭成员关系。父母婚姻状况是家庭人际关系的核心,是形成积极的家庭思想政治教育环境中的重要因子。家庭和美能给孩子营造温暖而安定的家庭氛围,有利于孩子心理健康成长。相反,家庭破裂的家庭会给孩子造成爱与安全感的缺失,孩子可能出现情绪化、孤独感、性格怯弱或暴力等人格特征,不利于孩子心灵的健康发展,不利于家庭和学校思想政治教育活动的展开。实际上,高校思想政治教学效果的提升,需要家庭思政教育与学校思政教育的融合成为搭档,家庭思政教育是学生思政教育的出发点和落脚点,是孩子一生重要的思政教育场所;学校思政是对学生思想道德教育进一步的延伸、检验与升华,推动大学生思想政治教育从家庭层面上升到社会、国家层面。实现家庭教育与高校思政教学有机结合的过程,即是利用家庭教育来辅助思政课教学,使高校思政课的教学理论内化为大学生自身的道德规范和人格精神,再把大学生思想政治教育理论反馈到家庭教育中,外化为家庭成员生活实践的过程。

(三)家庭成员与邻里关系的外在影响

环境塑造人。家庭环境包括家庭成员生活的内部环境和家庭外部的邻里环境。家庭内部环境形成家风,邻里外部环境形成社区风、街道风、村风等社会风气。环境的好坏产生不同的风气,对子女的身心成长发挥着重要影响。战国时期"孟母三迁"的典故,即孟子的母亲为了让孟子有一个良好的教育环境而搬家。孟母的用心良苦充分显示了古人重视孩子的教育和家庭环境的重要影响。可见,除了家庭树立的家风外,邻里风气及邻里之间的社会关系等所形成的环境对孩子道德规范的培养具有重要性。除家庭环境以外,社区、街道、楼层等邻居关系形成的公共区域或社会环境是孩子密切接触的另一个生活环境,也是孩子重要的活动领域。从某种意义上说,从小在小区、街道或是山间长大的孩子,也是在邻里关系中成长起来的社会个体。由于地理位置、文化程度、道德修养、人际关系等多方面组合形成的邻里环境中,邻居的家风或多或少会辐射到家庭本身。当孩子与邻近孩子近距离接触时,便是两个家庭家风交叉影响的过程。不同的家风,孩子有不同的行为习惯和道德修养。在邻里环境中,孩子间相互影响,好坏不一,优劣交替,交叉重叠。良好的邻居家风和邻里环境,对孩子思想道德修养有积极的教育作用,相反,恶劣的邻里环境则会阻碍或降低孩子的思想道德修养水平。

总之,家庭教育方式、家庭教育环境和家庭教育内容对大学生社会主义核心价值观形成具有现实意义。大学生在家庭所接受的社会主义核心价值观程度如何将关系到大学生在校接受社会主义核心价值观学习的效率或效果如何。家庭成员正确践行社会主义核心价值观有利于大学生在学校顺利接受更高层次的价值观理论学习,而家庭成员偏离社会主义核心价值观则会阻碍和影响大学生在校正确践行社会主义核心价值观。随着社会文明的进步和发展,国家对学校思想政治教育提出更加严格的要求。从公民、社会和国家三个层次来看,践行社会主义核心价值观需要家庭、学校、社会三者相互发挥作用。仅仅依靠学校单方面的思政教育工作去提高学生的道德修养是不够的,良好的家庭教育对学校落实立德树人的思想政治教育起到了重要作用。

五、家庭教育对大学生思想政治教育影响的对策

(一)难以调适的家教内容,促进学校变化以应对新型家庭成员结构

家庭教育内容来源于家庭客观环境,即家庭成员结构所形成的家庭链条。不同的家庭成员构成,家庭教育的内容也有所不同。家长是家庭成员的主体结构,是家教的实施者,孩子是家教的受教育者。随着社会经济与文

明的迅速发展,家庭婚姻观念也在发生变化,离异现象越发常见。随着离婚率的逐年升高,离异家庭、重组家庭、单亲家庭等新型家庭成员结构模式也随之出现。同传统原生家庭结构相比较,新型家庭成员结构的受教育者主观变化较大,孩子的人生观、价值观、世界观、婚姻观、幸福观都受到了家庭内力合冲。比如,在性格方面,孩子易于孤僻自卑、缺乏安全感;在学习方面,积极性不高,专注力不够;在情感方面,情感表达少,与人交往缺乏自信。离异家庭、重组家庭给孩子所造成的人格和认知方面的负面问题给学校思想政治教育工作的顺利展开也增添了困难。由于婚姻关系的破裂,新型家庭成员结构一旦形成便具有相对稳定性,此结构产生了难以调适的家教内容,学校思想政治教育难以从家庭教育的土壤中获得基础性支撑。

针对社会上出现的家庭新情况、新问题、新现象,思想政治教育需随着社会的发展,结合学生家庭的具体实际情况,对特殊性新家庭构成成员的教学内容和教学方式进行新的调整。在教学内容上,传播正确的婚姻观念和家庭观念。针对离婚的社会现象作正面教育,帮助学生寻求普遍的价值共识和积极的价值追求,树立正确的恋爱观和家庭婚姻观,提高大学生的道德修养与法治素养,构建社会主义家庭美德;在教学方式上,关注学生思想和情感发展动态。除了课堂的理论教育外,教师应在课后切入学生校园生活模式,了解学生困难。教师不仅是学生的老师,亦是学生的朋友。通过情感交流、价值沟通、学业帮助等人生指导,了解学生思想、学习、生活等方面问题,关心和帮助学生,对学生实施积极的思想道德教育,有利于帮助学生提高自身的思想道德素质,培养积极向上的乐观心态,有利于学校对新型家庭成员结构开展思想政治教育工作。

（二）可以调适的家教内容,促进家庭成员转变教育观念

重视家风、家训、家教是中华民族几千年以来典型的传统文化。家风是

家族流传下来的传统文化，是家训、家规、家教凝聚而成的思想观念和生活化体现。在家庭教育方面，《黄氏家规》《钱氏家训》《颜氏家训》《章氏家训》《朱子家训》《诫子书》等脍炙人口的家训、家规表现了古人丰富的治家教子思想。在学校教育方面，《三字经》《弟子规》《百家姓》等传统国学经典已成为当前学校、家庭、社会对学生进行思想教育的启蒙教材，经典所内含的民族优秀传统文化，有利于学生感悟做人做事的人生哲理，通达"仁、义、诚、敬、孝"的伦理思想。比如，《三字经》一书提出了"养不教，父之过""玉不琢，不成器""亲师友，习礼仪"的家风家训，传递了"孝顺黄香""孔融让梨"的良好家教。

　　家教内容根源于世代流传下来的家风、家教、家训等家庭传统文化。传统家风、家教、家训建立在"家长制"之下，尤其由"父权"决定，具有主观性、可选择性、可改变性，属于可以调整的家教范围。作为一种可调整、可改变的教育范畴，家教内容的质量对思想政治教育会产生积极或消极的作用。优秀的家教内容对大学生思想政治教育有积极影响，而低劣的家教内容对大学生思想政治教育存在消极影响。家长作为孩子的第一任老师，一言一行都是孩子的榜样，起着言传身教的示范作用。事实证明，家长对孩子大声吼，孩子就学会对你大声吼；家长动手打骂孩子，孩子就学会打人。家长作为建立家风的主体和首要环节，对家风的形成至关重要。家长的调适将带动家风、家庭成员的连锁效应。提高家长教育主体地位的认知，调整家庭教育内容，创造良好的家风，能提高孩子正面的思想道德品行和行为习惯，推动学校思想政治教育的顺利开展，提高大学思政教学效果。

第四节　红色家风对大学生思想政治教育的影响

中华民族是一个从古至今重视家风培育的民族,族规、祖训、家书、门风等家风传统早在几千年前就已经存在。什么样的家风决定了有什么样的精神风貌和道德品质的家庭。红色家风是中国革命精神在家庭风气上的重要烙印,是老一辈无产阶级革命家留下的宝贵财富。家风、邻居家风及邻里关系对孩子的道德规范的形成都会产生直接或间接的影响,对学校思政教学发挥基础性功能。而良好的家风、邻居家风和邻里关系对学校思想政治教学的开展更加有效,对思想政治教学立德树人的效果更加具有说服力。

一、红色家风的形成

红色家风根源于中华民族优秀的传统文化,形成于中国革命传统精神,出自中国共产党人对家庭教育观念的思考。红色家风,即是具有红色文化传统和革命精神的家风,是把红色文化运用于家庭教育所形成的具有红色基因的家庭文化传统。红色家风具有三个属性:一是先进性。红色家风的先进性来自其创立者是老一辈无产阶级革命家庭,是具有伟大革命精神的共产主义战士。从党的为人民服务的宗旨和共产主义最高理想决定了爱国为民、舍小为大的家庭关系处理规范和原则。二是榜样示范性。红色家风的榜样示范性来自其示范者是伟大的无产阶级英雄人物,他们具有崇高的道德修养、严格的家庭教育作风和健康的生活态度,为千家万户的家风培育树立了光辉典范。三是稳定性。家风是家庭成员个体在长期家庭生活过程中养成的意识观念、道德规范、行为习惯、生活方式和待人接物等思想作风,这种作风不是短时间形成的,而是在长时间的家庭实践环境中造就的,是不易变化或改变的。四是差异性。相对于每个家庭的实际情况而言,各个家庭的家风是不相同的。家风受阶级基础、经济条件、家长知识文化水平、社会环境等因素的影响。家风存在个体差异性。五是继承性。由于家风具有稳定性,家风一旦形成,逐步形成家庭家规、家教,随着世世代代后辈相传,形成族规、祖训等,子孙后代便在主观上继承和接受家风的性质和特征。

从时间上看,红色家风产生于近代社会,发展于现代社会;从内容上看,红色家风形成于中国共产党人的革命、建设和改革的实践活动;从主体上看,红色家风的开创者是中国共产党人;从对象上看,红色家风实践于革命者家庭教育活动。在古代社会,中华民族优秀传统文化在社会方面强调"修身齐家治国平天下",重仁义,讲诚信;在家庭教育方面提倡勤劳、节俭、自律、谦让、尊老、爱幼,重视个人修养和道德境界。中华民族优秀传统文化所凝聚的家庭文明和家庭作风是中国共产党人革命精神形成重要源泉。在近代社会,中国共产党领导全国各族人民英勇斗争,在革命过程中产生了遵义会议精神、长征精神、井冈山精神、西柏坡精神等伟大的革命精神;在现代社会,中国共产党领导全国人民进行社会主义建设和改革,产生了大庆精神、雷锋精神、航天精神等新时代革命精神,这些革命精神所凝结的革命信念、坚强意志、崇高品质、高尚理想、爱国情感等,既是形成红色家风的宝贵的教育资源,又是大学生思想政治教育的重要题材。具体而言,中国共产党人在革命战争时期所富有的艰苦奋斗、不怕牺牲、独立自主、坚定信念、务求必胜等革命精神和在建设、改革时期所富有的开拓创新、无私奉献、艰苦创业、团结协作、科学求实等崇高品质都是红色家风形成的主要来源。把红色文化落实到家庭层面,把革命传统文化浸润于家庭文明,对教育后代子女、形成红色家风有着重要意义。

二、红色家风的内容

既然红色家风主要形成于中国共产党人的革命实践,那么红色家风的创造主体也离不开中国共产党人。老一辈无产阶级革命家对革命事业的不懈追求和共产主义的理想信念不仅体现在革命斗争中,同时也折射到革命者的家风家规中。毛泽东、周恩来、朱德等人是我国早期革命家的重要代表,也是我国红色家风形成的重要榜样。毛泽东从小受到中国传统文化的教育,熟读四书五经,钻研中国古代文史,在湖南湘潭文化的熏陶中成长,历经革命艰难险阻,形成了"孝敬长辈、严格教子、清正廉洁、勤俭节约、吃苦耐劳、伸张正义、扶弱济贫、乐于助人、百折不挠、不怕牺牲、无私奉献等"具有毛氏风格的家风。毛泽东家风堪称红色家风的典范,是现代家庭思想政治教育学习的楷模。周恩来始终把人民的利益放在第一位,"忠诚、明智、清廉"是周氏祖训,这也在周恩来身上打下深刻的印记。周恩来的红色家风具有孝敬长辈、夫妻互敬互爱、个人廉洁自律、大公无私、不畏牺牲的特征。在长时间的革命斗争中,朱德严于律己,同时严格要求身边工作人员和家属,形成了"报效祖国、尊老爱幼、勤俭节约、廉洁自律、不怕吃苦、不怕牺牲、以德树人"的红色家风。从以上老一辈革命家的家风家训中,可以归纳出红色家风的主要内容表现在以下三方面:

第一,坚定理想信念是红色家风的底色。理想信念是人生道路上的指路明灯。理想信念好比人的精神之钙,没有理性信念人就会缺钙,就会失去方向。中国共产党人有着崇高的理想信念和巨大的精神动力。共产主义信仰是共产党人的最高理想信念。正是有了共产主义的奋斗目标,中国近代革命运动才找到了正确的方向,爱国人士才找到了救国救民的正确道路,无数革命者为了这个理想信念抛头颅、洒热血,舍小家,为大家,把人民的利益始终放在最高位置,将理想信念进行到底。在家庭教育中,革命者通过榜样的力量将共产主义事业的奋斗精神传递给家人及子女,营造了整个家庭乃至后代具有共同理想信念的红色家风。家庭对孩子理想信念的红色教育,能够筑起意识形态领域的思想防线,始终坚持社会主义信念,走社会主义道路,始终保持坚定的社会正气和浩然骨气,不受社会各种歪风邪气和腐朽思想所影响。习近平指出:"有了坚定的理想信念,站位就高了,眼界就宽了,心胸就开阔了,就能坚持正确政治方向,在胜利和顺境时不骄傲不急躁,在困难和逆境时不消沉不动摇,经受住各种风险和困难考验,自觉抵御各种腐朽思想的侵蚀,永葆共产党人政治本色。"①

第二,爱国为民、牺牲奉献、廉洁奉公是红色家风的本色。中国近代史就是一部爱国为民的探索史和奋斗史。为了挽救民族危亡,无数爱国人士开启了一次又一次的探索之路、奋斗之路和牺牲之路。作为党的重要领导人,毛泽东一生廉洁奉公,忧国忧民,绝不允许贪污腐败。从井冈山治理贪污、中央苏区惩治贪污、延安时期惩治贪污,都表现出他对贪污毫不留情。为了警惕新中国共产党人可能会面临的糖衣炮弹和贪污腐败,及时告诫全党要保持"两个务必"。毛泽东将他的爱国为民的情怀融汇于家庭教育之中,毛岸英从苏联军校学成回国,便让他下地干农活,教育他走近农民、走进农村,全心全意为人民服务。新中国刚刚成立不久,毛岸英便主动请缨参加抗美援朝,奔赴战场。习近平曾说过:"妈妈给我买的小人书《岳飞传》,有十几本,其中一本就是讲'岳母刺字',精忠报国在我脑海中留下的印象很深。"②正是因为父母对孩子红色家风的培养,才对孩子的一生产生了重要影响。

第三,严于律己、吃苦耐劳、勤俭节约是红色家风的亮色。勤俭节约自

---

① 《习近平总书记系列讲话读本(2016年版)》,学习出版社、人民出版社,2016年,第107页。
② 习近平:《在会见第一届全国文明家庭代表时的讲话》,新华社,2016年12月15日。

古以来是中华民族的优秀传统,是家庭的传统美德。老一辈无产阶级革命家始终保持着崇尚勤俭节约、反对奢侈浪费的生活习惯和生活态度。作为党的领导人,毛泽东一生勤俭节约、严于律己。毛泽东在延安时期,不仅自己下地干活,还要求其子毛岸英同样粗布麻衣、吃苦耐劳。在中共七届二中全会上,毛泽东向全党人民告诫"务必要保持艰苦奋斗的作风"。所谓"己不正,焉能正人",毛泽东家风严格,以身作则,对自己、家人和亲朋好友都是一个标准,不搞特殊待遇。新中国成立不久,毛泽东的亲戚便写信要求给予职位的关照,对待此事,毛泽东和毛岸英率先以身作则,不搞特殊关系,根据组织规定办事。众所周知,习近平的父亲习仲勋,崇尚节俭几乎到了苛刻的程度,严格的家风、家教让子女养成了勤俭持家的良好习惯。父母严于律己、勤俭节约的精神通过言传身教,以身示范,让子女学习、敬仰和效仿,对形成世代相传的红色家风有重要作用。

三、红色家风对大学生思想政治教育的影响

恩格斯在《家庭、私有制和国家的起源》中指出,家庭是社会发展到一定阶段的产物。家庭是社会的细胞,属于社会范畴,具有社会属性。一个家庭的风气怎样,会蔓延成一个社会的风气;一个社会的风气怎样,在一定程度上也会侵蚀一个政党的风气。所以,家风关系党风,家风凝聚国风。良好的党风和国风的形成,需要红色家风作为家庭底色和国家底色的支撑。培育红色家风,做好家庭思政工作,对高校开展思想政治教育工作、推动形成社会主义家庭美德具有现实意义。

第一,大学生红色家风的培育,有利于中华民族传统道德的继承和发展。红色家风既根源于中华民族优秀传统文化,也是对中华民族优秀传统文化的继承与发展。中华传统文化博大精深、内涵丰富。中华民族传统道

德的基本要求推崇"公义胜私欲",强调国家大义和民族利益高于一切;中华民族传统道德的优良传统推崇"仁爱",以和为贵;中华民族传统道德的主要特点是推崇道德义务和人伦价值;中华民族传统道德的高尚品德推崇人的精神境界和理想人格;中华民族传统道德的道德人格推崇道德修养和道德实践。中华民族的传统道德所蕴藏的家庭智慧,既可以为现代家庭家风建设所学习,又可以为高校大学生思想政治工作提供重要启迪和宝贵资源。红色家风是中华传统道德的重要反映。无论对大学生进行"修身齐家治国平天下"的大德培养,或是对自身"忠、孝、义、智"个人小德的树立,或是"仁、礼、信、和"的为人处世之道,红色家风对大学生思想政治教育工作的开展具有新时代的意义。当代大学生是社会主义现代化建设的中坚力量和重要群体,对红色家风的传承担负"上一辈"启"下一辈"的重任。对大学生进行红色家风的培育和教育,有利于下一代、下下一代继承和发展中华民族传统道德,有利于培养良好的大学生思政工作的大环境,有利于社会主义道德建设的创新性发展。

第二,大学生红色家风的培育,有利于中国革命精神的传承和弘扬。红色家风是对中国革命精神进一步的传承和发扬,是特殊历史时期的精神产物,是中国革命精神在家风建设和家庭实践活动上的重要体现。红色家风具有丰富的内涵,主要表现为爱国为民、理想信念、牺牲奉献、廉洁奉公、严于律己、吃苦耐劳、勤俭节约等崇高品质。现代家庭在教育孩子时,一些家长不注意红色家风的培养,放纵孩子奢靡享受、铺张浪费、贪图安逸,不让孩子吃一点生活的苦。由于家庭缺乏勤俭节约、吃苦耐劳、艰苦奋斗的家风,导致孩子基本的生活自理能力、独立自主能力的缺失。即使孩子被培养成学霸或是奇才,但是他也成为生活的"巨婴"。父母不让孩子吃苦,世界就会让他吃苦。清华博士生、本科生被开除的事件也不是首例。因此,推进红色家风进家庭,进大学校园,不断提高高校大学生思政教育的感染力和时代感,有利于大学生树立崇高的共产主义信仰,有利于中国革命精神的传承,有利于思想政治教育工作坚持正确的方向。

第三,大学生红色家风的培育,有利于高校社会主义核心价值观的培育和践行。红色家风是社会主义核心价值观的活力展现,社会主义核心价值观是红色家风的概括与提炼,红色家风与社会主义核心价值观达到了真正的高度吻合。家庭是社会的一个点,无数的点构成了一个社会。红色家风不仅能够培育家庭美德和个人品德,还能塑造良好的社会公德和社会风尚,使全体公民形成较好的社会道德规范和行为习惯,为社会主义核心价值观的弘扬提供积极的、正面的和乐观的社会氛围。老一辈无产阶级革命家的红色家风提倡爱国、民主、富强、文明、平等、廉洁、友善、反腐,与社会主义核心价值观在国家、社会、个人三个层面的要求如出一辙。社会主义核心价值观凝结了全体公民共同的价值追求,红色家风展示了的崇高理想和道德规范,践行社会主义核心价值观要从家风做起,从娃娃抓起。传承红色家风,展开大学生红色家风教育,为大学生践行社会主义核心价值观提供了丰富材料和文化资源,为高校完善思想政治教育工作体系、培育大学生社会主义核心价值观路径提供新思路、新对策具有时代价值。

红色家风的形成过程、特点和主要内容,对于分析红色家风对大学生思想政治教育工作的影响具有现实意义。红色家风承载着中国革命精神,蕴含着伟大的无产阶级老革命家的高尚品德、道德风范和精神风貌,凝聚着中国共产党人的新时代智慧和理论结晶,是开展大学生思想政治教育工作的经典教材,是当前我国从严治党、正风肃纪、锤炼党性、坚守初心使命的生动案例。红色家风的传承,有利于引导大学生改善现代家庭革命精神教育的缺失,有利于弘扬艰苦奋斗、严于律己的优良传统,有利于推进大中小学思想政治教育一体化建设。

第三章 社会风俗对思想政治教育的影响

从人类诞生之日起,社会风俗也就随之产生。早在先秦时期,《山海经》《风土记》等民俗典籍就零零碎碎记载了很多民间传说、风俗现象、风土民情和风俗活动,成为我国古代重要的风俗古籍和百科全书。社会风俗存在于人类已有上千年的历史,从它存在之日起,就成为教育大众的民间思想武器,制约着人类的思想观念和行为习惯。思想政治教育与社会风俗既有教育内容、教育功能、教育任务的交叉,又具有各自独特的教育特征和教育方式。如何利用和发挥社会风俗的优势,预防和减少它对思想政治教育的负面影响,以强化思想政治教育的积极作用,对大学生思想政治教育具有重要意义。

第一节 社会风俗

一、社会风俗的内涵

在日常用语中,一个民族的风俗习惯通常可以用社会风俗、习俗、民俗、民风等近义词表述,其意义相似,在含义上没有本质区别。关于社会风俗的概念,可以从社会风俗的主体和客体两方面来考察。从社会风俗的主体来看,社会风俗的主体是人,是处于社会关系当中的人。社会风俗是人创造的,是人们长期生活实践过程中养成的生活方式和行为习惯;从社会风俗的客体来看,社会风俗的客体是物质世界,包括自然界和人类社会,是人们社会实践活动的对象。人类历史社会包括物质生产方式、地理环境、人口因素等。社会风俗是人类与物质世界交往过程中,即人对物质世界进行改造和认识的互动过程中形成的一种价值观念和精神活动。简言之,社会风俗是人们在长期社会生活实践过程中创造的一种特有的文化现象。

二、社会风俗的类型

社会风俗作为一种文化现象,其内涵包罗万象,丰富多彩。从纵向来看,不同的历史时期、不同的社会形态形成了不同的社会风俗;从横向来看,不同的民族、不同的国家、不同的地理环境、不同的人民群众形成了不同的社会风俗。

社会风俗即民俗,涉及物质生产风俗、物质生活风俗、岁时节日风俗、民族礼仪风俗、信仰风俗、民间文学、民间工艺、民间艺术等方面内容。随着人类的进步、历史的推进和社会的发展,社会风俗也随之发展和变化。

(一)从社会风俗的不同载体来看,社会风俗包括物质文化风俗和精神文化风俗

1.物质文化风俗

物质文化风俗是指通过物质载体展现出来的民族习惯、民族认知和社会风貌等,表现为物质生产风俗、物质生活风俗、民间工艺等物质文化现象。

物质生产风俗是人类在物质生产过程中创造的风俗文化。物质生产方式包括生产力和生产工具。生产工具是衡量生产力高低的重要标志。从木器、石器发展到金属工具，特别是铁器取代青铜器广泛运用于农业、林业、手工业等生产领域和生活领域，标志着铁器时代的来临。尽管铁器时代最早出现在西周，但铁农具长期处于生产的次要地位。直到唐代，农具从铸制转变为锻制，铁农具的主体地位才开始得到确立。唐朝盛世的景象就与唐代使用铁农具用于耕作是分不开的。铁器的应用引起了生产工具的重大变革，推动了社会生产力的发展，体现了一个民族的社会风貌和经济格局。唐代是古代铸钱工艺的转折期，宋代是铸钱工艺的完成期。南宋时期撰写的《大冶赋》是一部关于金属的筛选、运输和储存方法，铸钱工艺，矿冶管理制度的宝贵文献。《大冶赋》中的思想内容有的来自民间神话故事，书中提道："地神泰媪、风神屏翳、水神元冥、阳候、火神祝融等，多出自早期典籍，有的原本也应是民间传说。"①石器、陶瓷、蜡染、纺织、刺绣、金属等民间工艺，皆是古代民间谋生的重要方式，在国计民生中占有相当重要的地位。比如，铜镜作为生活居家用品从宋代开始被广泛使用。在铜镜背面绘制吉祥富贵的花纹图案，以祈福避灾。民间社会习俗，至今都还影响着人们的思想意识和日常生活。

物质生产是人类生存和繁衍的前提，是人类获取生活资料的必要条件。物质生产风俗是人们在从事不同对象的生产活动过程中形成的不同行业的、不同领域的、稳定的劳动习惯和活动经验。它以物质生产为中心，全面覆盖农业、林业、渔业、畜牧业、商业等各个生产领域，形成了农业风俗、林业风俗、渔业风俗、手工业风俗、商业风俗等。从原始社会开始，食物成为解决人类生存的首要问题，农业生产成为社会生产结构的关键领域，农业成为古

---

① 钟敬文主编、萧放副主编：《中国民俗史·宋辽金元卷》，上海文艺出版社，1999年，第695页。

代社会关系国计民生的重要经济部门,农民占据我国人口的绝大部分。作为人口比例占主体地位的农民,在长期农业生产过程中逐步形成了符合地方特性的农业生产风俗。在农业生产上,农民逐步掌握了如何选种、如何育种、何时播种、何时翻土、何时除草、如何施肥、何时收获等农事活动经验,找到了气候、季节、土壤、水分、肥料、工具等影响农作物生产的规律和要素,形成了节气风俗、耕作风俗、地域农耕风俗、祭祀农神风俗等农业生产风俗。"农时"节气是农业生产重要的节气风俗,即四时(春夏秋冬)、八位(立春、春分、立夏、夏至、立秋、秋分、立冬、冬至)、十二度(十二个月)、二十四节气(雨水、春分、惊蛰、小满、芒种、小暑、大暑、立秋、小寒、大寒等)。区域种植风俗是农民在不同地理环境中,根据不同的土壤特性栽培不同品种的农作物,因地制宜,收获不同的农产品。比如,南方表现为以种植水稻为主的水田农作物风俗,北方是以种植小麦为主的旱地农作物风俗。南方盛产荔枝、柑橘、菠萝、龙眼、木瓜等水果,大多数水果属于热性,北方盛产梨、枣、桃、杏、苹果、柿子、山楂等水果,大多数水果属于凉性。总之,不同区域的农民在长期的农业生产实践基础上形成了特定的农业生产认识,并把这种认识转换成人们普遍遵循的农业生产风俗。随着时间的推移,后人便根据前人流传下来的农业生产风俗来判断和从事相关农事活动。

物质生活风俗与生活的物质面貌密切相关,体现了人的生存与繁衍状态,包含饮食风俗、服饰风俗、建筑风俗、礼仪风俗等衣食住行各方面。就饮食礼仪风俗来看,座位朝向、食物摆放方式、敬酒方式、饮食姿势、器皿的选择等宴会礼节体现了我国古代严苛的饮食文化和礼仪风俗;就服饰风俗来看,历代王朝的官服、妃嫔服饰、平民服饰演变体现了我国几千年不同王朝的服饰风俗习惯;就建筑风俗来看,对房屋的修建时间、位置、朝向、形制、装饰等都有严格的讲究。古代建筑类型包括民间建筑和宫室建筑,民间建筑分为普通民宅和地主高台、庄园、园林等。以上饮食风俗、服饰风俗、建筑风俗、礼仪风俗反映了人们当时的物质生活状态和生产水平。

俗话说,民以食为天。中华民族是一个不忘本、不忘根、不忘老祖宗,有着深刻家国情怀的礼仪之邦,中国是世界上唯一一个历史文化从未间断过的文明古国。饮食风俗在中华民族的繁衍和发展中得以保存和发展下来。饮食风俗是人们对食物的认识和处理过程中传承下来的饮食习惯。饮食风俗包含生活饮食、民族节日饮食、节气饮食、少数民族饮食、民族宗教饮食。

从纵向来看,生活饮食经历了从古代饮食结构到现代饮食结构的变化。

古代食物结构主要包括主食、副食和饮品三大类。传统社会饮食风俗主要以主食为主,肉食和蔬菜为辅。汉代主食是以麦、稻、粟为主,副食是肉食和蔬菜;唐代主食以面食、米食、甜食为主,副食是肉食和蔬菜,饮品以茶和酒为大宗;宋代的主食是五谷杂粮,副食有肉、水果、蔬菜,饮品是汤、茶、酒;明清时期民间继承了以往的饮食风俗,主食以米面和杂粮为主,副食品种变得更加丰富,人们对食物的烹饪方法和口味有了更多的讲究。在食物烹饪方法上,同一个食物可采用炒煮腌煎糟拌煨炙汤等多种烹饪方法,一道茄子就可以做出"糖蒸茄、糟茄子、淡茄干、鹌鹑茄、糖醋茄"①等多种样式;在食物味道上,各地对食物的要求出现了地域性口味特征,形成不同地区的饮食习惯,如江浙人喜欢甜,北方人喜欢葱蒜,川黔滇湘人喜欢辣,粤人喜欢鲜美和清淡等。元明清时期,饮品以饮茶、饮酒、牛乳为主,蒙古人饮奶茶。同时,明清时期的饮食生活中增加了吸烟的习俗。

现代食物饮食结构主食以五谷杂粮为主,副食是蔬菜和水果,饮品除延续了茶史和酒史习俗,还增加了汽水、可乐等碳酸饮料和果汁、酸奶、牛奶、咖啡、奶茶、果茶等饮品,饮食主体结构基本上与古代传统的饮食习俗保持一致。在经济全球化和信息多样化的背景下,我国饮食文化与国外饮食文

---

① 钟敬文主编、萧放副主编:《中国民俗史·明清卷》,上海文艺出版社,1999年,第100页。

化相互吸收、相互借鉴,产生了中西方饮食文化交融现象。世界饮食风俗的多样性、独特性、包容性,推动了世界饮食风俗的交互式发展。除了传统饮食风俗外,我国人民借鉴了国外尊重女性、女性优先的饮食礼仪和饮食文化,推动了我国现代饮食文化内涵的发展。随着人们物质和精神生活水平的提高,人民民主地位的提升,人们的饮食观念正在逐步转变,从对食物本身的聚焦发展到对人类主观体验的关注,人们逐渐抛弃古代严苛的宴会礼仪风俗,更加注重对食物的材料品质筛选、烹饪工艺、味觉口感、营养健康、食疗养生等多元化主体需求。

我国有 24 节气饮食风俗。立春进补萝卜、姜葱,雨水食蜂蜜、银耳,惊蛰食梨,立夏食豆,小满食瓜,大暑有着"冬补三九,夏补三伏"的风俗,立秋应食润肺生津之物,霜降有着"一年补透透,不如补霜降"的风俗,冬至食羊肉,有着驱寒和祭祖之意等。

在传统节日方面,通过丰富多彩的节日来展现人民的主体情怀与理想愿望。利用不同的月份,形成不同的节日,代表不同的社会期待。端午节食粽子,表达对古人的崇敬之心;春节食饺子、汤圆,饺子寓意招财进宝,汤圆象征团团圆圆;中秋节食月饼,象征吉祥、团圆;重阳节食重阳糕、饮菊花酒,寓意消灾辟邪;腊八节食腊八粥,寓意避灾驱邪等。

2. 精神文化风俗

精神文化风俗是通过精神载体展现出来的民族情感、民族心理和民族娱乐,表现为民族节日风俗、民族礼仪风俗、民族信仰风俗、民间艺术、民间文学等精神文化。

民族节日风俗是围绕社会心理即人的情感、愿望、乐趣、意志、理想等心理状态,展示了大众生活的精神面貌。民族节日风俗涉及自然、历史、文化、政治、法律、生活等广泛领域。自然领域包含正日、立春、夏至、七夕、重阳、冬至、腊日等岁时节日风俗;政治领域包含五一劳动节、国际劳动妇女节、向雷锋同志学习纪念日、六一儿童节、七一建党节、八一建军节、国庆节等节日；历史领域包含清明节、植树节、端午节、重阳节、五四青年节、九一八事变纪念日、中国人民抗日战争胜利纪念日、"一二·九"运动纪念日、南京大屠杀纪念日等纪念日；生活领域包含中秋节、春节等节日。

民族礼仪风俗包括古代礼仪风俗和现代礼仪风俗。古代礼仪风俗包括祈子礼、出生礼、满月礼、成人礼、婚礼、丧葬礼仪等风俗文化。从人的出生到死亡，尤其是死亡，统治阶级给予了厚重的仪式感。受到灵魂不灭的鬼神观的影响，讲究排场、大操大办、厚葬重殓、坟地购置、礼仪繁缛等诸多讲究的丧葬礼，意味着对故人的最大敬重和对现存家人兴旺发达的美好祝愿。现代礼仪风俗已经简化了出生礼、成人礼这些古老社会习俗，保留了婚丧习俗等标志性礼仪。婚礼礼仪和丧葬风俗体现了民间的婚姻观和对故人、祖先的祭拜敬畏之心。

民族信仰风俗包括对自然鬼神、巫术、道教、佛教等民间信仰，是民间特殊的文化现象，表达了人们对自然对象的心理崇拜和信仰观念。比如，祭祀天地、山川、风雨的自然物信仰，祭祀祖先、宗庙的人神崇拜，对神话传说的人格神和鬼怪信仰，对占卜、巫蛊、占梦、相术、占雨、占星、占风等巫术崇拜，对长生不老之术的道教信仰，对佛像、佛法、佛经、寺庙等的佛教信仰。信仰风俗体现了人们对健康、财富、幸福、平安的心理期待和精神追求。

民间文学包含民间传说、民间神话、民间故事、民间谚语、民谣等风俗。民间文学植根于人民生活，是人民生活的真实映照。在远古时代，由于生产力水平低下，人们对世界的认知处于认识的低级阶段，只能通过对自然界的超自然的认识和加工来表达人与人、人与社会的关系，形成了诸如"女娲补天""大禹治水""嫦娥奔月""精卫填海"等多彩的神话传说。随着人们对物理学、天文学、化学、数学等自然科学探索的加深，增强了人类对自然界的认知水平。人类对神话的理解由无意识的加工开始转变成有意识的整理创造,创造了人妖相恋、人神结合、妖神大战等神话故事,诸如"梁山伯与祝英台""牛郎织女""白蛇传""八仙过海"等丰富的民间故事。民间故事来自人民的生活实践,孟姜女、董永等民间故事人物至今还受到人们的喜爱。民间神话、民间传说、民间故事往往充满了想象、浪漫、机智、乐观、幽默色彩,讴歌正义、善良、勤劳的美,惩治邪恶、懒惰、自私,揭示了人民受剥削、受压迫的社会黑暗,反映了人们的善恶是非道德观念,表达了人们对自由、平等、幸福生活的向往和对现实生活的不满等心理。民谣或民歌,是民间自发创造的歌曲,是民间现实生活的真实写照,是人们对民族和社会现象的主观感受。抗日战争时期,人们创作了"我们打仗去了""扛杆枪背把刀""鬼子小队长"等抗日民谣,《四季游击歌》《豪气壮山河》《口号歌》《小花猫》《打据点》《别看年纪小》等东北抗联歌谣,生动形象地反映了人们积极抗战的热情和打倒日本帝国主义的决心。

民间艺术包含民间戏剧、民间歌舞、杂艺、剪纸、泥塑、木偶、编织等,具有娱乐消遣的特征,是民间普遍受欢迎、自娱自乐的休闲娱乐方式。古代既有上层贵族的宫廷燕乐,也有下层平民的民间音乐。我国周朝就建立了宫廷礼乐机构,隋唐时期设置了内外教坊来系统训练礼乐,由于歌舞戏盛行而形成了固定习俗。宋元时期盛行鼓子词、词话、诸宫调等说唱文学和南戏、杂剧等戏剧表演。辽代开启了精致的手工编织,用竹子、绳子、草、藤条、高粱秆等编织装饰品作为赠送佳品来表达人们对生活的寄语和美好向往。

把社会风俗划分为物质文化风俗和精神文化风俗,是依据社会风俗的不同载体来作区别,属于相对概念的划分,不能把二者绝对地分开。不论是物质文化风俗还是精神文化风俗,双方会产生交替出现或相互融合的特征来体现同一类社会风俗。

（二）从社会风俗的作用来看，社会风俗包括先进的社会风俗和落后的社会风俗

社会风俗属于中华民族的传统文化，亦有精华与糟粕之分，需要一分为二区别看待。先进的社会风俗是一种符合社会发展规律、符合人民利益、有利于人民生产生活和社会文明的传统习俗，表现为我国优良的、高尚的传统文化，是传统文化的精华。比如，中华民族自古就有的保家卫国的爱国主义精神，修身齐家治国平天下的道德人格，忠孝为先、以德立人、自强不息的精神境界等。反之，落后的社会风俗则是一种违背社会发展规律、违背人民利益、阻碍人民生产生活和社会文明的风气陋俗，表现为愚昧迷信、不健康、不道德的歪风邪气，是文化的糟粕。

古代婚姻制度是宗法制度和男尊女卑思想的体现。封建社会是男权私有制社会，体现在婚姻制度上是一夫多妻制或一夫妻妾并蓄制。根据父母之命、媒妁之言的婚配原则完成婚姻大事。男性依仗他的社会地位、财富、权力可以占有多名女性，尤以帝王有"后宫佳丽三千"为典型示范。男性把对女性的占有变成一种专制制度，而后演化为一种合法的、正常的、合理的婚姻现象和婚姻风俗，这种不合理的婚姻陋俗曾经长期盛行于中国民间，也成为调节家族利益、人口增殖的重要手段。古代家庭结构几乎是包办式婚姻的结果，有的男女双方在年幼时就立下了婚约，有的素未谋面，有的是人身买卖关系等，家长制度下的父权具有子女婚姻的决定权，完全违背了人类对自由、平等、民主的文化追求。从钟敬文先生的《中国社会民俗史丛书：小妾史》一书中不难发现，妾的早期来源是以媵、夺、奔、买、赠等方式获取，妾的获取如同商品或赠品一般。作为妾要遵守严格的礼法要求，不论是日常生活礼仪，还是祭祀、丧葬等重大礼仪活动，妾与妻有别，妾之间也存在贵贱区别，妾有妾规，小妾风俗体现了古代严苛的家规、家风和等级制度。

　　缠足是我国封建社会时期男子为了束缚女性自由和规范其社交行为而产生一种社会陋习。封建社会是一个男尊女卑的等级制度社会,女子需要以缠足来体现自己的"三从四德",小脚便成了道德评价和富贵婚姻的标准,脚越小就越能得到社会的认可。因此,绝大部分女孩在孩童时期就开始用棉质绷带或布条紧紧裹足以控制脚长长,一般缠足的脚大小通常控制在10到15厘米间才符合社会要求。长时期裹足让很多女孩的脚变得骨骼扭曲、畸形,进入老年后甚至会丧失行走能力。

　　丧葬习俗是我国古代的重要礼仪文化。丧葬观念起源于古代人类对死亡的无知认识,认为人有灵魂、灵魂是不死的,这种虚构的死亡观开启了古代的丧葬风俗。中国是一个重视孝道的民族和百事孝为先的社会,对父母的孝道不仅体现在对父母的顺从上,还体现在对父母的丧葬礼仪上。厚葬之风兴起,引发了随葬、殉葬等丧葬礼仪的升级。其中,人殉是一种最野蛮的殉葬风俗,是对人类生命权的剥夺和人性的扼杀。人殉通常是死者的妻妾、臣子、侍仆随从等活人在非正常死亡后陪同死者一起埋葬,死者通常是丈夫、官爷、帝王等男性和贵族。比如,明代的殉葬制度,不论嫔妃是否同意都要被强迫陪同先帝一起入葬,"整个从死亡过程由嗣皇帝主持并予以告别,由太监亲自执行从死,场面非常凄惨"①。殉葬制度是地主压迫百姓、男性压制女性的一种社会陋习,反映了阶级和男女不平等的社会风气。

　　此外,封建社会时期"三纲"的伦理制度、活人祭天、算命占卜、太监、奴婢、赌博、嫖娼、流氓、妓女、复仇等野蛮陋习和愚昧无知都属于落后的社会风俗。

---

　　① 钟敬文主编、萧放副主编:《中国社会民俗史丛书:丧葬史》,上海文艺出版社,1999 年,第119～120 页。

（三）从民族种类来源来看，社会风俗包括汉族社会风俗和少数民族社会风俗

汉族作为我国人口数量最多的一个民族，在民族信仰、语言文字、饮食习惯、服饰打扮、民间艺术、民族节庆等方面具有一致的习俗。而各个少数民族由于自然地理环境、物质生产方式、历史文化等存在差异，少数民族之间在饮食风俗、服饰风俗、居住风俗、礼仪风俗、娱乐风俗、出行风俗、审美情趣等方面也各自具有不同的、独特的习俗文化。以妇女服饰风俗为例，各个少数民族具有自己特色的服饰文化。苗族妇女大领短衣搭配百褶裙或宽裤脚裤子，衣袖裙口有刺绣花边，头缠布巾、佩戴银饰耳环、头饰、项圈和手镯；蒙古族妇女服饰以长袍、腰带、靴子、首饰为一体，头饰以珍珠、玛瑙、金银为主；维吾尔族妇女穿着色彩鲜艳的裙子搭配背心和饰品；彝族妇女普遍穿多褶长裙和绣花大襟上衣等，而汉族服饰特点是腰部系绳带，领口交叉，上衣下裙、袍服、襦裙、上衣下裤等多元化发展。

三、社会风俗的特征

社会风俗来自人类现实生活，具有长期性、稳定性、独特性、传承性和发展性等特征。

第一，长期性。社会风俗是人类进化过程中形成的一种长期的生活方式，并非一朝一夕之事。根据马克思主义的历史唯物主义思想，即社会存在决定社会意识。由于人们长时间聚集、居住和生活在某一区域，通过长期的地域性的社会交往尤其是物质生产活动，人们自发地创造了特定的、适宜的、群体的生存方式、思维理念、语言、爱好、社会心理等，形成特定的习俗。社会风俗一旦得以形成，子孙后代便在耳濡目染中世代相传，甚至上千年。

比如,清明节起源于古代对祖先的祭拜礼俗,中秋节起源于古代祭月赏月的民俗,端午节起源于古代拜祭祈福的民俗,春节起源于古代拜神祭祖、祈岁纳福、驱邪避灾的民俗,中国的四大传统节日至今都已有上千年的时间。

第二,稳定性。长时间形成的社会风俗将逐渐内化为人们的思维模式、生活理念和行为习惯,成为人们公认的、共同遵守的社会规则和生活方式。思维模式和生活习惯形成的时间越长,越表现出其稳定性特征。人们的行为习惯、民族心理、性格爱好、地方语言等一旦形成,就会以思维固化和心理情感的方式长期存在,比如民间衣、食、住、行等方面的社会风俗就很难在短时间内改变。当社会风俗经过长期稳定的发展后,人民群众通常会自发地集体遵守和共同实施同一种社会风俗,而不需要外力的约束。爱国主义、家国意识、勤劳勇敢、团结互助等代表传统精神的节气,比如清明节、端午节、劳动节、中秋节、元宵节、春节等中国传统节日,从古至今在民间得以延续和保留下来。随着历史向前推移,社会风俗出现了民俗融合或交叉,但社会风俗总体上具有稳定性特征。

第三,独特性。俗话说,一方水土养一方人。不同国家、不同社会制度、不同社会阶层、不同历史时期、不同地域、不同种族、不同社会主体,形成了与众不同的、独特的社会风俗。以饮食风俗为例。

不同地域,具有不同的饮食风俗。我国北方和南方在饮食风俗上,有"北面南米、南甜北咸"等主食、口味、烹饪方法、食法的区别。南方和北方、东部和西部、汉族和少数民族、少数民族之间,西部地区之间在饮食习惯、生活方式、语言和民间艺术上都存在差异。

同一地域,饮食风俗各具有特色性。比如,西部地区具有共性的"辣味"饮食风俗,但不同省份又各具有特殊性。重庆的麻辣、贵州的糟辣、四川的香辣、陕西的醋辣、广西的腌辣、云南的酸辣等多种"辣味"习俗并存。

不同的民族,具有不同的饮食习俗。我国少数民族各具有特色的饮食风俗,如苗族的酸汤、傣族的香竹饭、蒙古族的涮羊肉、回族的油香、壮族的五色糯米饭、藏族的青稞酒等。

不同的国家,存在不同的饮食风俗。中国与日本、韩国、泰国、美国、法国、澳洲等东西方国家均存在着不同的食具、饮食结构的差异。亚洲、欧洲、北美洲、非洲等七大洲之间也具有截然不同的社会风俗。

第四,传承性。尽管社会形态发生更替,社会制度发生变化,但社会风俗作为一种长期存在的文化现象,不会因社会的发展而停止或中断。按照马克思主义唯物史观,一切社会关系最终归结为生产关系的原理,物质生产活动是人类生产的最基本活动,离开了劳动,一个国家、整个人类都会灭亡。文化作为社会意识的重要组成部分是社会存在的反映,社会风俗是人们长期物质生产劳动过程中产生的与生活紧密联系的文化现象,将被大众保留、传递和继承。当某一历史阶段的社会风俗获取民众的接纳和默许后,比如民族节庆、丧葬、婚姻、礼仪、娱乐等风俗,民众将以家庭式、家族式、部落式、社区式、民族式等方式延续这一文化传统和礼仪规范。比如,中国的四大传统节日作为重要的传统文化传承至今,其中端午节还成为中国第一个入选世界非物质文化遗产的节气。如此一来,一个民族、一片地域、一群人以社会风俗呈现的特定的文化传统得以世代相传。

第五,发展性。随着人的实践活动向前推移,生产力的发展,社会形态的更替,社会风俗也随之发生社会变迁。不论是民族服饰、民族饮食、民间建筑等物质性社会风俗,还是民族节日、民族信仰、民族礼仪、民间艺术等精神性社会风俗,都随着社会的发展在不断丰富和发展。

以民族服饰为例。在物质性社会风俗方面,民族服饰朝着人性化演变。受传统封建社会等级制度的影响,古代民族服饰被打上了等级烙印。贵族服饰强调布料材质、刺绣针法、装饰品的高级奢靡,女子服饰款式以长裙为主,且裙尾拖地、袖口宽大。而百姓是粗布麻衣,破烂陈旧,贵族与平民之间服饰打扮存在着明显差异。随着近代西方列强的入侵以及西方文化的传入,服饰开始由繁变简,男子着中山装、女子上衣也去掉了裙尾袖口,显得轻松利落。近代民族服饰开始由等级制差别、复杂繁重逐步转向平民化。进入现代经济全球化社会,尤其是迈入网络信息社会,服饰更加强调以人为主体,追求简洁舒适的、丰富多样的个人体验感或个性化发展,打破了等级、地域、单一、复杂的衣着束缚,逐步向多元化与个性化、全球化与民族化相结合转型。近年来,我国民族服饰在服饰款式、风格、颜色、搭配、潮流等因素上与韩国、日本、美国、法国等国家出现了国际上的相互融合、相互借鉴,民族服饰呈现多样化、人性化的发展趋势。

以民族节日为例。在精神性社会风俗方面,民族节日种类变得更加丰富。随着经济全球化、世界多极化和文化多样化,我国的民族节日逐步增加。近现代以来,我国除传统的四大节日外,增加了元旦、三八妇女节、劳动节、六一儿童节、建军节、建党节、国庆等法定节日,愚人节、七夕情人节、万圣节、圣诞节等非法定的、汇合西方习俗而成的当代社会风俗。当然,社会风俗重点体现在国家法定节假日方面。随着社会的发展,除了法定的、大众的、普遍性的民族节日外,还专门为特殊职业或纪念重大历史事件颁布了具有特殊的、历史性的民族节日,比如教师节,护士节、五四青年节、植树节、九一八纪念日、五卅纪念日、"一二·九"学生运动、南京大屠杀死难者国家公祭日等。

第二节　社会风俗的社会功能

社会风俗是低层次的社会意识,是人类在实践活动中获得的感性认识,是认识过程的初始阶段。作为活动主体在生活实践中形成的观念结果,社会风俗反过来对人的生活实践发挥相应的社会功能。

一、教化功能

社会风俗起源于民间生活,是人们社会交往和生产实践活动中达成一致的群体共识和社会观念。社会风俗虽不是社会主流文化,却产生于大众底层,扎根于人们的现实生活,它对人们的行为方式、道德品质和价值观念的塑造将产生一定的调控、约束和引导功能。中国民俗学之父钟敬文先生曾提出,在人类生活普遍存在的社会规范中,民俗文化是一种特殊的、最贴近大众生活的教育途径。社会风俗的长期性存在便足以说明人民大众对它的认可和接受,并在大众的默许下发展成为一种人们普遍遵守的社会规范和社会习俗。社会风俗反过来成为人们的"异化"之物,教化和影响人们的思想和行动。中国自古就形成的"先天下之忧而忧,后天下之乐而乐"的价值追求、为国为民牺牲奉献精神、与人为善、以和为贵、推己及人的高尚品德,克己修身、奋发向上的道德修养和精神追求,这种长期的、正向的风俗习惯一旦转变成社会的优良传统文化,对大众的价值观念、行为方式、道德理想、人格塑造都将产生教化功能。当人们的行为方式、价值理念与社会风俗发生背离时,社会风俗将按照约定俗成的社会规矩约束和规范人的言行举止,调控人的价值取向和思想观念,使之符合整个社会长期的风貌。比如,古代清明扫墓祭祖、踏青、植树、插柳等风俗,现代政府机构、事业单位和国有企业等部门,带领广大同志、师生集体祭拜和缅怀英雄烈士等,充分展现了中华儿女礼敬祖先的人文精神和对不怕牺牲、不怕艰难困苦的革命精神的传承。总之,社会风俗产生于大众的生活实践、革命实践、科学实践和政治实践等过程中,在社会风俗的传承中反过来成为"异化"、教育大众的力量。

二、心理功能

社会风俗的内容反映了人们的主观需求,包括人们对自然和社会的认识、对物质和精神的心理反应。社会风俗最早产生于古代,受当时滞后的经济环境的影响,人民生活疾苦,深受阶级压迫和经济剥削,从而在社会底层开始产生民间信仰、民族节气。通过对神灵的供奉、祭天、观星象、巫师作法等,企盼消灾免难、逢凶化吉、保佑平安、心想事成等,以实现人们的心理寄托和精神安慰,从而产生了民间对佛教、道教等民俗信仰。尽管祭天求神供佛的风俗带着封建迷信色彩,但也充分展示了人们的心理状态和情感寄托,社会风俗表达了人们对美好事物的内心愿望、向往和精神追求,实现了对大众的心理调控作用。比如,人们到庙堂通过拜佛上香、诵经、抄经、抽签、平安灯等风俗来实现心中的愿望,祈祷家人平安、事事顺利;通过对祖先的祭祀、革命先烈的缅怀来体现人们对亲人、伟人、革命英雄的追忆、思念和情感慰藉,形成了清明节、端午节、重阳节等民间节日。其中,端午节通过赛龙舟、吃粽子、配香囊、艾条插门、艾水洗澡等各种风俗活动来实现人们辟邪祛病、祈福纳祥、事事如意的美好心理愿望;中秋节通过赏月、吃月饼、玩花灯、吃团圆饭等风俗活动寓意对家人、家乡的思念之情和情感表达;重阳节通过祭祖、赏菊、登高、饮菊花酒等风俗活动寓意人对生命的向往,期盼健康长寿、生命长久的心理意愿。总之,社会风俗反映并体现了人的心理活动,对人的发展具有心理引导功能。

三、娱乐功能

社会风俗不仅是人民大众的智慧结晶,还表现了人们对生活的热爱和对幸福快乐的精神追求。社会风俗是人创造的,同时要为人服务。社会风俗源自生活,对人民大众的生活具有娱乐功效。我国少数民族有很多民族节日,像傣族的泼水节、彝族的火把节、苗族的龙舟节、藏族的酥油花灯节、蒙古族的马奶节、侗族的祭牛节、白族的火把节、布依族的查白歌节等。少数民族的节日风俗丰富多彩,大多民族节日都有举行盛大歌舞晚会、准备丰盛的晚宴、宴请宾客、点篝火、边饮边谈、载歌载舞等风俗,以享受节日欢乐的气氛。民族节日的社会风俗给人们带来了无限的欢声笑语,成为民间生活的盛大节日。在传统节日中,端午节有赛龙舟、放纸鸢、食粽子等各种娱乐纪念活动;春节要办年货、换新衣、贴春联、守岁、吃年夜饭、发红包、放鞭炮、看春晚、走亲访友等风俗,展现了一派喜庆娱乐的氛围。在现代法定节日中,六一儿童节是儿童的欢乐节日,有着给小朋友准备礼物、吃美食、出门游玩的娱乐习惯;国庆节是全国人民欢庆新中国诞生的节日,人们通常会在假期中选择出门旅游、户外活动、家人聚会、参观展览等休闲活动来庆祝这一节日。在非法定节日中,七夕是情侣们的节日,存在情侣之间互相赠送礼物、约会聚餐、表达爱意的风俗,享受爱人之间的情感。总之,社会风俗体现了我国人民热爱生活、乐于创造生活、创造美的精神,是大众积极向上的情感体现、生活情趣和美的追求,社会风俗具有娱乐大众的功能。

第三节　社会风俗与思想政治教育的关系

作为社会意识形态,社会风俗与思想政治教育有着共同的主体、对象、中介和功能,两者既相互联系,各自又具有不同的体现方式、特点和性质等。

一、社会风俗与思想政治教育相互联系

从认识论来看,社会风俗与思想政治教育属于意识范畴,离不开共同的主体、客体和中介,皆是人类在社会实践基础上对客观世界认识和改造的结果,在主客体关系中发生各自的社会功能。

(一)以人为本

思想政治教育是以人为主体的教育活动。思想政治教育的主体是教育者,客体是受教育者,不论是主体还是客体,思想政治教育都是围绕人而展开。离开了人,思想政治教育就失去了存在的意义。其中,人指广大人民群众。而以人为本即是以广大人民群众为本,以尊重广大人民群众的基本需要和美好愿望为本,"以最广大人民群众利益作为思想政治教育的出发点和落脚点"①。党正是通过思想政治教育帮助人们提升思想理论和马克思主义素养,增强人们的思想道德素质和政治素养,帮助人们塑造科学的世界观、价值观、人生观。

思想政治教育是中国共产党从幼小到成熟的过程中、正反两方面经验的总结,是中国共产党特有的思想教育方式。党成立后,近代经历了第一次大革命、白色恐怖、国民党的五次围剿、抗日战争、解放战争。党在每一历史阶段高度重视人民群众的主体地位,贯穿以人民为中心的历史线索,坚持全心全意为人民服务,创造性地发明了"农村包围城市、武装夺取政权"的新民主主义道路,完成了中国从半殖民地半封建社会向新民主主义社会的转变,

---

① 《思想政治教育学原理》编写组:《思想政治教育学原理》(第二版),高等教育出版社,2018年,第209页。

迎来了中华民族的独立和人民解放。可见,以人为本,以人民为中心的思想,是党长期从事思想政治教育的主题。

社会风俗是人创造的。社会风俗的主体是人,离开了人和人的活动,就没有社会风俗的形成。社会风俗的客体是物质世界,包括自然界和人类社会。社会风俗是环境的产物,是人在认识世界和改造世界的过程中形成的精神财富,是人类在社会化进程中为解决生存和发展需求形成的文化结晶,是人类在追求利益过程中自我价值和自我发展的体现。人认识世界和改造世界的最终目的是为了满足人的需求,包括物质需求和精神需求。正是在满足和解决人类的需要时,社会风俗逐渐形成。因此,社会风俗遵循了以人为本的原则,始终以人的需求和发展为中心。社会风俗与思想政治教育相互联系,具有坚持以人为本的共性。

（二）阶级性

意识形态包括政治法律思想、哲学、道德、宗教、艺术等,其中,思想政治教育的核心内容是政治教育,属于意识形态体系。文化是意识形态形成的土壤,意识形态属于文化范畴。社会风俗属于传统文化的一部分,优秀的传统文化是思想政治教育形成的理论基础。社会风俗与思想政治教育同属意识范畴。在阶级社会,意识形态具有阶级性。统治阶级正是在选择和吸收文化的过程中形成了代表自身利益的思想文化。

在阶级社会,统治阶级利用思想政治教育来维护自己的统治,形成了反映一定阶级、集团利益的上层建筑,体现了统治阶级实现其统治思想、目的和意志。经济基础决定上层建筑。不同的阶级,具有不同的政治立场、政治目标、政治观点,其思想政治教育的内容具有阶级性。封建社会是一个地主土地私有制社会,经济基础代表封建地主的利益,上层建筑代表封建地主的思想政治制度。封建社会是一个经济上剥削、政治上压迫民众的社会,其君主专制主义和中央高度集权制的政治制度,具有浓厚的官僚政治色彩。尽管古代并没有明确的思想政治教育概念,但是统治阶级用代表他们阶级利益的政治制度、思想观点、道德品质来教化和影响人民大众,以维护他们的政治统治,便形成了古代帝国专制人民大众的封建教育思想。政治统治并不是孤立的行为,政治教育需要借助思想道德手段,通过道德规范的途径来维护统治阶级的政治统治。道德属于特殊的社会意识形态,道德可以教化人的内心和行为,渗透到人民大众的家庭生活、职业生活、公共生活等日常生活领域。在道德的严格规范和长期约束下,封建道德在生活中潜移默化地转化成人的内心自觉,并转化成世代传承的社会习俗和文化传统,从根本上实现了稳定的政治统治。

从古代传统文化到现代文化的发展,完成了古代封建专制意识形态向当代社会主义意识形态的演变,实现了奴隶社会的思想政治教育、封建社会思想政治教育向现代社会主义社会思想政治教育的跨越,促成了古代社会风俗向当代社会风俗的形成。当代社会,思想政治教育始终坚持以马克思主义为指导思想,不断推进马克思主义的中国化和时代化发展,树立了具有强大思想引领力、感召力和凝聚力的社会主义意识形态,并形成了马克思主义科学的世界观、社会主义人民民主专政的政治制度、社会主义道德观念和社会主义核心价值观。随着科学技术的进步和社会的快速发展,当代人民大众批判继承和发展了古代社会风俗。社会风俗作为传统文化的重要组成部分,包含精华和糟粕两部分。根据马克思主义的辩证唯物主义和历史唯物主义思想,应继承传统社会风俗的精华,抛弃古代社会风俗的糟粕。经历漫长的人类历史的发展,社会风俗在形式和内容上出现了与现代社会不相适宜的地方。凡是顺应社会主义事业发展趋势的、符合人民利益和需求的社会风俗,应当作为中华优良传统文化部分被继承;凡是倒行社会主义事业发展趋势、背离人民利益和需求的社会风俗,应当鄙弃和抛弃。美好的社会风俗作为传统美德的体现,是社会主义文化建设、道德建设和政治建设的文化源头之一,是社会主义精神文明建设的重要资源。美好的社会风俗应当贯穿以人民为主体的线索,反映以人民为中心、关爱人民、服务人民的政治理念,应赋予社会主义道德、文化体系和政治观点以独特的民族特色。美好的社会风俗不仅丰富了人民大众的精神生活、提升了人民大众的精神力量,还提高了民众生活的仪式感、幸福感和美感。日常化的、生活化的社会风俗与党的思想政治教育水乳交融,把思想政治教育的点点滴滴融入大众的日常生活中,有利于发挥思想道德的教化功能。

(三)全体性

思想政治教育的全体性是指思想政治教育的受众对象是全体社会成员。思想政治教育是一项育人工作,是统治阶级统治被统治阶级即广大人民的一种思想教育活动。思想政治教育不是针对某一团体、组织、阶层或个别社会成员而实施的教育活动,而是覆盖社会所有成员的、无差别的、普遍性教育活动。思想政治教育的主体是人,客体是人,不论是思想政治教育的主体还是客体,不论是党员干部还是人民大众,14亿多同胞都是思想政治教育的对象。思想政治教育涉及社会全体成员,人人参与,人人受教,尤其是党政人员和青少年学生是思想政治教育的重点对象。

社会风俗的全体性是指社会风俗是面向人民大众的风尚礼仪。社会风俗的形成,主要是来自人民群众长期共同生活实践活动的结果。人们共同从事物质生产实践和精神实践,面对共同的社会问题包括经济、政治、文化、生态等,形成了共同的饮食习惯、生活方式和精神信仰。社会风俗由人创造,反过来又教育和影响人的发展。社会风俗的产生不是单个人创造的结果,而是全体社会成员共同实践的产物。从社会风俗的独特性来说,社会风俗是区域性群众的集体创作,与其他区域存在个性差别;从中华民族的整体性来说,社会风俗是整个民族所创作,中华民族的社会风俗具有共性。不管是否受地域因素的影响,社会风俗都是面向社会、面向大众的习性。尽管社会风俗蔓延至今,或多或少都发生了变化和一定层面的断裂,但是国家以法定节假日、媒体传播、社会宣传等方式传承社会风俗,奠定了传统文化的引领作用,我国重要的社会风俗得以大众化、普及化和广泛化。社会风俗以国家政策为支撑,以党政机关、事业单位、社会组织、企业团体、家庭为活动载体,以民俗节日仪式、民族饮食、民族服装、风俗活动为活动内容,形成了家家户户共同参与的文化气氛,促进了社会风俗的大面积展开,实现了社会风俗的大众化与全体性。

(四)教育性

思想政治教育,顾名思义,是关于思想政治方面的教育。思想政治教育以国家政权为核心,是统治阶级通对大众实施思想意识层面的教育活动,以思想教育、道德教育、政治教育为内容,以爱国主义教育、理想信念教育、集体主义教育、社会主义教育、道德教育、法制教育等目标,以实现政府在思想上的凝聚力和号召力。教育性是思想政治教育的基本属性。

大学生思想政治教育的途径包括课堂理论和课外实践两个方面。其中,课堂教育是大学生接受系统化、理论化、专业化思想政治教育的主要方式。既有专业课学生的学习课程包括"马克思主义哲学原理""思想政治教育学原理""资本论""西方哲学史""政治学""社会学"等,也有非专业课学生学习的公共理论课程,包括"思想道德与法治""中国近现代史纲要""马克思主义基本原理""毛泽东思想和中国特色社会主义理论体系概论""形势与政策""习近平新时代中国特色社会主义思想概论"。除了课堂学习外,还有专题讲座、学术会议、手机 App、微视频等多种思想政治教育的途径。思想政治教育既有系统的学科体系,又有基础教育理论,是一门对人们进行思想上、作风上、政治上改造的教育性质的课程。

社会风俗具有教育性。从社会风俗的内容来看,民族节日、民族礼仪、民族信仰、民族心理等精神性社会风俗展示了社会风俗的文化教育作用;从社会风俗的性质来看,社会风俗是传统文化的重要组成部分,必然会发挥传统文化的教育作用;从社会风俗的功能来看,社会风俗具有教化功能。关于社会风俗的教化功能在前面第二部分已作阐述。

(五)实践中介性

思想政治教育包含三要素:主体、客体和中介。中介是思想政治教育主体和思想政治教育客体联系的桥梁。思想政治教育是统治阶级对被统治阶级实施的思想教育,这种教育要通过中介即社会实践活动才能完成。通过中介,把思想政治教育的主体与客体联系起来,产生社会互动关系。思想政治教育的中介类型很多,包括语言文字中介、传媒中介、文化中介、活动中介等。活动是人存在的根本方式。思想政治教育工作者正是通过有组织、有计划的实践活动来实现思想政治教育的目的。

实践的观点是马克思主义理论首要的观点。马克思指出,以往哲学家只在于认识世界,而重点是改变世界。马克思在费尔巴哈提纲中,强调了社会生活的实践本质。中国共产党以马克思主义为指导思想,在革命实践过程中不断总结经验教训,强调把马克思主义原理与中国具体实际相结合的重要性,诞生了"实事求是""没有调查,就没有发言权""从群众中来,到群众中去"等开展思想政治教育工作的重要结论。中国共产党是一个重视实践并在实践中逐步实现马克思主义中国化、与时俱进的党。党的思想政治教育工作是面向人民群众的一种教育实践活动,通过观察、访谈、问卷调查、文献调查等社会调查研究方法深入群众,进行社会实践调查活动,使教育者与受教育者相互交流、相互影响,实现教育与自我教育的统一。

思想政治教育既是对人们思想上进行改造,同时要求达到行动上的一致。教育主体通过实践活动来规范人们的言行举止,达到将思想理论内化于心、外化于行。中介既可以是理论学习实践,也可以是课外社会实践。大学生课堂理论学习本身就是一种教学实践活动。大学生课外社会实践活动包括实地访问、问卷调查、文艺活动、知识竞赛、期刊出版、参观学习、微视频表演、网络互动等多种形式。参观爱国主义教育基地,是一种较好的培养大学生爱国主义精神的社会实践活动,包括参观革命战争纪念馆、博物馆、烈士陵园、会议会址、展览馆等红色文化教育基地,对大学生进行党史、近现代史、改革开放史等历史文化教育,引导受教育者自我反思、自我认识、自我评价、自我激励,实现教育者与受教育者的联结和互动,从而向大学生传达思想政治教育信息。同时,参与街道社区、社会团体、党政机关等社会机构开展的文化教育实践、公益活动、志愿者活动等,对营造社会主义文化主旋律,坚定正确的政治方向,提高大众理想信念教育,强化集体主义意识,创造良好的思想政治教育氛围具有积极作用。

社会风俗具有实践性。社会风俗通过社会主体的实践活动产生和实施。没有人类的实践活动,就没有社会风俗的产生;没有人类实践的发展,就没有社会风俗的发展。"文化活动是社会主义精神文明建设的重要组成部分。进行文化活动的过程,也是一个教育的过程。"[1]作为人类文化活动的精神反映,社会风俗同思想政治教育和其他文化教育活动一样,具有教育性,且要以实践活动作为中介才能达成。现实生活是人的感性的活动。社会风俗尤其与现实生活紧密联系,与现实生活的两大基本构成即生产实践活动和精神实践活动相联系。实践性是社会风俗的重要属性。

---

① 《思想政治教育学原理》编写组:《思想政治教育学原理》(第二版),高等教育出版社,2018年,第236页。

二、社会风俗与思想政治教育相互区别

社会风俗与思想政治教育都属于思想观念范畴，但两者在形成方式、表现方法、社会功能和地位等方面又存在截然不同的特点和性质。

（一）理性与非理性

思想政治教育具有理性思维特征，表现为思想政治教育需要思想政治教育工作者通过抽象思维实现关于事物内部的、全面的、本质的认识，是教育主体在总结感性材料的基础上，由初级感性层面上升到高级理性层面的认识活动。思想政治教育的内涵需要通过理性思维才能把握，而隐藏在事物深处的内涵是"眼睛看不见，只能用心思去想一想才能懂得，不用心思去想，就不会懂的"。① 可见，思想政治教育理论是借助理性思维才能把握的对象，是一种理性认识。

社会风俗具有非理性思维特征。社会风俗是普通大众在生活实践中创造的一种文化现象，这种现象是人民使用非理性思维获取的关于事物外在的、片面的、非本质的表象认识，是在生活实践中对感性材料的初级把握，还停留于感性认识阶段。社会风俗最早产生于人们对特定环境的心理反射，它不需要经过人头脑的理性思考，主要取决于人的情绪、动机、目的、欲望、想象等非理性因素，属于人的非理性因素把握的层面。既然社会风俗是非理性认识的随机结果，这就使社会风俗具有缺乏缜密的思考和逻辑推理的特性，不存在对错、善恶、是非评价，仅仅是人的心理趋势、态度、习惯、行为的复制。封建社会下的缠足、人殉、打斗等古代风俗本身就不是理性思考的

---

① 《毛泽东选集》（第一卷），人民出版社，1991年，第177页。

结果,"三纲五常""男尊女卑"的封建伦理道德与平等、自由、民主的新思想
是相背离的一种非理性认识。

(二)理论性与直观性

思想政治教育具有理论性。思想政治教育的内容是经过抽象思维形成
的概念、判断、推理,在认识上达到"抽象的思维"的高级阶段。思想政治教
育是通过分析与综合、归纳与演绎、抽象与具体、逻辑与历史相统一等辩证
思维方法来展开,经过去粗取精、去伪存真、由此及彼、由表及里一系列校对
过程后的理论升华,其观点阐述严谨、内容表达准确、文字表述清晰、结构富
含逻辑、思考富有深度、论证有理有据等特征,都表现出了思想政治教育高
度的理论性。从思想政治教育的指导理论来看,包括马克思列宁主义思想、
毛泽东思想和中国特色社会主义理论体系;从思想政治教育的知识来源来
看,包括哲学思想、道德思想、政治思想、法律思想等;从思想政治教育的实
施体系来看,思想政治教育是对人民大众实施一套有计划、有目的、有组织
的体系化教育活动;从思想政治教育的理论成果来看,思想政治教育理论成
果是中国共产党集体领导的重大成果和智慧结晶。比如在新民主主义和社
会主义建设时期,毛泽东同志的《实践论》《矛盾论》《关于正确处理人民内
部矛盾的问题》《反对本本主义》《论持久战》《论人民民主专政》等著作形成
了毛泽东思想政治理论成果。总之,从思想政治教育的指导理论、知识来
源、实施过程、理论成果等方面来看,思想政治教育是一项具有系统知识体
系和强大理论性的学科门类,涉及哲学、政治学、法学、历史学、教育学、社会
学等综合知识体系,具有学术性、理论性、逻辑性、专业性等特征。

社会风俗具有直观性。社会风俗取材于社会生活,尤其是人们生活的
地理环境、饮食、居住、服装、礼仪等,是人们对世界的初步认识或感性认识
的结果。社会风俗的直观性体现在:社会风俗是人们作用于具体的、感性的

客观物质所形成的生活方式和作息习惯,是通过人的感官获取客观事物的第一手材料,认知范围局限在对象的自然属性上,是一种直观的、朴素的认知。不论是代表端午节的粽子、中秋节的月饼、清明节的清明粑、春节的年夜饭等风俗饮食,还是少数民族的各种特色服饰、少数民族房屋建筑、少数民族节气等,都是看得见、摸得着、可以直接感知的直观事物。社会风俗强调人的感觉、经验的作用,对事物的认识还处于"生动的直观"阶段,大多属于感性认识,是一种生动朴素而直观的认识。

(三)严肃性与娱乐性

思想政治教育具有严肃性。在思想政治教育的性质方面,思想政治教育以马克思主义理论为指导思想,具有社会主义意识形态性;在思想政治教育的功能方面,思想政治教育发挥政治教育、思想教育和道德教育的功能,体现一国的或社会的意识形态教育方向;在思想政治教育的任务方面,思想政治教育是中国共产党创造的独特概念,担负着党的思想建设和人民大众思想教育的重任,思想政治教育承担的主要任务是开展爱国主义教育、道德法治教育、理想信念教育和全面发展教育;在思想政治教育的文字表达方面,是严肃的、严谨的、威严的、稳重的、正面的表达,不会有调侃、搞笑、嘲讽、戏弄等语言文字。总之,思想政治教育在性质、任务、功能和文字腔调表达上,具有政治性、阶级性、原则性、严肃性,对人的喜怒哀乐等情绪、情感、意志等心理活动没有调控作用,不具备娱乐功能。

社会风俗具有娱乐性。社会风俗表达了人民群众对美好生活的追求和向往。不论社会风俗是否科学与严谨,大众通过民族节日、民族饮食等社会风俗满足人的情感、愿望等心理需求,提升人们生活的幸福感和快乐感,改善人民精神生活的质量。比如,傣族的泼水节、彝族的火把节、苗族的龙舟节等少数民族节日中包含了丰富的体育比赛和文体节目,全国人民的春节有舞龙、舞狮、春晚等大型表演,六一儿童节有儿童表演和户外游玩等,都是娱乐性社会风俗。人们在各种社会风俗活动中寻找快乐,放松身心,舒缓压力,提高精神文化水平。

(四)一元性与多元性

思想政治教育具有意识形态性。在阶级社会,不同的阶级有不同的思想政治教育内容,统治阶级通过思想政治教育来维护和实现自己的思想统治。由于"统治阶级的思想在每一时代都是占统治地位的思想"[①],统治阶级所追求的社会道路是明确而唯一的,这决定了占统治地位的思想即思想政治教育在意识形态领域的主导地位和一元性。我国是在中国共产党领导下建立的社会主义国家,党的领导地位决定了思想政治教育在意识形态领域的唯一主导性,即思想政治教育本质上是社会主义意识形态的教育。思想政治教育在不同的国家、不同的阶级都处于主导地位。在我国,不论是汉族还是少数民族、东部还是西部、北方还是南方,思想政治教育不受地域、民族、阶层、历史传统的限制,凡是中华民族的儿女都要共同接受党的思想政治教育。思想政治教育的一元性决定了思想政治教育在意识形态上的首要地位。

尽管社会风俗和思想政治教育同属意识形态,但社会风俗并非是一元的,而是具有多元性。社会风俗从一开始就和人民群众的生活紧密联系,而不同的社会群体、社会环境产生了不同的风俗习惯。社会风俗因为地理环境、人口、生产、历史传统、时代、民族、阶层的不同而展现出差异化或多元化。多元化的社会风俗使我国不同民族、不同地域的人民生活呈现出丰富多彩的画面。在地位上,社会风俗应服从于或服务于思想政治教育的主导

---

① 《马克思恩格斯文集》(第一卷),人民出版社,2009年,第550页。

地位。

(五)科学性与蒙昧性

思想政治教育具有科学性。思想政治教育属于理性认识范畴。理性认识是对事物本质、规律性的认识,是经过实践检验、标志主观与客观相符合的范畴。因此,思想政治教育的科学性即是指思想政治教育具有客观真理性。思想政治教育以马克思主义为指导思想,用马克思主义的立场、观点和方法来分析和处理问题。马克思主义是对自然、社会和人类思维发展的本质和规律的正确反映。马克思主义揭示了人类社会发展的普遍规律。马克思主义具有科学世界观和方法论的基础,即辩证唯物主义和历史唯物主义,是人们认识世界和改造世界的思想武器。因此,思想政治教育是对客观事物本质和规律的正确揭示,具有科学性。

社会风俗具有蒙昧性。由于受科学文化的限制,社会风俗中对自然界和社会的认识并没有达到或完全达到本质的、规律性的认识。社会风俗属于感性认识范畴。感性认识是认识的初级阶段,不能达到对事物本质的、内在的、全面的认识,是一种非科学的认识。只有上升到理性认识阶段才属于科学认知范围。社会风俗的蒙昧性表现在社会风俗中包含了很多非科学的、愚昧无知的,甚至是封建迷信的色彩。端午节悬艾叶能斩千邪、保平安,悬挂钟馗像于门上能祛鬼怪、消灾解难的风俗,都是缺乏科学根据的。尽管民族节日、民族宗教等风俗表现了人们对美好生活的向往,但古代帝王陪葬、活人祭天、民间算命占卜,民众期待通过幻想、祈祷、拜佛、上香、祭神、平安灯等风俗来实现主体内心愿望,这都展现了社会风俗的蒙昧与落后。

第四节 社会风俗融入思想政治教育的可行性

基于社会风俗与思想政治教育两者的相互联系和共同的教育功能,使得社会风俗融入思想政治教育具有可行性,两者可以实现良好的合作。

一、教育目的相似

社会风俗的教化功能,表现为社会风俗对人们的生活习惯、行为规范和精神活动的调节和引导作用。只要人类历史生活在继续,社会风俗就会持续,社会风俗的教化功能就不会停止。社会风俗反映了民族节庆、民族礼仪、民族艺术、民族心理等民族文化,对人们的思想观念、行为规范、道德追求、人生信仰、价值取向等会产生思想导向和精神调节。现代社会,国家确立了更多有思想内涵、历史底蕴和教育价值的纪念日,这些积极的民族风俗对大学生思想政治教育具有重要导向功能,尤其是在培养人民爱国主义情感和民族团结、社会和谐的民族意识上具有重要影响。思想政治教育要引导大学生形成正确的世界观、价值观和人生观,实施爱国主义教育、理想信念教育、道德规范教育和全面发展教育为主的教育体系,以实现培养中国特色社会主义的接班人和建设者的目的。可见,积极的社会风俗与思想政治教育在教育目的上具有一致性。发扬积极的社会风俗,排除腐朽落后的社会风俗,将积极的社会风俗融入大学生思想政治教育工作中,有利于大学生思想政治教育工作的推进。

二、教育内容互补

在意识形态上,思想政治教育以马克思主义思想为指导,是马克思主义与中国实际相结合的思想教育活动,具有科学性和真理性;在表现形式上,思想政治教育的文字内容和逻辑思维具有理论性和抽象性;在教育地位上,思想政治教育是在中国共产党的领导下进行的社会主义教育,体现了党的路线、方针、政策,具有主导性和指导性。作为传统文化的一部分,在内容上,社会风俗含有封建迷信、愚昧认知、落后风俗、腐朽思想等非科学的思想观念和道德理念,思想政治教育的科学理论可以帮助社会风俗去掉落后的、非道德的、非科学的风俗;在表现形式上,社会风俗通俗易懂、悲喜交加、生动活泼,融入思想政治教育可以增加思想政治教育理论性与生活化的结合;在教育地位上,社会风俗是基于人民生活形成的不成文的习惯、风俗,属于非主流意识形态,而思想政治教育是我国的主流意识形态,社会风俗只有在思想政治教育的指导下,才能实现自身的"否定之否定",才能走上符合我国社会主义社会发展的道路,才能融入当前社会主义文化语境,展现新时代的生命力。

三、活动中介相通

作为一种文化活动,社会风俗是人民主体通过活动载体传递文化信息、开展文化教育的过程。人民是文化活动的倡导者、实施者、组织者,既是教育者又是受教育者。民族饮食文化、民族服饰、民族艺术等是物质性社会风俗活动,民族礼仪文化、民族节日、民族宗教等精神性社会风俗活动,不论何种形态的社会风俗,都需要借助实践活动得以展开。没有实践活动,社会风俗所包含的生活习惯、价值理念、道德要求就不能付诸实践,生活就会失去文化灵魂和生命力,社会风俗就成为空中楼阁。社会风俗的活动中介包括生产实践、精神文明实践、政治实践等社会实践活动。饮食需求是人类存在和发展的最基本的生理需要。俗话说,民以食为天。生产实践活动创造了天南地北的美食,解决了人类生命的繁衍和各种感官需要,创造了各个民族有特色的饮食文化和生活方式。可见,如果满足人的生理需求"食"这种最基本的社会风俗都离不开活动中介的话,其他社会风俗也不能离开活动中介。

思想政治教育不是单纯的理论式教育,而是理论与实际相结合、理论要转化为实践的教育活动。离开实践活动,思想政治教育者就无法实现思想政治教育目的,思想政治教育则变成一纸空文。思想政治教育活动是思想政治教育者把思想政治教育理论付诸实践活动和思想政治教育的受教育者,进而施行包括道德观念、价值取向、政治理论等方面的教育过程。社会风俗与思想政治教育两者都不能离开实践活动,通过共同的实践性活动可以帮助社会风俗融入大学生思想政治教育中。

第五节 社会风俗融入大学生思想政治教育的路径

思想政治教育工作的开展需要借助语言文字载体、活动载体、管理载体、媒介载体和文化载体等。其中,"文化载体是思想政治教育的重要载体"①。思想政治教育主体通过文化载体将思想政治教育内容介入传统文化

---

① 《思想政治教育学原理》编写组:《思想政治教育学原理》(第二版),高等教育出版社,2018年,第241页。

中,从而提高大学生思想道德修养和政治理论素质。文化载体无处不在、无时不有,全方位影响大学生的生活和学习。作为文化载体,"中华传统文化更是文化载体中不可忽视的因素"①,社会风俗融入思政课是思想政治教育工作的客观需求。社会风俗以艺术、知识、建筑、饮食、信仰等多元化方式渗透到现实生活的各个领域,具有强烈的渗透性和感染力,对大学生思想政治教育活动发挥着价值导向作用。社会风俗以文化载体的方式介入思想政治教育过程,与思想政治教育产生内在关联性,并形成一个有机体系。社会风俗融入大学生思想政治教育的路径包括理论路径和实践路径。

一、理论路径

社会风俗融入大学生思想政治教育的理论路径,是指社会风俗能够从思想理论的角度融入大学生思想政治教育的课堂理论学习。

第一,从思想政治理论课内容来看,社会风俗能够融入大学生思想政治理论课教材。思政公共理论课包括"中国近现代史纲要""思想道德与法治""毛泽东思想与中国特色社会主义理论体系概论""马克思主义基本原理""形势与政策""习近平新时代中国特色社会主义思想概论"等必修科目,是全校大学生学习思政教育理论的主要课程,是大学生接受思政教育的专业渠道,对大学生塑造正确的"三观"具有重要意义。作为文化载体,社会风俗的先进的精神内涵是切入思政课教材的端口。大学新生入学的第一门思政课"思想道德与法治",教材第二章"追求远大理想 坚定崇高信念",第三章"继承优良传统 弘扬中国精神",第五章"遵守道德规范 锤炼道德品格",所

---

① 《思想政治教育学原理》编写组:《思想政治教育学原理》(第二版),高等教育出版社,2018年,第240页。

涉及的中华传统文化、爱国主义、道德、传统美德等知识点皆可以成为社会风俗切入思政课教材的理论入口。加强对社会风俗中优秀传统文化的开发利用,有利于巩固大学生集体主义意识、爱国主义精神、道德修养教育,有利于传承民族精神,有利于发挥先进社会风俗辅助阵地的作用和精神力量。

第二,从思想政治教育的教育主体来看,社会风俗能够融入大学生思政理论课教学设计。"中国近现代史纲要"课程的教学知识点第三章"辛亥革命与君主专制制度的终结"第二节"辛亥革命与中华民国的建立"中,在讲述"辛亥革命的历史意义"之"推动中国人民思想解放"第三点意义时,可以引入"拜礼、女子放足、男子剪辫"等抵制传统社会陋俗案例,以扫除旧时代的风俗之害,促进社会风俗发生了新的、正面的变化;中国民主革命的伟大先驱者孙中山所领导的辛亥革命虽然失败了,但是革命精神影响了像李大钊、陈独秀、毛泽东等一批先进知识分子,此处教学中可以引入现代人为纪念孙中山先生传承了中山装服饰文化、植树节、参观中山陵等社会习俗;第一节"中华人民共和国的成立与中国社会主义建设道路的探索"第二个子标题"捍卫巩固新政权的斗争"教学中,为完成民主革命的历史遗留任务,可以从封建社会的结婚习俗、女子"三从四德"的旧风气来讲述新中国成立后为什么要制定《中华人民共和国婚姻法》,废除封建婚姻制度的必要性。"毛泽东思想与中国特色社会主义理论体系概论"课程的教学知识点第二章"新民主主义革命理论"第二节"新民主主义革命的总路线和基本纲领"中关于"新民主主义革命的文化纲领"一目,在教学设计中可导入少数民族社会风俗的案例,指引学生认识新民主主义文化是民族的、大众的文化。

第三,从思想政治教育的教育客体来看,社会风俗能够融入大学生思政课课堂环节。一堂好的课,除了教师的精心的教授外,还需要调动学生参与课堂活动的积极性和主动性,激发学生主动提出问题和思考问题,形成师与生的交流、教与学的互动。在课堂互动过程中,拉近师生距离,建立良好的师生关系,可以加强学生对思政课的好感。如果一堂课缺乏师生互动环节,课堂的精彩度和生命力就会受到影响。引入社会风俗文化,让同学们讲述自己民族和家乡的文化习俗、民族特色、民间谚语、民间传说、民族歌曲等,这不仅是受教育者情感得到充分表达的时刻,同时是主体自信心、民族自豪感充分展现的过程。在互动过程中,社会风俗会激发同学们潜意识中的自我教育、自我反思、自我认识的功能,情感的力量推动同学们从对家乡的情感升华到对祖国的热爱,实现从小我到大我,从小家到大家,从局部到整体的概念提升,促进学生主体思想高度的拔高和胸襟气度的延伸。挖掘班级社会风俗文化,把民族风俗的德育素材融入思政课课堂,对提高受教育客体的存在感与主人翁地位,增强思政课课堂的趣味性、活跃性与实效性具有不可忽视的意义。

二、实践路径

思想政治教育活动是思想政治教育者与思想政治教育的受教育者之间互动的过程。社会风俗融入大学生思想政治教育的实践路径,是把社会风俗内容融入大学生课外实践活动,实现思想政治教育信息的传递。

第一,利用民族传统节日融入大学生思想政治教育。民族节日是中华民族几千年来延续下的社会风俗,蕴含了宝贵的思想政治教育资源。传统民族节日包括春节、元宵节、清明节、重阳节、腊八节、冬至节、七夕、除夕等16个节日。利用中秋节、端午节、清明节等传统民族节日开展主题宣传教育活动,以学生家乡的民族节日为活动主题,让同学们展示自己家乡的民族风俗。在主题实践活动过程中,大学生可以更多地了解全国各地丰富多彩的民间社会习俗和地方历史文化,了解少数民族间不同的传统风俗,不仅能使受教育者认识和鉴别优秀的民族传统文化,还能反思落后的社会风气。把民族节日风俗融入大学生思想政治教育中,有利于反对民族歧视和民族压迫,维护祖国统一;有利于增进各少数民族学生之间的团结统一,彰显民族精神;有利于发扬中华传统文化的精神魅力,提升中华民族的思想凝聚力。

第二,利用校园社会团体活动融入大学生思想政治教育。校园社团是大学生课外学习和实践活动开展的重要载体。社团活动是社团组织者通过精心策划和有序安排,组织和吸引社团成员积极参与的有目的、有方案、有主题的教育实践活动。社团活动既有思想内涵,又有新颖鲜活的形式,把主题思想和文体活动结合起来,寓教于乐,既满足了受教育者的兴趣爱好,又提升了受教育者的思想道德境界。大学生参加学校书画协会、文学社、话剧社、绘画社、音乐社、舞蹈社等社团组织活动,以诗词歌赋、琴棋书画、情景表演等活动方式把民族艺术与知识、道德链接起来。民族书画、民间谚语、民族歌舞、民间传说等民族艺术来源于生活,展示了我国不同地区、不同时代、不同社会阶层、不同民族的风俗文化和精神文明现象,不仅向学生传播了多民族的民间智慧和社会伦理道德,还可以滋养人的心灵和陶冶人的道德情操。对民族艺术文化活动的积极参与,既实现了大学生之间的思想交流和情感互动,充实了大学生的精神生活,促进了大学生身心愉悦和道德境界的升华,还对受教育者树立民族自信心、自尊心、自豪感,提升当代大学生社会主义文化自信具有现实意义。

第三,利用校外文化教育基地融入大学生思想政治教育。文化教育基地是传播和弘扬我国传统文化的重要阵地,是开展思想政治教育活动宝贵的物质文化遗产。文化教育基地是现实而感性的物质中介,是受教育者看得见、摸得着、能用心感受的对象。利用校外文化教育基地,组织大学生参观古代祠堂、书院、文化遗址等文化圣地,实施现场教学,让大学生身临其境和实地考察,有利于增强受教育者的文化体验感,主动接受思想熏陶和情感教育。比如,"海龙屯"遗址作为世界文化遗产之一,展现了宋明时期的土司文化和古代军事建筑构结构,具有典型的地方民族风俗特征。此外,贵州安顺天龙屯堡、文庙、福建土楼、西藏的布达拉宫等都是展现民族文化制度、民族建筑艺术、民族信仰等的文化圣地。思想政治教育者现场教学和思想政治受教育者现场感知的过程,能促进大学生对我国少数民族的服饰、语言、民居建筑、娱乐活动等民族风俗和军事传统文化的现实了解,对提高大学生的民族意识、民族认同、民族凝聚力,增强集体主义和爱国主义情感,弘扬中国精神具有重要意义。

第六节　社会风俗对大学生思想政治教育的影响

社会风俗对大学生思想政治教育既有积极影响,又存在消极影响。社会风俗所凝聚的优秀的传统文化是社会主义先进文化的理论之源,是中华民族自强不息的精神财富。全面认识社会风俗的功能,去其糟粕、取其精华、古为今用、推陈出新,对大学生思想政治教育有积极作用。

一、先进的社会风俗对大学生思想政治教育的积极影响

(一)从思想政治教育的对象来看,社会风俗融入大学生思想政治教育有利于提高思想政治教育的生动性

大学生作为受教育群体,是思想政治教育的主要对象。从大学生的文化背景来看,大学生的启蒙教育来自家庭教育。家庭教育的主体是父母,父母的教育对子女的成长、成才具有巨大影响。由于中国古代长期落后的封建制度压迫以及近代中国受帝国主义的长期侵略的影响,中国的经济基础十分薄弱,文化教育极其落后,新中国成立后中国绝大部分人民都是文盲。

在这种情况下，老一辈父母几乎没有受过正规教育，其知识文化和道德体系的建立主要来自家长式或家族式教育，主要是继承家族的家风、家规、家教。家庭教育源自我国的传统文化，社会风俗作为传统文化的重要构成，对家庭教育的开展发挥了重要作用。家庭教育是社会风俗的重要反映。由于大学生先天的教育环境受以社会风俗为鲜明特征的家庭教育的影响，大学生的精神世界已经打上社会风俗的文化印记，对大学生开展思想政治教育就不能忽视社会风俗原始教育的影响。

　　思想政治教育与社会风俗相结合，体现了马克思主义基本原理与中国具体实际相结合的原则。思想政治教育虽然具有高度理论性，但理论来自实践，是具体社会环境的产物。如果思想政治教育脱离历史背景和社会环境，游离在生活之外，就会变成脱离具体实际、脱离主体的高高在上的、空洞的教育。空洞的理论教育往往是无力的、无感的和无效的。思想政治教育以思想观点的形式向大学生传递世界观、价值观和人生观，而关于对世界、价值、人生的认识和思考，如果仅仅以结论式教授，理论本身则变得更加抽象乏味，难以琢磨。对于一些大学生来说，思想政治教育理论课是"说教""灌输""哲理"式教育，学生往往是被动学习，最后靠背诵、记忆来应对考试，这种"不走心"的学习很难达到思想政治教育的目的。为了吸引思想政治教育的受众群体，把思想政治教育与大学生的地方社会风俗结合起来，对提升思想政治教育的生动性、趣味性、现实性具有现实意义。

　　思想政治教育与大学生的地方社会风俗相结合，意味着思想政治教育理论与大学生生活实际的结合、意味着思想政治教育的思想内容与大学生"先天""原始"思想内容的交流，意味着思想政治教育的教育者与受教育者的积极沟通。把思想政治教育融入人民大众生活，加入大家喜闻乐见的民族习俗、民族饮食、民族艺术等民间案例，能够让思想政治教育更接地气、更形象生动、更有感染力。

（二）从传统文化的精神力量来看，社会风俗融入大学生思想政治教育有利于促进思想政治教育任务的实现

文化是一个民族的传统习俗、风土人情、价值观念、思维方式、生活方式、历史地理等的综合反映。传统文化反映了一个民族的整体精神风貌、心理特质和思想观念。在文化的发展过程中，一部分文化被社会固定下来而逐步演变成人们的生活习性和习惯，进而转变成社会所遵守的风尚。社会风俗从文化中分离出来，潜入人们的日常生活，成为影响人们思想和行为的普遍规则。社会风俗作为传统文化的重要组成部分，有着和传统文化共同的、一致的部分，即作为意识对人民的思想有教育作用。当然，社会风俗和传统文化一样既有精华，又有糟粕。先进的社会风俗继承了中华传统文化的精髓，中华传统文化所蕴含的人文精神、道德规范、价值理念、思想观念等传统美德成为思想政治教育的精神之源，为当代大学生的思想政治教育任务的完成提供了宝贵的精神财富。

思想政治教育的任务是对大学生进行爱国主义教育、理想信念教育、道德规范教育、全面发展教育。而社会风俗所赋有的传统美德包括孝敬父母、父慈子孝、尊老爱幼、兄友弟恭的传统伦理观念；团结统一、自强不息、勤劳勇敢、不屈不挠的以爱国主义为核心的民族精神；讲仁爱、守诚信、见义勇为、扶弱济贫的道德规范；天下为公、求同存异的人文精神等与思想政治教育的任务不谋而合，对实现思想政治教育的任务和弘扬社会主义核心价值观具有思想价值。比如，以龙为例的社会风俗。在民族工艺中，龙凤是民间尊贵的图案，家居家纺、头饰服饰的手工刺绣，窗花贴纸、房屋建筑、桌椅茶壶的工艺美术等以龙凤纹样为价值追求；民族饮食中以龙来命名的有龙眼、龙井、龙虾、龙牙、龙须面等；民族节令有"二月二，龙抬头"的风俗；端午节赛龙舟；元宵节舞龙灯等，龙的祥瑞文化不仅代表人们向往家庭和睦、幸福美

满的伦理观点和价值取向,更暗含了中国人民作为龙的传人延绵不断、生生不息的爱国主义情怀和民族精神。

社会风俗中丰富的传统文化与思想政治教育任务的共性,实现了两者在文化上的契合,思想教育上的共鸣,为社会风俗融入大学生思想政治教育提供了可行性与现实性。把社会风俗融入大学生思想政治教育,实现两者共同发力,发挥双倍育人价值,对促进思想政治教育任务的顺利实施,增强传统文化自信,推动社会主义精神文明建设具有重要意义。

(三)从思想政治教育的教育环境来看,社会风俗融入大学生思想政治教育有利于提升思想政治教育的影响力

随着网络媒体的普遍发展,互联网信息时代的到来,文化呈现出多样化发展,思想政治教育的大环境已发生了极大变化。思想政治教育环境正面临从国内小环境到全球大环境的转换,面临东西方文化交融和文化多样化的挑战。俗话说,环境造就人。良好的社会环境和文化氛围可以提升思想政治教育的作用;相反,不良的社会环境和文化氛围则会阻碍思想政治教育的发挥。在东西方文化碰撞的信息时代,同时是影响大学生价值观念、生活方式、理想信念、道德追求的形成的关键时期。在鉴别和选择文化观念的过程中,中华民族传统文化将受到多元文化的挑战,思想政治教育也有可能会遭受质疑。因此,做好大学生思想政治教育工作,正确认识和厘清思想政治教育的外部环境显得尤为重要。

在智能媒体时代,手机成为社会生活不可或缺的学习和社交媒介。大学生通过手机自觉接收新思想、新理念、新知识的网络学习方式已经普及。传统的信息模式与学习方式已被互联网打破,思想政治教育也应随着时代的发展而与时俱进。把思想政治教育与大学生思想实际相结合,形成新时代的、符合大学生特质的理论教育,坚持物质世界变化、运动、发展的辩证思

维,符合实事求是、与时俱进、解放思想的哲学思想,这是思想政治教育本身的内在要求。

大学生原始的生活习惯、思维方式、道德修养、行为规范、思想文化来自家庭教育的培养。在从小到大的家庭生活环境中,大学生潜移默化地接受了地方社会风俗,或者说社会风俗已深深植根于大学生的生活习惯和思维方式,形成了大学生对家乡故土的民族情感和民族心理。社会风俗以不成文的习惯和思想观念引导和规范人们的行动,引导大学生的心理活动与社会环境的协调与平衡。社会风俗作为大学生"原生态"思想土壤,发挥社会风俗生活化的感染力和渗透力,提高社会风俗文化的教育功能,有利于增强我国社会主义文化主流阵地的环境氛围和能量磁场,有利于帮助大学生树立正确的世界观、价值观和人生观,有利于提升思想政治教育的影响力。

挖掘社会风俗文化的育人资源,发挥社会风俗文化的育人价值,促进社会风俗融入大学生思想政治教育,为大学生思想政治教育提供情感纽带和现实素材,有利于大学生思想政治教育接地气、接人气,使大学生思想政治教育生机勃勃、活力十足。

二、落后的社会风俗对大学生思想政治教育的消极影响

(一)落后的社会风俗文化对思想政治教育的指导思想存在负面价值

落后的社会风俗属于传统文化中倒退的、消极的甚至是错误的思想观念。腐朽思想日常化渗透,能消解大学生思想政治教育所倡导的主流意识形态,降低思想政治教育的功效,是大学生思想政治教育价值实现的障碍。

马克思列宁主义是中国共产党的指导思想,是中国共产党思想政治教育的指导理论。"坚持思想政治教育指导理论的主要标志是遵循马克思主

义的立场、观点和方法",即用马克思主义的立场、观点和方法去分析、解决思想政治教育面临的问题。具体来说,是以人民的立场、马克思主义的基本观点、马克思主义方法论作为思想政治教育的立场、观点和方法。马克思主义是揭示自然、社会和人类思维规律的科学真理,科学地分析了世界的本质、认识与实践、人与世界的关系等问题,是科学的世界观。

我国是几千年封建制度长期存在的国家,封建迷信思想外化为腐败的社会风俗一直根深蒂固地存在,这对大学生思想政治教育工作的开展、大学生思想政治教育的价值实现有较大影响。当代大学生的封建迷信思想主要来自地方民族风俗文化,尤其是在某些农村地区,还保留着生病不就医,而是竖筷子、泼水碗、烧纸钱等封建风俗来治疗疾病;生活中遇到困难不去面对和积极解决而是拜佛烧香,祈求神灵庇佑。比如,一些偏远地区的农村家庭至今还保留女子留长发,不能剪短发的家风。很多女学生长发到脚踝都不能剪短,私自剪发会受到来自父母的严厉谴责和惩罚。从根本上说,这些落后的社会风俗阻碍了社会文明的发展和文明素养的提高。落后的社会习气和精神面貌背离了马克思主义的立场、观点和方法,妨碍了社会主义精神文明新风尚建设,偏离了思想政治教育的科学理论。

为了加强大学生思想政治工作,保障大学生思想政治教育价值实现,大学生应坚持马克思列宁主义的科学指导,树立科学的世界观和人生观,应正确认识社会风俗文化,摒弃腐朽落后的社会风俗;应"弘扬新风正气,推进移风易俗,培育文明乡风、良好家风、淳朴民风"①。

---

① 《习近平谈治国理政》(第三卷),外文出版社,2020年,第313页。

（二）落后的社会风俗对思想政治教育受教育者的思想道德素质存在冲击影响

思想道德素质反映了大学生的世界观、道德观、价值观、人生观的立场和水平，是大学生政治立场、思想观念、道德情操、价值取向、行为习惯等方面能力和品质的集中体现，是当代大学生的重要素养。社会风俗反映了人们的生活习惯和日常行为，而生活习惯和日常行为又源于个人的思想观念，思想观念反过来影响人们的行为习惯，习惯又养成了人的性格特征，性格影响人的生活态度和人生目标。社会风俗文化观念作为环境的产物，对大学生正确的世界观、价值观、道德观和人生观的形成产生着潜移默化的影响。

落后的社会风俗是在落后的社会环境中，人们对自然界、人和社会形成的主观歪曲反映，是主观不符合客观的错误认识。落后的社会风俗反映了人们不合时宜的生活习惯和倒退的伦理思想，塑造了个体负面的性格特征和错误的人生观念。比如，"重男轻女""男尊女卑""性别分工""养儿防老""大男子主义"等封建观念和传统风俗对人们的生育观、家庭观、就业观等思想观念和教育权、经济权、人身权等法律权利产生了较大的冲击。尤其是在广大农村，男子优先享受教育权和财产继承权，男主外女主内的落后思想观念至今存在。来自偏远山区和农村的绝大部分学生都身体力行地体验了这些落后的社会风俗和道德观念，这对大学生正确的道德观、价值观和人生观的塑造有不良影响。

思想政治教育是以马克思主义科学的世界观和辩证唯物主义方法论为指导的先进思想文化，向受教育者回答了什么样的世界观是科学的，什么样的价值观是正确的，什么样的道德观是高级的，什么样的人生观是有意义的等重大问题。

大学生接受思想政治教育的过程是社会陋习和愚昧思想与思想政治教

育传递"知"的两种思想的碰撞过程,是社会风俗中的落后文化与思想政治教育的先进文化相较量的过程,是科学的世界观与非科学的世界观、高尚的道德观与低级的道德观、正确的价值观与错误的价值观、有意义的人生观与无意义的人生观之间的激烈抗争与文化对比。落后的社会风俗文化会干扰受教育者接受科学认知和正确的思想导向,对大学生思想道德素质的形成具有冲击影响。

(三)落后的社会风俗对健康的思想政治教育生态环境的营造存在消极意义

马克思指出,社会存在决定社会意识,社会意识反作用于社会存在。落后的社会意识对社会环境具有反作用,也就是说落后的社会风俗文化和思想观念会反过来影响健康社会环境的形成。健康的社会环境是一个充满正能量的社会环境。先进的社会风俗文化是一种积极的、向上的正能量;相反,落后的社会风俗文化是一种消极的、向下的负能量。落后的社会风俗文化对社会主义文化建设和社会主义正能量环境的形成具有破坏作用。比如,从西周时期演化而来的彩礼习俗直到当代一直根植于我国婚姻风俗礼仪之中。现代社会从自行车、收音机、缝纫机的"大三件"到耳环、金项链、钻戒的"小三件"再到现今的豪车、豪房、重金的豪门彩礼。彩礼作为婚姻关系缔结的礼仪,本身并不是落后的社会风俗文化,但随着经济社会的迅速发展和人民生活水平的提高,彩礼风俗也随之被畸形发展成为一种不健康的、不良的社会风气。

中国自古有"不孝有三,无后为大"的传统观念,婚姻是人生的头等大事,婚姻风俗便成为民间的重要风俗。彩礼作为一种婚嫁风俗,不仅没有被弱化、中断和停止,反而被人们越来越看重,甚至成为民间贫富的攀比对象。现代彩礼的发展使人们的婚姻家庭观念发生了极大变化。在婚嫁对象的选择上,把金钱放在第一位,感情放在第二位;在婚姻习俗活动中,重视婚姻习俗的形式,忽视婚姻的本质。婚姻的本质是爱,而很多家庭一味看重彩礼的多少、大小、等级、规模,甚至因为彩礼不符合风俗、家族个人利益、个人要求而中断恋爱关系。这种不健康的习气造成了家庭之间、个人之间的物质利益攀比的社会现象,产生了离婚率上升,单亲家庭增多,家庭不和睦等不和谐、不稳定的社会环境。当代大学生正处于恋爱观、婚姻观形成的关键时期,不良的民间彩礼习俗所形成的生活环境对大学生正确认识恋爱、婚姻、家庭的三者间的关系,对大学生良好的金钱观、价值观、家庭责任感等思想品德具有消极影响,对健康的思想政治教育环境的形成具有消极影响。

社会主义核心价值观在社会思想观念体系中占据主导位置,是社会主义文化自信的内核思想,是营造社会正能量文化气氛的精神法宝。社会主义核心价值观涉及国家、社会和个人三个层面,在个人层面涵盖了家庭美德、社会公德、个人品德等内容,是每一个大学生都应遵循的道德规范,是大学生处理好友谊、爱情、亲情等社会人际交往的价值取向。践行社会主义核心价值观,能够在"各种思想差异上最广泛地形成价值共识,有效引领整合纷繁复杂的社会思想意识,有效避免利益格局调整可能带来的思想对立和混乱,形成团结奋斗的强大精神力量"[1]。

因此,发挥社会主义核心价值观引领社会思潮的主导地位,对高校形成健康的思想政治教育生态环境具有精神引领作用,对避免大学生金钱至上、功利化爱情观,树立正确的恋爱观、婚姻观,遵守恋爱道德规范,形成家庭美德等具有重要意义。

---

[1] 《思想道德修养与法律基础》编写组:《思想道德修养与法律基础》,高等教育出版社,2018年,第78页。

(四)落后的社会风俗对大学生社会主义法制教育的提高存在阻碍作用

法制教育是思想政治教育的重要构成部分,是大学生培养良好行为规范、提高个人综合素质的有效途径。我国传统文化历来强调人的道德义务,却弱化了人的主体权利和法律意识。古代一夫多妻制、僭越等一些腐朽的社会习气,对大学生法治意识、法治素养的培养和社会主义法治建设具有不利影响。

以饮酒习俗为例。饮酒是我国很多少数民族和村寨都有的风俗礼仪,比如彝族、纳西族、白族有着马上敬酒、歌舞劝酒、"以笙推盏"等饮酒习俗,通过饮酒劝酒来表现主人对宾客献上的最尊贵的礼仪。尽管饮酒是待客的民间风俗,但是禁止喝酒驾驶、醉酒驾驶等酒驾行为在我国已有明确法律规定。这种"宾客不饮歌舞不止,依次敬酒劝酒"的风俗与我国社会主义法制道路是相违背的。受饮酒习俗的影响,一旦饮酒成为人们的生活方式和行为习惯,容易使人的法治意识淡薄,甚至逾越法律底线,产生违法现象。

因此,摒弃落后的社会风俗,加强大学生对马克思主义法学理论的学习,开展大学生社会主义法制教育,培养大学生法治思维、法制意识、法治能力,使法治成为大学生的一种生活习惯和精神信仰,对大学生思想政治教育之社会主义法制教育的实施具有重要意义。

第四章 网络文化对思想政治教育的影响

文化是一个民族、一个国家的魂,是社会变革的先导,是衡量社会进步的标志之一。文化涵盖了社会大众的价值观、信念、态度、取向等方面的看法和观点。中国特色社会主义文化是以坚持马克思主义为指导、立足当代中国具体实际、反映时代精神和时代潮流的文化。随着社会科技的不断进步,信息技术的迅猛发展,互联网时代的到来,网络文化成为网络空间发展下的一种新型文化形态和不断创新的新领域。网络文化,是指大众以互联网为媒介,对某一社会潮流、某一社会现象、某一个体或群体引申出来的精神理念或思想动态,其内核是价值取向。价值取向围绕核心价值观而展开,而核心价值观的建设即是人的思想建设。人的思想建设聚焦人的世界观、人生观和价值观。

根据马克思主义关于社会存在与社会意识关系的原理,社会存在决定社会意识,社会意识是社会存在的反映,并反作用于社会存在。社会意识是社会生活精神方面的内容,包括意识形态和非意识形态。意识形态包括政治法律思想、道德、宗教、艺术、哲学等。从政治法律思想在意识形态的首要位置不难看出,思想政治教育工作在意识形态中具有战略地位。

　　唯物辩证法是人类认识世界和改造世界的理论基石。马克思主义科学的世界观是建立科学的人生观和价值观的前提。网络文化是互联网时代的精神产物,在互联网背景下,网络文化对我国思想政治教育工作提出了新的课题和挑战。重视网络文化建设,对提升大学生的思想文化素质、道德水平和价值追求,对加强我国思想政治教育工作的主导地位和推进社会主义文化建设具有重要影响。

第一节　网络文化的多元化与思想政治教育的导向性

一、万民同网

　　不同肤色、不同地域、不同信仰、不同种族、不同国家、不同年龄、不同性别、不同学历、不同职业的人汇集于互联网,加之在互联网每个人都有发声的机会,造成"万民同网、异见纷呈"的局面。各种思想观点纷涌激荡、意见冲突的结果,必然举起"兼容并包"的旗帜,倡导网络宽容与思想和谐。然而思想政治教育提倡主导思想的一致性,思想政治教育与网络文化不可避免地会产生矛盾。

(一)从网络媒介看网络文化

　　网络是人类认识世界和改造世界过程中诞生的科技产物。网络主体和网络客体构成了网络的基本要素,离开了网络主体,就不会有网络科技的产生。网络文化涉及网络主体和网络客体的基本特性,以探索二者与网络文化之间的内在联系。

1. 网络主体

主体是人,网络主体就是从事网络活动的人。主体主要包括个人主体、集团主体和社会总体三种形态,网络主体包括网络个人主体、网络集团主体和网络社会总体三种形态。网络个人主体是指单个独立进行网络活动的个别人,是网络社会的细胞;网络集团主体是指基于共同目的和共同利益从事共同网络活动的群体;网络社会总体是指网络个人和网络集团在网络关系中结合而成的社会总体或主体活动系统。

网络主体是在互联网技术支撑下,从事网络虚拟世界活动的人。网络主体既可以是单个性网民,也可以是群体性网众。随着信息技术的高速发展,互联网技术全球化发展,网络进入千家万户,每个人都可以成为网络主体。网络主体有以下三个特性:

第一,网络主体具有多元性。一方面,多元性的主体认识决定了多元性的网络文化主体的存在。网络文化的主体是世界人,是来自不同肤色、不同地区、不同信仰、不同种族、不同国家、不同年龄、不同性别、不同学历、不同职业的人群。这意味着不同背景、不同层次、不同阶段、不同文化背景的主体思维和认识存在多样性和差异性。另一方面,多样性的主体需要决定了多元性的网络文化主体的存在。主体的活动都不是单一的某一种活动,而是由多种多样的、不同主体的需要和欲望等因素决定的。网络主体的需要是网络活动发生的动因、动力和内在根源,主体需要决定主体的网络活动,多样性的主体需要导致了主体多样性的网络活动。

第二,网络主体具有平等性。在网络虚拟社会中,任何个体都可以用不同的方式登录或访问互联网,而网络空间的虚拟主体不同于现实生活中的人,现实生活中的人存在身份差异性,而虚拟主体并不存在身份差异问题。因为现实社会中的人可以在网络世界虚拟和构建自己喜欢的身份,包括姓名、性别、出生时间、职业、喜好、民族、国籍等。网络主体通过对自己信息的改变和创建可以暂时忽视或遗忘自己在现实生活的真实身份或者社会差异，与其他网民建立一个平等对话的平台。因此，在虚拟网络文化的环境下，所有网络文化主体没有背景、层次、领域、阶级的差别或对立，皆是平等的人，皆处于一个自由而平等的网络社会。

第三，网络主体具有广泛性。互联网使世界成为地球村，地球村上的每一个人都是互联网潜在的用户。凡是有网络的地方，就有网络文化主体。"截至2018年6月30日，我国网民规模达8.02亿，互联网普及率达57.7%。我国手机网民规模达7.88亿，网民使用手机上网的比例达98.3%。"①随着物联网、移动互联网、车联网、5G等新兴技术的出现和运用，我国网络覆盖率将进一步加深。2019年，中国互联网行业的发展趋势进一步拓展，"3年内智能手机用户预计达到33.2亿"，"2011年至2018年全球移动用户数量持续增加，从35.8亿人增长至50亿人"，"到2025年独立移动用户将达到59亿，相当于全球人口的71%"②。可见，网络主体以全球用户为计量单位，世界网民数量在不断剧增，全球网络覆盖面将越来越广泛。

2. 网络客体

网络客体是指网络主体所指向的网络活动的对象，包括网络文化物质产品和网络文化精神观念。网络游戏、网络购物、网络直播、网络影视、网络音乐、网络平台等属于网络文化产品。网络文化价值观念、网络文化思维方式、网络文化思想道德水平等属于网络文化精神观念。网络文化客体具有复杂性、多重性的特点。

一方面，网络主体造成网络文化客体的复杂性。人类在社会实践中认

①《第42次〈中国互联网络发展状态统计报告〉（全文）》，中国网信网，http://www.cac.gov.cn/2018−08/20/c_1123296882.htm。

②《2019年中国移动通信行业发展状况及未来发展趋势分析（图）》，中国产业信息网，http://www.chyxx.com/industry/201904/734180.html?tdsourcetag=s_pcqq_aiomsg。

识和改变自己,同时也认识和改变世界。人类既创造了一个丰富多彩的物质世界,也创造了一个高度发达的网络精神文化的虚拟世界。网络信息在交互传播过程中,既存在大量真实客观、积极向上的高雅文化,也存在很多虚假负面、低级下流的庸俗文化,甚至还出现了一些垃圾信息的广泛传播,这造成了网络社会严重的信息污染。网络信息是复杂多元的,网络信息的真假、是非、对错等体现了网络文化客体的复杂性。

另一方面,网络媒介的特征造成网络文化的多重性。互联网媒介与报刊、电视、广播等传统媒介的一个重要区别在于,传统媒介的信息要确保内容的真实性与准确性,工作制度规范,传播内容严谨,信息发布会受到重重严格审查和筛选。而互联网媒介所传播的信息,其内容未必都真实,也无法确保它的真实性。虚假信息与错误思想观念纵横于网络之间,对网民会产生负面影响。加上网络空间信息传播具有快、散、大的特点。每时每刻每分网络信息传递吞吐量大,信息传播内容庞杂而松散,信息更新速度更是快。网络媒介的非真实性与网络信息的传播特征决定了网络文化客体的多重性。

网络主体的多元性决定了互联网上的每个人都可以同时发声,前后发声,不同发声,必然形成万民同网,而又发声不同的局面。从网络个人主体的角度来看,面对同一个问题,就会存在千百万个不同的声音,不同思想观点的激荡,不同意见冲突的对碰,必然造成“万民同网、异见纷呈”的局面。同时,网络客体的复杂性、多重性决定了网络主体的认识也呈现出多样性特征。

总之,网络主体的多样性与网络客体的复杂性、多重性决定了网络文化的多元化。随着信息技术的广泛应用与深入渗透,人们对互联网的依赖感不断加深,网络对人类社会的影响力越来越大,多元的网络文化会影响网民的价值观念和行为规范,使社会思想道德观念和价值取向趋于固定化,互联网技术或网络文化对意识形态领域将产生重要影响。

(二)从文化的地位看网络文化

从文化的作用和地位来讲,文化包含主流文化和非主流文化。主流文化是一个国家的主导文化或核心文化,非主流文化则是社会的非主导文化。主流文化指在一定社会中反映统治阶级利益的哲学、艺术、文学、美学、宗教等具有意识形态性质的上层建筑。意识形态决定主流文化的方向,马克思列宁主义作为党和国家的指导思想,在意识形态领域占据统治地位。新时代,我国的主流文化是发展中国特色社会主义文化,即"以马克思主义为指导,坚守中华文化立场,立足当代中国现实,结合当今时代条件,发展面向现代化、面向世界、面向未来的,民族的科学的大众的社会主义文化"①。主流文化展现了一国的文化趋势和主导价值观念。只有做好马克思主义的宣传教育工作,才能保障主流文化的主体地位,畅享社会主义文化主旋律,坚持正确的社会舆论方向,发挥思想政治教育的导向性作用。就思想政治教育的导向作用来讲,表现为价值导向、目标导向和行为导向。"马克思列宁主义、毛泽东思想、邓小平理论,这是价值导向的核心。"②目标导向是宣传党在某一个社会发展阶段的方针政策;行为导向的核心是先进楷模,比如荣获全国道德模范、优秀共产党员、感动中国年度人物、最美奋斗者者等荣誉称号。

随着互联网信息时代的超速发展,网络作为一种信息媒介与社会大众已经密不可分,网络生活成为社会生活的重要组成部分,网络空间升级为文化斗争的主阵地。不同的文化、不同的思潮、不同的价值观相互交融而又相

---

① 《习近平新时代中国特色社会主义思想学习纲要》,学习出版社、人民出版社,2019 年,第139 页。

② 《思想政治教育学原理》编写组:《思想政治教育学原理》,高等教育出版社,1999 年,第127 页。

互交锋,网络文化现象成为互联网发展的产物。网络文化作为一种非主流文化,在社会主义文化结构中虽不占据主要位置,但网络世界造就了人人上网,人人发声的现象。随着互联网迅速渗透到国家的每一寸土地,社会的每一个角落,人人上网必然成为一个大众普遍追求的现象、潮流和趋势,网络主体将呈现普遍性、广泛性和差异性的特征,网络文化也必然表现出多元化特征。面对多元化的网络世界和差异性个体,很难要求人人发声一致,价值理念统一、思想认识统一。即使网络世界出现不同的声音、不同的意见、不同的思想之间的交融与交锋等,其存在亦是合理,且受到上千网民的包容。因此,不同发声之间交锋的结果产生了不同网络文化之间兼容并包,多元网络文化和谐共存和长期发展。多元的网络文化导致多样的教育形态,形成网络文化的多元性与主流文化的主导性、网络文化教育功能的多样性与思想政治教育功能的主导性之间的矛盾。

思想意识源于社会实践,认识一旦产生则会影响人的行为活动。一个人意志的动摇往往是从思想动摇开始的,一个政权的坍塌也是从思想路线开始的。思想防线如果被击破了,其他防线也会受阻。在马克思主义指导中国革命的过程中,在总结了正反两方面经验的基础上,全面开展思想政治教育工作,整顿党的思想建设,提高全党高级干部马克思主义的政治理论素养,才使党达到了空前的团结。

进入现代社会,现实世界与网络虚拟世界的交融,思想问题更是尤为重要。习近平提出:"谁掌握了互联网,谁就把握住了时代主动权;谁轻视互联网,谁就会被时代所抛弃","过不了互联网这一关,就过不了长期执政这一关"。① 网络文化与主流文化之间的矛盾,对社会主义主流文化和思想政治

---

① 《习近平新时代中国特色社会主义思想学习纲要》,学习出版社、人民出版社,2019 年,第151 页。

教育的冲击是不能忽视的。网络文化的内核是价值取向问题,而价值取向取决于统治阶级的领导,服从于主流文化的导向,统一于我国思想政治教育的方向。只有把新媒体置于党的领导之下,把党管媒体的原则贯穿于各级各类新媒体领域,将所有从事网络信息服务和媒介传播平台纳入党的管理,才有利于主流文化引领网络文化,保障网络媒体传播积极向上的文化,有利于新媒体坚持正确的网络舆论导向,发挥正面的网络文化教育功能。

从不同地域的角度来讲,文化分为本土文化与外来文化。不同肤色、不同地域、不同种族、不同国家之间文化的交流存在着本土文化与外来文化相冲突的现象。本土文化是本民族的传统文化或特色文化,具有民族性、独特性与专属性。外来文化是指一个民族或国家的文化进入另一个民族或国家的文化。受到本土文化与外来文化的影响,网络文化也成为一种本土网络文化与外来网络文化交叉发展的多元性文化。当世界不同民族的网民,通过网络传递不同种族的特色文化、价值观念和思想文化等观念体系时,日韩文化、欧洲文化、非洲文化、阿拉伯文化及美国文化等外来文化发生交叉融合,网络文化也就发展成为一种无地域限制的多元文化。

从不同的所有制结构来看,文化分为社会主义文化和资本主义文化。我国以公有制为主体、多种所有制经济共同发展的基本经济制度和中国共产党领导的多党合作和政治协商制度的基本政治制度,这决定了中国特色社会主义文化是以马克思主义为指导,坚守中华文化立场,立足当代中国现实,结合当今时代条件,发展面向现代化、面向世界、面向未来的,民族的科学的大众的社会主义文化。社会主义文化突出"人民"的立场,强调民主政治,坚持以人为本,提倡集体主义观念。而资本主义国家是以私有制经济为基础的资本主义文化,其意识形态强调个人主义和利己主义,主张私有财产神圣不可侵犯,个人利益绝对至上是资本主义价值观的核心。网络媒介是网络主体获取西方资本主义国家历史、文化、经济、政治等信息的重要渠道。

西方资本主义国家鼓吹"人权""民主""自由"等价值观,利用网络文化的无国界性或超地域性来传递"文化霸权主义""人权""个人主义"等其他文化,甚至否定和批判社会主义文化,通过浏览或访问这些西方资本主义国家的网站,给我国青年学生的思想政治教育工作带来了负面影响。由于西方国家与中国存在社会制度的巨大差异,网民会接触到东西方不同的思想文化体系,中国网民和西方网民的信息交流过程会发生价值观、人生态度和追求等文化冲突现象。

多元化网络文化的对弈,实质就是多元思想的对弈,是多元价值取向的对弈。思想对弈的结果表现为:一方面,多元网络文化使大学生对自身的思想认识产生疑惑,对多种不同价值理念产生矛盾,大学生面临主体选择;另一方面,大学生接受多元思想的差异和多元思想的共存,不需要进行选择,采取包容的态度。随着经济全球化的发展,网络文化呈现多元化、交叉化、全球化发展,如何让我国本土文化在世界文化中站稳脚跟,如何让中华优秀传统文化在网络空间传承和弘扬,如何让大学生应对多元文化的挑战,是应对网络文化斗争、开展思想政治教育工作面临的重要挑战。

不忘本,才能开辟未来。中华优秀传统文化是中华民族传承的根,是中华民族发展的脉。一方面,传承中华优秀传统文化,与时俱进是保持生命力的关键。实现传统文化的与时俱进,需要将传统文化与中国实际结合起来,将传统文化与网络时代结合起来,用网络的内涵加以表述、传播和发展,赋予传统文化以网络气息和时代价值。另一方面,弘扬中华优秀传统文化,关键要坚持文化自信。随着网络文化的多元化发展,一国网民不可避免地会与世界网民发生不同文化的交流,将使用互联网的过程变成一个睁眼看世界的过程。面对多元网络文化的碰撞,网民既不可能闭着眼睛、故步自封;也不应随波逐流、"兼容并包"。"兼容并包"正是网民丧失文化自信的表现,也是对我国思想政治教育工作主导性的挑战。所以,只有增强中华优秀传统文化自信、社会主义文化自信、社会主义核心价值观自信，才能巩固思想政治教育工作主导性位置，才能稳定网众的思想政治立场。

随着人类科技的横向发展，地域的模糊，互联网使得本土文化与外来文化渐渐处于互融又对峙的过程。面对网络文化的多元化，对待外来文化大学生不能盲目推崇，而应采取一分为二的态度，在思想交流中鉴别，在文化鉴别中发展。取其精华，学习别人好的东西并转化为自己的东西；去其糟粕，丢掉别人不好的东西；坚持取长补短，择优而取。传承和发扬中华优秀传统文化，坚持文化自信，以文化人，做中国先进文化的积极践行者和推广者，争当文明、正义、诚信、友善大学生网民，营造风清气正的网络空间。

二、小时代与大网络

网络文化多元性的另一来源是新时期网民对张扬个性的过度追求，认为个性化的发展乃是人的发展的首要问题。在物质文明和精神文明程度还没有极大提高的情况下，个人和集体之间难以避免利益冲突和价值观冲突，在这样的情况下，毫无疑问是个人利益服从集体利益，个人的价值主张服从集体的价值主张。在网络虚拟社会中，"小我"以虚拟身份暴露和彰显自己的"个性""价值""利益"，进一步撕裂了社会的群体性和价值认同，这对思想政治教育来说无疑是有害的。

网络文化主体的多元性是造成网络文化多元性的主观原因。网络个人主体是单个独立进行网络活动的个别人，是网络社会的细胞。网络个人主体的身份注册以个人为单位。人是有意识的存在物，现实的人都是具有某种意识的人。在从事网络活动时，个人主体可以把自身已具备的本性、能力、需求、思想、观念、态度等自我意识反映在网络活动中。自我意识是意识的核心，可以展示自我与他人的差别，把每个个人主体明确区分。在现代人类社会,人们越来越追求主体差异性,提升主体社会地位,凸显自我社会价值。主体性包括主观意愿、主观追求、主观思想自由、主观喜好、主观态度、主观取向等主观个性。主体个性化发展道路既有利于彰显社会单个个体之间的差异,与众不同的存在感,又符合社会发展趋势,提升个体利益的捕获率。一旦人们在现实生活中自我价值实现失败,在网络世界便是探索主体个性化发展、彰显个人存在感的另一个平台。因为网络世界与现实世界的"你",不一定是同一个"你"。网络世界是一个虚拟世界,姓名、年龄、职业、城市等身份信息都可以虚拟,不具备真实性。网络主体可以通过微信朋友圈、QQ群、微博、抖音、直播、微视等互联网平台充分展示自己的个性,凭借网友的反复刷屏、点赞、送礼物、收藏、点关注等网络符号来满足和实现自我价值。随着网络技术的快速发展,网民对网络世界的依赖和喜爱也越来越深厚,人的个性化的发展变成人的发展的首要问题。当强烈的对比和反差出现时,人的个性化很容易得到彰显,重个性化彰显显得更加重要。网络主体个性化一旦得到大学生网民的认可,也就是网络个人主体得到网络社会总体的承认,个人价值得到社会认同时,网民个人的"小时代"也就来临了。

本来追求主体个性化并无毛病,但将个性化放在一个极端的位置则会造成对集体主义精神的破坏。"小时代"表面上意味着"小我"的个体获得了社会的价值认同,但社会价值与个人价值的和谐是需要条件的。个人价值和社会价值的矛盾统一体构成人生价值。个人价值不仅要满足自我需要的属性,更要满足社会需要的属性。实现个人价值的过程,同时也是创造社会价值的过程。人是社会中的一员,人的社会属性才是人的本质属性。衡量人生价值的大小,关键要看一个人对社会所做的贡献。没有贡献,就没有社会价值,个人价值也就没有存在的意义。虚拟世界与现实世界的构成一样,网络虚拟社会是由单个网络主体共同组成,网络个人主体是网络虚拟社会中的一员,社会属性是网络个人主体的本质属性。网络虚拟世界的社会性最终反映并取决于现实世界主体的社会性。考察网络主体的个人价值是否与社会价值达到统一，或者说网民所谓的"社会"价值是否就是真实的社会价值，同样要看网民是否为社会做出了贡献。如果网络主体为社会做出了贡献，这个人就实现了人生价值，反之，则没有实现人生价值；如果网络主体为社会做出了大的贡献，这个人的人生价值就大；反之，人生价值就小。网络主体在追求个性化发展的道路上，通过嘻哈、娱乐、游戏、宣传、人气炒作等手段，个人价值仿佛得到了社会的认可，比如群主、坛主、网红会得到无数粉丝的追捧、无数的点赞、跟帖、评价和交易，但其背后隐藏的是个人利益，是网络主体为了追求个人利益和需要而发动的。在形式上，网络主体获得了网民的支持、力挺和追随，个人价值得到实现，比如网红明星人气的飙升、某平台交易额的剧增、某产品售卖一空、某平台信息量点击率过亿等现象。但是如果要把这种网络个别现象升级为社会现象，把个人价值上升为社会价值，的确是欠妥的。考察一个人的社会价值要看他对社会所做出的贡献的大小，而网红明星为社会做出的贡献是什么？是否推动社会的进步？网络主体至多是娱乐大众同时实现了个人利益。在真正意义上，不能把网络主体的个人利益或个人价值的实现等同于社会价值。

　　"小时代"表面上意味着"小我"得到了社会"大我"的认可，但就其实质来看，个人价值未必与社会价值得到了统一，个人利益也未必与集体利益达成一致。当网络主体的个人利益与集体利益发生冲突，网络主体的价值观与社会主义核心价值发生矛盾，网络主体的"小时代"与社会大时代发生摩擦，个人利益服从集体利益、个人的价值主张服从集体的价值主张，这是毫无疑问的。网络主体要形成自己的"小时代"，需要放大自己的个性，形成自己的时代气场和能量，这样才能追求到更大的价值和利益。要放大自身个性，关键是要追求个性化。个性化，顾名思义就是属于一个人的独特的东西，是个体特殊性的体现，而非一般性、普遍性的体现。比如，网红明星要追求个性化的长期发展,就要有与他人完全不一样的眼光、思想、态度、价值追求、语言表达等。因此,要追求个性化,就要追求特殊性,抛弃普遍性。普遍性是一般性规则,是大众化观点,是与个性化特征截然对立的一面。普遍性是一个国家要求人民大众遵循并已经实践了的方针政策、道德规范、价值观、思想政治原则等规则,是主观符合客观并被实践证明了的东西,是正确的认识。抛弃普遍性,就等同于抛弃社会法则,抛弃了既定的、科学的精神理念体系,抛弃了我国思想政治教育的原理。在网络虚拟社会中,"小我"以虚拟身份暴露和彰显自己的"个性""价值""利益",会进一步撕裂社会的群体性和价值认同。所以,如果网络主体极端地追求个性化,必然会导致"小时代"与"大时代""小我"与"大我"的冲突,这对大学生思想政治教育工作的开展来说具有消极影响。

第一,"小时代"与思想政治教育的作用不吻合。在互联网时代,大众生活和工作的绝大部分时间都已经处于人机不分离的状态,网络文化正分分秒秒地浸透人的思想,智能手机也正在占据人的大部分生活和学习时间、内容和生命活动,"小时代"所发挥的影响力是不容小觑的。"小时代"宣扬的极端"个性""个人价值""个人利益"等思想观念和价值主张势必对大学生网民心理和行为产生负面的导向,会削弱思想政治教育的作用。思想政治教育工作的作用包括导向作用、育人作用、保证作用、协调作用和激励作用。就思想政治教育的导向作用来讲,表现为价值导向、目标导向和行为导向。"马克思列宁主义、毛泽东思想、邓小平理论,这是价值导向的核心。"①行为导向的核心是先进楷模,比如荣获全国道德模范、优秀共产党员、感动中国年度人物、最美奋斗者者等荣誉称号。而思想政治教育导向的内容与"小时

---

① 《思想政治教育学原理》编写组:《思想政治教育学原理》,高等教育出版社,1999年,第127页。

代"极端追求个性化的思想特征、方式、作用和地位是截然不同的,"小时代"的精神导向会弱化思想政治教育的功能和作用。

第二,"小时代"与思想政治教育的内容不相符。思想政治教育最根本的内容是世界观教育、人生观教育和价值观教育。世界观有唯物主义和唯心主义两种对立的类型。在世界观上,我国思想政治教育坚持唯物主义世界观,即以马克思主义世界观为指导,宣传马克思主义哲学理论教育、马克思主义认识论和方法论教育;在人生观上,引导大众形成为人民服务的人生观;在价值观上,引导大众形成集体主义价值观,坚持个人价值与社会价值的统一,义与利的统一等。而"小时代"在世界观上,突出个性思想,张扬自我意识,偏向唯心主义世界观;在人生观上,表现为享乐主义人生观,形式上是娱乐大众,实质是为了个人物质利益;在价值观上,表现为个人主义价值观,利是目的,乐是手段,重利唯利,如果把个人的利益看成至高无上的价值,则会把个人与集体、国家对立起来。总之,"小时代"对网民易产生偏离的世界观、人生观和价值观,其所展现的个人主义、享乐主义、拜金主义不符合思想政治教育的内容,其结果会偏离思想政治教育的方向。

第三,"小时代"与思想政治教育的指导思想不适宜。马克思主义科学理论体系是思想政治教育的理论基础,没有马克思主义作为党的指导思想,就没有党的思想政治教育。坚持马克思主义,就要认真学习马克思主义哲学、马克思主义政治经济学和科学社会主义这一完整而严谨的知识体系。社会意识具有鲜明的阶级性。近代以来,中国先进分子选择了马克思主义,就选择了社会主义道路和社会主义制度。思想政治教育是否以马克思主义作为指导思想,是区分社会主义社会和资本主义社会的重要标志。社会主义强调公有制而非私有制,强调集体主义而非个人主义。"小时代"的个人主义精神恰恰是资本主义思想的体现,是把个人思想放大且摆在第一位,偏离集体主义精神。网络文化作为一种社会风尚和非主流文化,需要社会主义先进文化的引领,否则将不利于思想政治教育工作的开展,不利于马克思主义意识形态和主流文化的贯彻。

第二节 网络文化的娱乐性与思想政治教育的严肃性

一、游戏盛行

网络游戏是一种网络娱乐视频游戏。通过角色扮演、动作游戏、格斗游戏、体育游戏、竞速游戏等电子娱乐方式,丰富了人们的精神生活,给网民带来更多的快乐。从2012年起,我国网游客户端逐年上升,网游加速迈进人们的生活日常。在我国学生网民群体中,网络游戏用户已经发展到相当大的规模,《英雄联盟》《魔兽世界》《石器时代》《大话西游》《传奇》《精灵》等成为最受大学生欢迎的网游。以英国和德国为首的西方资本主义国家在网游界具有举足轻重的地位,其网游几乎垄断了亚洲市场。由于西方资本主义国家与我国存在截然不同的文化价值观念,倡导个人主义至上、追逐金钱利益为目的的西方价值观必然会侵入其游戏产品中,对我国大学生网民价值观的建立具有较大负作用。

(一)网络游戏的价值观

网络游戏有着自身的文化内涵和价值体现。作为一款网络文化产品,网络游戏的开发不仅取决于市场利益,还受制于网络游戏的开发主体。由于网络游戏的开发主体存在民族区域性、文化多样性和价值观差异性等特征,网络游戏也被赋予了不同的文化内涵。从价值观取向角度来看,价值观包含西方文化价值观和中国传统文化价值观。西方文化价值观强调个人主义、个人利益至上;我国传统文化价值观强调集体主义,集体利益高于个人利益,是两种截然相反的价值观。西方价值观与大学生已有的传统价值观势必会发生不可避免的摩擦。从网络游戏本身来看,网游多以打斗和杀人为主,所传递的暴力、凶残、魔幻、血腥等信号与大学生从小所接受的"仁义礼智信"传统的道德教育和思想政治教育势必也会发生冲突。从文化的导向特征来看,思想政治教育导向是以"马克思列宁主义、毛泽东思想、邓小平理论、'三个代表'重要思想、科学发展观、习近平新时代中国特色社会主义思想"为价值导向核心;以宣传和解释党在某一个社会发展阶段的方针政策为目标导向;以先进楷模为行为导向核心,比如雷锋、焦裕禄等社会榜样。思想政治教育的导向具有严肃性、理论性、科学性和政治性,思想政治教育工作应以认真的、严谨的态度来对待;而网络游戏文化则带有明显的、突出的娱乐性、主观性和虚假性,比如,"李白与王昭君""赵云、吕布、貂蝉""刺客荆轲"等网络游戏人物,皆是对历史事件和人物关系的歪曲展现和错误关联。为了加强网络游戏的推广度,网络游戏商甚至会利用色情、暴力等方式来加强游戏宣传,通过炒作一些网红人物,比如芙蓉姐姐等参与代言活动,凭借大众对网红人物低俗成名的普遍认知来制造轰动的宣传效果。

　　网络游戏作为网络文化产品,所包含的价值观取向对大学生思想会产生潜移默化的影响,色情、暴力、不健康的网络游戏对大学生的价值观具有直接性破坏力。可见,西方网络游戏和网络游戏产品中所体现的文化价值取向,不仅对青年大学生原有的传统价值观发起了挑战,还会给我国思想政治教育工作带来影响。由于网络游戏内涵价值观问题,大学生网民对网络游戏应具有选择性和判断力。

(二) 网络游戏成瘾的危害

随着网络产业的持续推广,网络产品不断升级换代,网络游戏种类日益繁多,网络游戏带来的娱乐体验感也越来越强,越来越多的人开始喜欢和迷恋网络游戏,甚至网游成瘾。大学生整日沉迷于网络游戏,造成游戏上瘾,这对大学生树立正确价值观存在较大危害。

价值,是活动主体与活动客体之间的意义关系。价值观是一种对价值本质的认识。作为活动客体,网游对活动主体的意义关系,表现为以下四方面:

第一,从世界价值观来看,网络游戏容易使大学生否定现实社会,认同虚拟世界。所谓世界价值观,就是世界对人的意义、人对世界的认识和看法等观点。现实世界包含自然界和人类社会。人类社会由个人无数单个细胞组成,无数个人构成社会群体,个人和社会群体又编织了整个社会。人与人之间形成的社会关系,不同社会群体之间的社会关系构成了复杂的人类关系。从大学生的实践范围、实践特点和实践对象来讲,大学生认识世界和改造世界的能力是有限的、不足的,在面对现实世界的学业竞争和就业压力时,心理是紧张、恐惧、胆怯的。网络游戏世界是一个虚拟而又仿真的社会,网络游戏世界虽仿真,即仿照现实社会的人物关系、社会环境和社会追求等的真实面貌,但其仿真性与现实世界的复杂性相比,又是简单的、模式化的、单一的。与复杂的现实世界相比较,简单的网络游戏仿真世界更适宜大学生的心理结构和认知特点。大学生有足够的思维能力和心理承受能力参与网络游戏竞争,在轻视处理网络游戏中的人物关系和竞争输赢问题时,面对网络游戏虚拟世界的竞争时,心理反而是激情飞扬的、勇敢的、愉悦的。在这种情况下,主体对网络游戏世界的肯定和接受度更高,网游让大学生的主体存在感更强。因此,大学生会更倾向于选择网络游戏的虚拟社会,作出认同虚拟社会、否定甚至逃避现实世界复杂关系的错误认识,形成虚拟的世界价值观。

第二,从消费价值观来看,网络游戏容易模糊虚拟货币和现实货币的界限。所谓消费价值观,就是对消费主体(人)、消费中介(货币)和消费客体(商品)关系的认识和看法。商品交换以货币为媒介,要获得商品的使用价值,就要放弃商品价值,用货币一般等价物来交换或购买。作为人类现实社会的娱乐产品,网络游戏世界也是一个商品交换社会。为了完成网络游戏与满足网民主体性升级体验,需要借助很多不同级别、不同功能和不同身份的道具、战具等装备。网络主体要获得这些商品则需要使用货币购买。在网络游戏的开发中,网游公司预先设定不同品种的虚拟货币,通过设定各种游戏规则,疯狂刺激玩家获取或消耗大量虚拟货币,实现虚假货币和真实货币的转换。虚拟货币的消费方式是以千或万为单位,动不动几万的虚拟货币的数字概念与现实生活中几十、几百的真实货币的消费观念是完全不同的。一方面,网络主体被虚拟货币的虚假面值所迷惑,不假思索地消费成万的虚拟货币,容易对现实货币与网络虚拟货币产生误解,模糊虚拟货币与现实货币单位的概念。另一方面,经常性的以万数为单位来支出虚拟货币,会无形中拔高现实生活的消费水平,刺激消费欲望,养成大手大脚的消费习惯,造成过度消费、奢靡消费、攀比消费,误导主体的消费观念。

第三,在人生价值观上,网络游戏轻视人的生命和时间观念,消磨人的精神和意志。人生价值观体现了对人生态度、人生追求和人的生命的认识和看法的观点。生命是人类主体从事一切现实活动的物质基础。没有生命,人就失去了自然存在形式或自然属性。网络游戏世界存在大量恐怖、暴力和血腥情景,大部分让人成瘾的游戏都源自格斗与厮杀的超刺激游戏特征。长时间在这种杀人游戏中活动,会潜意识地让人形成对生命的不尊重,挑起人性的恶与凶残。如果将网游带入现实生活,忽视对方生命财产和健康财产,随意质疑和挑衅对方,损害社会公平,容易产生违反法律规定的行为。时间一去不复返,生命的长度是有限的,时间和生命都具有一维性。如果大学生沉迷于网络游戏,把大量时间和精力耗费在网络游戏,这种无所作为的生活态度和生活方式,不仅无法保障大学生正常的学习和休息时间,对身心健康和学习成绩也会造成不良影响,还会麻醉人的意识,消磨人的意志,弱化人的斗志和精神追求,丧失人生理想和人生追求。

第四,在传统文化价值观上,网络游戏歪曲历史史实,轻视传统文化价值。传统文化价值观是对传统文化和历史人物的根本看法。面对网络游戏市场的激励竞争和迎合游戏玩家口味,网络游戏公司开发的游戏种类、设计思路和理念也在不断创新。"三国志""梦幻西游""乱斗西游""王者荣耀"等网络游戏体现了以古代著名的历史人物或文学经典为依托,以打斗为游戏画风,设计游戏主题、游戏模板和游戏内容。网民通过虚拟的历史人物的角色体验获取现实社会中追逐胜利的快感。但是网络游戏中的英雄人物与历史故事已经被开发商低级化、庸俗化和片面化,游戏中的历史人物形象、关系和过程与历史事实本身并无直接关系,甚至出现了消遣历史人物和歪曲历史事实的表现。比如,"王者荣耀"中的人物经历与历史背景本质并无关联,人物的精神与内容被架空,有名而无实,其结果是游戏开涮、轻佻和亵渎古代名人,隐藏了历史真相,苍白了青年学生的灵魂。一方面,在价值观上,如果长期沉溺于网游,大学生会不自觉地屏蔽传统价值观,将原有的价值观调整以适应网游中所倡导的个人价值观(如个人英雄主义、功利主义,享乐主义),歪曲目的与手段的关系;另一方面,在传统文化上,网游对历史事实和经典人物角色的错误设计和随意定位,导致大学生轻视历史史实和经典文学的真相,缺乏文化自信,容易否定传统文化价值和历史教育价值。

（三）网络游戏对劳动价值的否定

马克思指出,价值是凝结在商品中无差别的人类劳动。价值是人创造的,商品交换以货币为媒介,把商品转化为货币一般等价物。马克思的劳动价值论揭示了商品经济的一般规律,对我国社会主义市场经济具有指导意义。在现实社会中,货币的获得不是轻而易举的,是以劳动为条件的。由于大学生还没有踏入现实社会,其生活主要依靠父母的经济支持,在没有固定收入来源的情况下,他们较难真正体会劳动价值论的现实意义。获取网络游戏中的道具、服装、装备、武器等虚拟商品需要使用虚拟货币购买,而虚拟货币需要通过现实货币的转化,即使用现实货币购买虚拟货币,完成现实货币向虚拟货币的转化。

为了体验游戏升级和装备升级带来的快感和刺激,网民通常会消费大量虚拟货币,网络游戏使大学生忽视和背离了"劳动价值论"观点。

一是劳动时间。商品的价值量由生产商品的社会必要劳动时间决定。价值的大小与劳动时间有紧密关系,而劳动时间的长短体现了劳动过程的长短和难易程度。要获得金钱,通常需要付出大量的劳动时间,体验艰辛的劳动过程。

二是劳动主体。劳动主体通过出卖劳动力,获得劳动收入。劳动力付出越多,劳动收入就越多,多劳多得,少劳少得。

三是劳动结果。尽管劳动者付出了大量的劳动时间,进行大量的脑力劳动和体力劳动,但是劳动结果未必与劳动时间、劳动强度成正比。

正是因为劳动收入受个体和社会等多种因素影响,获取和提高劳动收入是有考量标准的,人们在使用金钱时会考虑以上综合要素,衡量商品交换价值,正常的消费观念是理智的。而虚拟货币价值不能等同于现实货币的价值,其使用过程是简单的、易操作的,手指一点就可以完成交易。在秒刷的过程中,由于对游戏的痴迷、"装备商品"的诱惑及媒介操作的便利,往往没有时间去考虑现实收入的复杂性,即劳动过程、劳动者、劳动结果等因素,更不会去衡量"装备商品"与现实货币的交换价值。处于网络游戏中的主体,其思维意识变得简单化、直线化、模式化,引发感性的消费观念。这种遗忘"劳动"是现实货币的真正来源,容易造成大学生否定劳动价值论,形成轻视劳动,甚至产生不劳而获的错误认识。

一方面,游戏币耗费大量金钱,值不值? 在商品价值上,游戏币作为一种虚拟货币,它与现实货币肯定不可同日而语。1 万元的游戏币并不等于 1 万元人民币,1 元的人民币到底应该折算多少游戏币? 用 1 元去购买一定量的游戏币是否值得? 游戏币在网络游戏中有没有衡量"道具商品"的价值? 人民币与游戏币的兑换量由游戏开发商主观设定,与开发商的个人利益挂钩。在现实社会中,"一把斧头可以换一匹布""两元钱可以交换一瓶农夫山泉"的商品交换原则,是根据价值规律的作用来调节实现的,是市场经济发展的结果。价值规律是客观的,不以人的意志为转移的。而游戏币与现实货币的交换是游戏规则的体现,游戏币的价值量却是游戏公司预先设定的结果,游戏规则是主观的,可以改变的。

另一方面,通过游戏晋级等方式赢取金钱,合不合理? 游戏晋级是指完成一个级别的游戏挑战或游戏通关可以进入较难、较高、较复杂的游戏级别。不断的游戏通关,可以不断的游戏晋级,每次晋级都会有一定的金钱作为回报。简言之,游戏晋级创造金钱,换句话说,游戏晋级创造价值,称之为"晋级价值论"。显然,"晋级价值论"与"劳动价值论"是相悖的,游戏晋级创造价值否定了劳动创造价值,否定了获取现实劳动收入的复杂性、曲折性、艰难性,背离了劳动收入受劳动者、劳动时间等主观和客观等因素的影响,违背了价值规律的作用。通过晋级消费性牟利方式是对劳动价值论的否定,包括轻视创造性劳动、轻视价值创造、轻视产业活动价值等,对现实社会劳动的重要性认识具有不良影响。

二、娱乐至死

随着互联网技术的普及和发展,网络媒介成为现代信息传播的主要手段,成为人们生活、社交、学习、工作、娱乐等各个方面的主要渠道,为人们的社会生活带来了极大便利。当人们的物质生活得到丰富时,追求精神"娱乐"随之成为人们的心理目标。娱乐是人的精神需求和生活需要,每一个时代都有它的娱乐方式。当人们把"娱乐"推向并渗透到生活的每个领域时,泛娱乐化的时代来临。在泛娱乐化时代,大众开始用娱乐化方式去表达和体现一切公共话语,泛娱乐主义形成。泛娱乐主义,是将一切事物都纳入娱乐范围,并以娱乐本身作为价值评价标准的一种文化。此时,娱乐元素不再设限于娱乐地域,而是强行被推到其他话语场域,变成一种被扭曲的娱乐价值和以娱乐为主或过度娱乐的工具时,娱乐至死的景象被开启。大学校园生活以学习为主,内容简单。在这种情况下,网络媒介成为大学生丰富课外业余生活、拓宽娱乐方式的主要渠道。对网络媒介的运用,高校大学生群体主要以娱乐为主,呈现时间长、范围广、影响大、渗透深,基本全覆盖的状态。在泛娱乐化时代,娱乐元素激荡着网络世界,大学生网民群体不可避免地会受到泛娱乐化现象的影响。

(一)压抑大学生理性精神和抽象思维能力

网络媒介泛娱乐化表现为在内容上肤浅、无深度,轻知识、重感官娱乐的特性,呈现的主要是形象直观的、转瞬即逝的、新潮而时尚的事物。面对网络世界众多的新鲜事物,对于充满好奇心和新奇感的大学生,对网络娱乐信息总是不假思索辨别,甚至全盘接受。浅薄的、碎片化的、平面化的知识等对世界的肤浅认知霸占了屏幕,使得大学生无须对网络信息进行深度思考,无须发挥一定的理论思维能力便可以轻松获得快乐和感官满足,这对大学生理性精神和抽象思维能力的发展具有负面影响。

理论视野肤浅。泛娱乐化的时代批量制造娱乐,低层次的娱乐内容被重复生产,大学生将注意力放在"有趣"的生活琐事上,花费大量时间在娱乐新闻和娱乐事件上。比如,同学们对哪个明星有没有结婚,哪个抖音大妈更搞笑,哪个民间网红更奇葩,刷刷今日娱乐头条,翻翻娱乐八卦信息等内容显得更有兴趣,缺乏对国家政治、经济、法律、道德、哲学等上层建筑的关心,缺乏对专业文化知识和理论素养的专注,缺乏求真、求知、求善的理性诉求,这种远离理论的深度思辨会导致大学生欣赏品位低下、目光短浅和理论视野的肤浅庸俗。

抽象思维能力受阻。人是自然存在物和社会存在物的统一,但社会性是人的主要属性。由于网络泛娱乐化仅仅涉足于人的感官浅层,无须进入人的大脑,使得人的自然属性与社会属性之间出现断层,大脑神经受阻。大学阶段是大学生掌握唯物辩证法的科学思维方法和培养辩证思维能力、历史思辨能力、创新思维能力等思维能力的重要阶段。面对泛娱乐化肤浅的信息,平面化、表面化、浅显化的信息,用眼睛感官就能明白,人们不需要深度思索现象与本质、原因与结果、形式与内容等社会现象。网络泛娱乐化主义容易使大学生形成对事物的认识习惯性停留在感性认识阶段,对事物的认识停留在现象层面,从而阻碍人的抽象思维升华到理性认识阶段,阻碍人的认识上升到本质层面,进而阻碍大学生的抽象思维水平、辩证思维能力和专业理论素养的提升。

(二)弱化思想政治理论的教育功能

马克思主义科学体系是思想政治教育的理论基础。由于马克思主义博大精深,思想体系深奥严谨,大学生在学习马克思主义理论过程中难免感觉抽象难懂,思想政治理论教学课堂也容易枯燥,导致大学生对主流文化和思想政治教育没有积极性。在网络媒介泛娱乐主义的潮流下,网络信息交流和知识传播都充斥着娱乐气氛,文化知识被娱乐元素层层包装,连思想政治教育也贴上了娱乐的标签,主流文化教育的价值和功能也被削弱。思想政治教育的严肃性、理论性、深沉性与网络泛娱乐主义特性的截然反差,使得大学生宁愿嬉戏明星的家庭琐事,也不愿主动关注时代楷模的奉献精神;宁愿畅聊马云的一句家常闲话,也不愿更多了解革命英雄事迹。娱乐新闻、娱乐头条、娱乐微博、娱乐明星、娱乐节目都比新闻联播、焦点访谈、百家讲坛更能吸引大学生的眼球。

泛娱乐主义强行"命令"思想政治教育要以"有趣"作为首要任务,这种纯粹的形式主义将深沉的理论基座打磨成轻浮的娱乐快餐,不仅会破坏思想政治教育的权威地位,还会弱化思想政治理论对大学生的教育功能。

一方面,思想政治教育娱乐化会弱化大学生对思想政治教育功能的认识。某个网站调侃革命先烈的漫画、某个歪曲真理事实的图标等,这类对我国社会体制、文化历史、民主政治等泛娱乐化的视频、图片和文字,由于过度强调泛娱乐化标题,在一定程度上会弱化大学生对我国传统美德和革命道德的正确认知,消解大学生对我国思想政治教育功能的认知,影响大学生对中国特色社会主义道路自信、理论自信、制度自信、文化自信。

另一方面,思想政治教育娱乐化会影响大学生正确"三观"的形成。思想政治教育对大学生树立正确的"三观"有着重要指引作用。把思想政治教育工作变成一种娱乐式教育和一种有趣的活动,与党的思想政治教育的本质相违背,与大学生"三观"教育是相左的。大学阶段是大学生"三观"形成的重要阶段,世界观、人生观、价值观绝不是一种趣味或娱乐,总体上是对对象(世界、人生和客体)的真实反映和正确认识,是客观决定主观、主观符合客观的过程,而不是主观随心娱乐,甚至主观歪曲客观的过程。

(三)消解大学生的精神品格

泛娱乐化信息无孔不入,充斥着网络空间。大学生把时间和精力过度集中于网络文化的娱乐主义,既不利于大学生培养自主学习的学习态度和自律意识,也使得大学生没有心境去思考人生目的、认识人生价值、明确人生追求等严肃问题。精神世界的空虚是大学生形成健全精神品格和崭新的精神风貌的巨大阻力。勤奋学习、独立思考、持之以恒的学习精神,解放思想、求真务实、勇于创新的科学精神,公平正义、诚信友爱、以人为本的价值追求,奋发有为、敢于拼搏、自强不息的人文情怀,是大学生培养高尚的精神风貌和保持昂扬向上的精神状态的重要构成,是大学生健康成长为中国特色社会主义事业合格接班人的精神支柱。马克思指出,人主要是社会存在物,人的本质是一切社会关系的总和。网络媒介泛娱乐化主义的发展,使大学生在形式上、表面上接收了文字信息,但在内容上、本质上没有发挥社会属性的功能。人的精神世界被架空,人的社会属性被消解,不仅阻碍大学生健全的精神品格和精神风貌的塑造,还容易使大学生在大学关键阶段丢失人生的价值追求和远大理想信念。

三、视觉盛宴

娱乐人的心灵从愉悦人的眼睛开始。当人的眼睛得到快乐时,人的心灵也能感到快乐。网络文化是一个由先进的媒介技术、丰富的文化知识、多彩的艺术形式组合构成的多元世界。爱美之心人皆有之。网络文化要抓住人的眼睛、愉悦人的眼睛,需要在人的眼睛中呈现美的事物。追求唯美,追求视觉美感,打造一场视觉盛宴便是网络文化愉悦网民的一大重要法宝。

而过分追求视觉美感，会产生重视事物外在美，忽视事物内在美的问题，导致大学生对"美"的追求偏离正确的方向。

任意打开一个浏览器或者热点资讯，总会发现各种娱乐、新闻、广告等信息通过各种醒目的、性感的、奇葩的标题或图片来吸引人的视觉。以网络时尚潮流为例。不论是电视剧里一个个穿着气派而时尚的明星大腕儿，还是机场某个明星的休闲时尚，或是讨论哪个明星在红毯上穿着打扮更耀眼，这些时尚的网络视觉体验紧紧吸引了大学生的眼球。一旦某个剧火了，剧中女主角穿的衣服、口红的色号、佩戴的饰品等马上会同步到网上，很快掀起网购热潮。在大学校园中，很多着装打扮时尚的大学生，她们衣服的款式、鞋子的款型、口红的颜色、佩戴的首饰、搭配的风格等，都与明星同款同感。此外，各种奇怪的造型，各种奇葩的打扮，也是大学校园另一种"时尚"现象。这些现象的背后无疑与大学生网民对美的追求、受网络视觉美感的引导密切相关。过分追求视觉美感，忽视事物内在的美，则导致唯美视觉主义。在人的本性问题上，唯美视觉主义对外貌的倚重明显高于对心灵美的追求。网络文化过分追求唯美主义，追求视觉美感，倚重人的外形，而忽视了人的内在美，不仅对大学生认识美、追求美会产生负面影响，还会对真善美的有机联系和内在认知出现负面影响。

在教育形式上，网络视觉盛宴的高大上与大学生思想政治教育理论的严肃性具有相反性质。网络视觉盛宴以美感的绝对优势紧紧吸引了大学生的注意力。作为网络文化的主力军，高校大学生对鲜艳的色彩、华丽的图像、直观生动的表达所带来的感觉、知觉和表象的冲击接受度更高。面对大学生审美方式的转变，各类网站使用具有视觉冲击性和杀伤力的文字、符号、图片、影像打造高大上的网络画面和仪式感，以抓住大学生的眼球和兴趣。而思想政治教育受理论性、严肃性、抽象性、科学性等特征影响，使用的是官方的、正式的、书面化的语言文字表述，既没有鲜艳的色彩和华丽的图像作支撑,也没有娱乐点作调剂。为了提高思政课的效果和学生的学习兴趣,一些老师开始在课件的美感制作上下功夫,把课件形式的美感置于课件内容之上。花哨的课件确实吸引了学生的眼球,但同时也分散了学生学习的注意力,不利于教学重难点的学习和教学目标的实现。

在教育内容上,网络视觉盛宴的浅显易懂与大学生思想政治教育理论的深沉性具有相反性质。网络文化展现的内容通常是简单易懂的,取材多来自吃喝玩乐、胖瘦美丑等日常生活。因此,网络所呈现的视觉盛宴仅停留于人的感性认识阶段,即感觉、知觉和表象阶段,其内核是空洞、苍白的,无深度的事物。感性认识以事物的现象为根据,还没有深入到事物的本质,人不需要发挥思维能力,用感官就可以享受盛宴。思想政治教育内容深奥难懂,需要借助人的抽象思维,通过概念、判断和推理,从感性认识升华到理性认识,是达到对事物本质认识的高级阶段。它来自生活又高于生活,是对知识的提炼、升华、归纳和总结,而非生活中日常琐事的表象。可见,网络视觉盛宴的浅显决定了网民不需要借助人的抽象思维就可以获得认知,而思想政治教育则是深沉的,需要发挥抽象思维才能理解和把握事物的本质。

在教育效果上,网络视觉盛宴"视觉享受"与思想政治教育理论的向上性具有相反性质。视觉享受是网络商家打造和推销商品的一种营销手段。为了能够抓住消费者心理,商家往往会在商品的色彩、背景、外形、声音、效果等方面过度包装,抢占消费者市场。"视觉享受"与人的心理活动密切联系。"视觉享受"能刺激人的感觉神经,形成对商品的表象知觉,激发人的激情和欲望等非理性因素。"视觉享受"越丰富和强烈,人的感觉和知觉就越敏感和深刻,人的激情和欲望越是张扬和活跃,人的理智就会受到压抑。衣食住行作为人类生存的首要问题,商家往往会对衣服的潮流和款式、厨房的烹饪和技巧、化妆品与美容、轿车与旅行等人的自然属性或生理需求给予更多的关注,这会诱导大学生网民的攀比心和嫉妒心,崇尚生活品牌,形成比吃比穿、比车比房、比美比消费等铺张浪费的奢靡之风。高校大学生存在对名牌手机、包包、化妆品、服饰、电脑等物质攀比,这正是享乐主义、个人主义等不良风气的表现。思想政治教育具有引导大学生树立崇高理想信念和道德修养的向上性,而网络视觉盛宴的"视觉享受"正是对大学生形成正确的学习态度、价值评价、人生追求、理想信念等正面的、向上的思想观念的消解。

第三节　网络文化的流动性与思想政治教育的稳定性

一、社交的即时性

网络媒介技术的发展打破了人与人之间时间和空间的限制,给人的社会交往带来了前所未有的改变。网络社交是现代人的新的存在方式,网络社交平台是人与人实现社会交往必不可少的载体,网络文化是网络社交的主要产物。网络社交是单一的或群体的网络主体以网络为中介,与网络其他主体和网络客体发生信息交流的社会活动。

即时性是网络社交行为的主要特征之一。其一,信息交流具有直接性,即即时沟通。当主体通过 QQ、微信等网络媒介在当下时间点发起信息交流时,交流对象可以在一分钟甚至一秒内给予回复,实现直接对话、即时沟通。其二,信息交流的圈子具有临时性,可以通过临时会话获取即时联系或中断联系。信息交流表现为一对一的单聊或一对多、多对多的群聊,表现为某一平台评价或留言等方式发起的即时交流,表现为熟人圈子或陌生人圈子的交流。与陌生人信息交流,可以通过微信群聊、网络直播交流、平台信息留言或点赞等交流方式建立临时的交流圈子,获得暂时联系,联系结束后可以选择保留或删除交流平台。网络社交行为的即时性虽然让人们的交流更加快速和便捷,但对大学生思想政治教育的稳定性也带来了负面影响。

第一,网络社交行为的即时性引起大学生社交圈层的变动性,导致大学生思想政治教育的不稳定性。大学生在校园内生活简单,交友圈子狭窄,基本是寝室交往或班级固定交往。不要说校内上万学生,即使是本院系学生,学生彼此也不可能实现充分交流。大学生从家庭社交进入大学社交,存在性格脾气、环境转变、人际交往能力和经验不足等情况,很多大学生面临社交恐惧、社交困难等人际关系问题。随着社交 App、社交网站、社交平台、社交电商等网络社交媒介的日益增多,大学生开始习惯于利用网络社交平台进行社会交往,传统的书信交流、面对面沟通的社交方式有所减少,大学生实现了从传统社交到网络社交的跳跃,其社交圈层开始发生巨大变动。网络社交的对象基本是陌生人,在量上是庞大的,在质上是不同的。网络社交虽解决了大学生交友圈子的局限,但由于网络社交对象可以隐蔽和伪造自己的真实情况,一些不健康的、虚假的网络社交圈子对大学生的学习和生活势必会造成影响,对大学生思想政治教育的开展也会带来不稳定性。

第二,网络社交行为的即时性影响大学生稳定人格的形成,干扰大学生思想政治教育的效果。俗话说,"一个篱笆三个桩、一个好汉三个帮""患难之交、情同手足""近墨者黑、近朱者赤"等。也就是说,社交圈层(通俗地说就是交往的朋友)的稳定性,能够影响大学生稳定人格的形成。网络社交为大学生实现社会交往提供了一个广阔、崭新的交流平台,也为大学生塑造了一个未知的、丰富多彩的社交圈层。网络社交平台将大学生与周围的人联系起来,使得任何一个网民都可以去了解他人或是被他人所关注,大大拓展了他们的网络社交的圈子。尽管网络社交圈子扩展了,但是网络社交对象不是始终不变的。网络社交行为的即时性意味着社交行为是短暂的、转瞬即逝的,社交对象和社交环境是流动的、易变的,这就导致网络社交人群具有流动性。网络社交的流动性形成了不确定的、多元化的交流环境和短暂的、易变的、不同的交往对象,导致大学生思想意识和人格体征的不稳定性、多元性和复杂性。大学生人格的不稳定,使其价值取向、道德观念等品行出现意见分歧,精神世界无法形成统一的认知、理念和行为导向,这会间接干扰大学生思想政治教育工作的开展,影响思想政治教育的效果。

第三,网络社交行为的即时性打破了传统社会中相对稳定的亲友关系网络,增加了大学生思想政治教育的风险性因素。就传统社会人际交往和社会环境而言,传统交往是以熟人交往为主要特点的社会交往,熟人关系具有长期性、稳定性。通过亲属关系、邻里关系、同学关系、同事关系、朋友关系等要素所构筑的现实人际交往关系,可以打造相对稳定可靠的亲友关系网络。网络社交的即时性实现了人与人之间暂时的交流,其交流具有针对性、目的性、快速性,一旦交流目的达到后,社交平台可以随时被删除,社交关系也随之终止。大学生网络社交以网络娱乐、网络游戏为主要平台,社交对象既有固定交往的室友和同学,也有陌生人。网络社交不仅容易使网民忽视传统社会亲友关系的维持,而且网络社交即时性所带来的新的"日夜并肩作战的网友"、跨地域的网友、跨越年龄和职业的网友,对大学生形成正确的"三观"都会不同程度地带来影响。与"战友"、陌生人的频繁的社交,给大学生思想政治教育增加了风险,不确定性因素增多。

二、新闻的易变性

网络媒介既能传播信息,又能生成舆论。网络舆论是继报纸、杂志、电视、广播等传统媒体外产生的一种新型舆论方式。网络舆论是利用网民对某一社会现象或事件所展现的带倾向性、有一定影响力的言论。当互联网成为当代中国的主流媒体时,新闻舆论对大众能产生巨大影响。新闻舆论是新闻引发的舆论,是大众对某一新闻产生的一致性观点和意见。由于新闻报道的主要内容是舆论,舆论传播的主要方式是新闻报道,新闻界也成了"舆论界"。政府部门通过新闻媒体宣传党的方针政策、意识形态、主流文化、社会时事及国际时政等。新闻舆论随着客观条件的暴露程度和主观认识的变化具有易变性特征。

在客观上,新闻舆论会随着事件本身的不断发展,不断发现或修改自己的观点。随着客观条件的暴露程度越发充分,新闻报道对事物的认识越来越靠近真理,新闻报道的变化随之引领新闻舆论发生变化。

在主观上,随着5G、物联网、新媒体技术的到来,人人都离不开宽带、Wi-Fi和流量等网络技术,我国已经进入人人参与网络媒介的时代。人人上网,人人都是麦克风,每个人都能在互联网上创造、更改和发布信息。每个人都是一个独立的个体,每个人都有话语权,每个人都有自己看问题的立场、角度和观点,所以传播的信息内容是五花八门、不拘一格的。网络上的不同发声,引导舆论朝不同方向发展,造成新闻舆论出现很大的差异,进一步出现新闻真假难辨的局面,所谓的信息过剩便产生。但是对大学生网民来说,新闻的相对稳定性对大学生的思想政治教育无疑具有重要影响。

一方面,新闻的相对稳定性有助于大学生形成正确的政治观念。宣扬当前的社会政治观念体系,强化社会主流的政治价值,进行长期稳定的、积极的信息推送,是新闻舆论的主要任务。作为一种强有力的政治力量,新闻舆论通过传播新闻政治思想,在潜移默化的思想渲染中提升政治认同感,使网民实现政治人转变。大学生思想政治教育工作既有赖于高校的思想政治教育理论知识,又受到新闻舆论的实时导向。新闻舆论能传播党的思想政治方针、路线和纲领,及时反映党和国家的思政动态、发展方向以及现阶段的发展政策,稳定的新闻舆论能够对大学生的思想政治教育起到灌输和教育的作用,有效地指导思想政治教育工作的顺利展开。相反,新闻舆论的易变性会弱化政治体制的功能,减轻主流政治价值的作用,模糊大学生的政治观念,阻碍思想政治教育育人功能的发挥。

另一方面,新闻的相对稳定性有助于大学生形成科学的伦理价值观念。思想政治教育以马克思主义为理论基础,以马克思主义价值观为理论指导。社会主义核心价值观是我国全体人民共同的价值追求,是当代中国的核心价值理念。新闻舆论的稳定性,能够传递明确、正确的信息,告知大众中国特色社会主义道路应朝哪个方向走、不应朝哪个方向走,坚持什么、反对什么,提倡什么、抵制什么,引导大学生沿着以中华民族的核心价值观为中心的大道前进,获得普遍的价值自信、价值认同和价值自觉,引导大学生树立正确的价值观念。

在对社会现象、社会事件、社会热点等信息的传播时,网络新闻能将社会中各种不同的、零散的认识进行综合判断、筛选与融合,作出正确的价值观发声,达到强化大众对社会主义核心价值观的认同感,对大学生起到思想政治教育的目的。相反,新闻舆论的易变性表现了非稳定的价值观导向,易出现无政府主义、后现代主义等各种违背马克思主义价值观的思想在网络中流行,网络多元化价值观在一定程度上会冲击大学生价值观念和思想体系,误导大学生产生错误的价值取向。

三、景观的直播性

直播是当前网络关系流动性的重要方面。网络直播是网络电视和网络音频＋视频两类科技信息技术的产物,直播对象可以覆盖全球亿万网民,信息内容涉及不同民族、国家、地域、种族的历史、文化、政治、经济、医疗、教育等思想观念。

网络直播过程是一个"主体客体化"互动的、娱乐的过程。在形式上,直播的直接后果是直观物理距离的最大化压缩,造成人与人之间、人与物之间的空间距离消失,使人们获得表面上的"亲在感"(即"现场感");在内容上,直播是网络主体(主播)把自身的某种道德观、价值观、是非观、审美观、消费观等文化信息传递给网络客体(粉丝)的过程,主体直接作用于客体的精神与行为,使客体逐步认可并接受与"主体"相同的思想道德和价值目标,并调节和规范客体在现实实践中的行为方向。

实际上,网络直播在形式上具有欺骗性,在内容上具有偏向性。

一方面,从表面上看,主播与粉丝处于同一时空,毫无距离感和违和感,双方能够面对面交流与互动,粉丝如同亲临其境,但实质上直播具有计划性,直播内容、直播环境(包括灯光、道具、服装等)、直播过程等已经预先做好计划和安排,包括预先编好剧本、预先准备对应的角色、表演的风格,预先做好网络平台所需的形象设计。真正的人与人的现场交流,是无法操纵整个交流过程的,交流对象现场会有很多突发性的状况,而直播对象是被动接受主播的安排、流程和计划,无法改变现场状况。因此,直播形式上具有欺骗性。

另一方面,直播借助灯光、环境布置等视觉效果,使用华丽、夸张的词语来展示直播唯美的形象。在语言方面,通过主播对商品的介绍、试用或亲身体验等大赞商品,对该商品的价格、赠品等优惠措施抛出"……夸不夸张、夸不夸张""必须买""人手一个""……绝了"等煽动人心的话来刺激网民立刻点击消费。在视觉效果方面,作为电商平台只会播出有益于商品形象的效果和商品售卖的一面,避谈商品主要不足、有损商品售卖的一面。比如,网络直播口红平台。口红的颜色是广大女性关注的焦点。主播会涂抹各款型号的口红来展示各种颜色的美,透过网络视频传递出惊艳的视觉效果。但是当口红真正被我们买回家后,口红的颜色效果似乎与主播展示的商品效果存在差距,屏幕上的商品与现实中的商品颜色、质地、美感也有偏差,这正是直播内容的偏向性所致。

由于网络直播形式上的欺骗性和内容上的偏向性,造成了网络直播进一步的虚拟化。现实中收到的口红与直播中所描述的口红的颜色并不一致,现实中收到的衣服与直播中对衣服的质量描述和美感体现并没有那么令人满意,现实中收到的面膜也没有主播说的那么神奇,现实中收到的麦片也没有主播说的那么美味,现实中收到的睫毛增长液也没有直播中指出的增长效果⋯⋯直播设计出优雅的画面、时尚的生活方式、令人信服的专业指导及主播的高颜值和魅力表演,使青年大众沦陷于感官满足和前台表演,人的欲望和对物的需求被无限放大,感性认识和理性认识都沉浸在诱人的景观之中。这种由主播表演、实物展示、五光十色的灯光、唯美的视觉效果、文字符号互动、抽奖、红包雨等要素构建的直播景观给网民营造了一个理想化的网络影像,给受众展示了一种网络虚拟景观社会。网络景观的虚拟化造成现实信任机制的破坏,网民不再一如既往地、单纯地信任直播,人们之间的信任不但在直播机制中没有加强,反而恶化。虚拟景观的直播性在对网民信任机制产生破坏的同时,也会对大学生思想政治教育产生消极影响。

第一,虚拟景观的直播性影响大学生树立积极向上的人生态度。积极的人生态度是认真、务实和乐观进取的人生。一是,大学生对待人生应具有认真负责的态度,学会做一个有责任感、有社会担当的新青年。大学生既要学会对自己、亲人和朋友负责,又要对国家、社会和民族负责。二是,大学生对待人生应有务实精神,做事要坚持从实际出发,实事求是,不能好高骛远、弄虚作假、追名逐利。三是,大学生对待人生应乐观积极,热爱生活、热爱生命,不能遇到困难就畏难退缩、颓废堕落。电商平台的逐利本性,使得主播会主观上修饰商品,掩盖不足,弥补商品现实与虚拟的差距,造成商品假象,网络景观的虚拟化实际上是对受众不负责任的体现。当大学生遇到这种不负责任、不务实的社会现象时，不应悲观消极，害怕挫折，应该形成乐观向上的人生态度。

第二，虚拟景观的直播性影响大学生建立正确的社会道德观念。网络直播对受众传播的信息有真有假，有白有黑，也可能是"五颜六色"。景观的虚拟性误导受众认可、接受和购买商品，直播过程本身也是一个违背社会道德观念的行为过程。道德以善恶为评价方式，违背道德是人性恶的体现。大学阶段是大学生形成正确的道德观念的关键节点，是大学生提高道德素养的重要时期。树立正确的道德观念，就要继承和发扬中华民族优秀的传统美德。中华民族传统美德重集体利益，主张与人为善，追求精神境界。面对社会公共生活，需要用社会公德作为行为准则。网络直播社会与现实社会一样，需要用道德规范来约束其行为，尤其是网络景观具有虚拟性，更需要加强道德自律。网络直播强调个人利益、追求物质满足、动机并不全是"善"，这些都是违背中华民族传统美德的体现。大学生面对虚拟景观，要坚决抵制违反网络道德的行为，发扬中华民族传统美德，既要遵守网络生活中的道德要求，做到自律不逾越道德界限，又要营造网络空间的正能量，促进网络生活的和谐与健康发展。

第三，虚拟景观的直播性对思想政治教育队伍具有挑战性。直播主体是主播，客体是受众，正是主播的高颜值、演技、才艺等个人展示，让受众沉浸于对物的极致追求和对主播的极致信任。如果直播构建了一场虚假表演或虚拟景观，实际上是对受众构成欺骗行为，尤其对青年受众的思想打击是极大的。大学生思想单纯，涉世未深，人生体验较少，对社会抱以极大的信任和美好的希望。一旦他们被曾经沉迷的、深深追捧的直播景观所欺骗，很可能对社会中其他人与事产生怀疑，甚至发生思想偏执。大学生思想政治教育的主体是思想政治教育队伍，主要指思政课大学教师和党务工作者；思政教育客体是大学生。大学生对网络直播建立的深刻信任感被虚拟景观摧毁后,其心理挫伤和情感伤害会转移到其他教育主体身上,出现心理防御机制,对思政教育队伍产生抵触情绪,不利于大学生思想政治教育队伍顺利实施思想政治教育,不利于大学校园良好社会风尚的形成。

第四节　网络文化背景下我国思想政治教育的应对措施

一、在多元文化中彰显社会主义制度文化的优越性

(一)网民有千万,真理却唯一

进入信息技术新时代,互联网技术的迅速发展对全球的经济、政治、文化、军事、教育等各个领域都产生了较大影响,网络也成为当今思想政治和意识形态斗争的主阵地。当西方文化悄然无声地进入网络社会,东西方不同的价值理念和文化的交锋,对我国社会主义制度文化造成一定冲击。尽管世界网民有千千万万,网民的意见和观点截然有异,形成"万民同网、异见纷呈"的局面,但在各种思想与意见的激荡中,只有一种观点才标志着主观与客观的符合,即真理。只有真理才是对客观事物的正确反映,只有社会主义制度文化才是经过实践证明和检验的真理性认识。

从文化的类型来看,文化具有多元化特征。从历史的角度来看,文化划分为传统文化和现代文化;从地域的角度来看,文化划分为本土文化(中国特色文化)和外来文化(西方文化);从地位的角度来看,文化划分为主流文化和非主流文化;从体制的角度来看,文化划分为社会主义制度文化和资本主义制度文化。新媒体技术时代使得多元性的网络文化并不单属某一个国家和民族,并不是以一种简单、纯粹的文化打开方式,而是同时指向现代文

化和非主流文化的交叉发展,又渗透着本土文化和西方文化,社会主义制度文化和资本主义制度文化的交叉融合。在网络的多元化文化之间,唯有一种文化是符合中国国情、符合中国最广大人民利益、符合中国发展方向的,那就是社会主义文化。

从不同体制的文化来看,社会主义文化(中国特色文化)与资本主义文化(西方文化)相比较,社会主义文化是经过实践证明和检验的真理性认识。社会主义文化与资本主义文化是两种根本相互对立的文化,具有不同的文化内涵和体系。中国社会经历了从封建主义社会到半殖民地半封建社会的转变。无数次的失败给予中国人资本主义制度在中国行不通的经验和教训。在马克思主义思想的指导下,在中国共产党的领导下,中国人民推翻了三座大山,取得了新民主主义革命的胜利,建立了新中国。社会主义制度是历史和人民的选择,是人民群众对中国具体实际的正确反映。社会主义制度经历了中国革命、建设和改革开放的实践检验,中国从一个极度贫穷、一穷二白的国家正在走向全面小康、繁荣富强。中国革命的伟大实践告诉我们,社会主义制度是真理性认识,只有社会主义制度才能保障人民当家作主的地位,只有社会主义制度才能实现中华民族的伟大复兴,只有经历社会主义初级阶段才能使我国逐步走向共产主义社会。社会主义制度具有科学性、客观性和优越性。社会主义文化如何在网络空间战胜资本主义文化,其关键是要掌握网络战场主动权,在网络空间唱响社会主义制度文化主旋律,增强网民社会主义道路自信、理论自信、制度自信、文化自信,形成积极向上的网络舆论环境和网络好风气。

从文化的地位来看,社会主义文化是主流文化,网络是非主流文化。社会主义主流文化的地位取决于马克思主义在意识形态领域的指导地位。由于网络文化全球化发展,网络非主流文化出现既有中国传统文化因子,又存在西方文化元素,或是多种文化相互交融的状态。所以,社会主义文化与网络非主流文化不是两种绝对对立的文化。作为非主流文化,本土的网络文化生根于中国传统文化的土壤,硕果于社会主义文化时代,具有社会主义文化的因子。在社会主义文化的导向下,社会主义主流文化可以包容网络非主流文化,网络非主流文化也可以向社会主义文化方向发展。

网络文化的多元性决定了网络主体有千万个不同声音,千万个声音同时发声,哪一个声音是正确的、健康的、有道德的;哪一个声音是错误的、不健康的、不道德的,这取决于社会主义主流文化的价值评价。网络非主流文化要坚持以社会主义主流文化为指导,以思想政治教育理论为导向,不论何种声音、何种立场、何种观点都不能背离社会主义制度的指导思想。坚持社会主义主流文化就要坚持集体主义价值导向,始终以为人民服务为核心,以提高网民思想道德素质为目的,以人民利益作为价值取向,反对网络中的个人主义、享乐主义、拜金主义。在多元网络非主流文化的斗争中,如何讲好中国革命故事、传播中国好声音、提高中国文化软实力,对大学生发扬社会主义主流文化、坚持集体主义价值观具有重要意义。

总之,网民有千万,真理只有唯一。当今世界依然处于马克思所提出的社会主义走向共产主义的发展阶段。根据马克思主义基本原理,社会主义必然必将代替资本主义,资本主义必然灭亡,社会主义必然胜利。马克思主义科学真理体现了社会主义制度文化在多元文化中具有无与伦比的优越性。在多元的网络文化中,坚持主流文化引导非主流文化、坚持思想政治教育导向网络多元文化,对网民坚定社会主义制度和社会主义信念具有重要意义。

(二)坚持以人为中心的思想

在互联网市场经济竞争中,网络电商平台具有逐利的本性,其本质是追求物质利益、实现个人价值为宗旨的价值观念。当网红主播、带物达人、抖音、群主、坛主等"小时代"使其个人利益充分实现时,却背离了集体利益和社会价值。网络中各种享乐主义、利己主义、媚俗低俗、简单粗暴等文化现象频频挑战着大众的道德底线,集体主义、爱国主义、社会主义遭受着新的挑战,对社会主流价值观念和思想政治教育工作产生了负面影响。思想政治工作是人的工作,要做好思想政治工作,就要抓根本。思想政治工作的根本就是以人为中心。习近平总书记于 2016 年 4 月 19 日在网络安全和信息化工作座谈会上指出:"网信事业要发展,必须贯彻以人民为中心的发展思想。"①以人民为中心,就要树立人民利益高于一切的价值观,紧紧抓住人民最关心、最直接、最现实的利益问题;树立人民利益高于一切的价值观,要求以人民利益为最高价值主体,把人民群众的利益作为工作的出发点和落脚点,维护好最广大人民的根本利益。

第一,树立集体主义价值观。随着网络经济和网络科技的迅速普及和发展,各种经济平台、文化平台、娱乐平台迅速更新,虚拟社会的经济竞争日益激烈。除了网络平台、公众号、小程序之间的竞争,还有各个网红达人、网络主播、海外代购等网商之间的竞争。在互联网形式之下的市场经济,很多大企业与小商店逐步从线下传统经营模式走向线下与线上相结合的混合式经营模式,从实体店铺发展到网络店铺,从线下品牌发展到线上品牌。在这种情况下,一些网红明星、电商老板、游戏开发商、直播达人等为了追逐个人物质利益,以极度张扬个性为手段,在网络空间传播具有明显个人主义价值观的网络文化,误导青年网民的思想观念和价值追求。在社会主流意识形态遭受网络非主流文化挑战的背景下,树立集体主义价值观对大学生网众群体建立正确的价值取向具有重要意义。集体主义价值观是一种以人为中

---

① 《习近平总书记在网络安全和信息化工作座谈会上的讲话》,中华人民共和国国家互联网信息办公室,http://www.cac.gov.cn/2016 - 04/25/c_1118731366.htm?source = post_page。

心的价值观,这里的"人"就是指"最广大人民群众"。集体主义价值观是一种与个人主义价值观相对立的价值观,它是以人民群众为主体的价值观,以实现最广大人民群众的利益为目标,个人主义价值观主张以个人为中心、以个人利益为目的、以个人物质享受为宗旨的价值观念。树立集体主义价值观教育,就是要反对个人主义价值观,这是大学生思想政治教育的主要任务。

第二,追求个人正当利益,实现自我价值。人作为社会的主体,首先要解决衣食住行等生存的首要问题。追求物质基础和精神充足是推动社会向前发展的动力。除了实体经济外,网络社会的线上经济已成为当前大学生自主创业和实现自我价值的重要选择。随着新媒介技术的迅速发展,大学生开启了新的就业方式,即线上就业。大学生网民凭借一部手机或电脑,通过手机淘宝、微信朋友圈、微博、美团、小红书、抖音等 App 平台,以产品信息发布、线上直播、视频、吸粉、刷圈等方式,开始了在线上的艰苦创业和市场营销,开启了网络经济的新零售时代。随着网络技术的迅速发展,手机网民的大量涌现,在教育、服装、食品、旅游、运动、音乐、游戏、汽车等生活领域实现了全方位线上经济行为,网络购物、网上外卖、网络打车、网络公交、网络银行、网络理财等一系列电子商务贸易和电子交易行为取代了线下交易行为。在网络金融时代,网民谋求其合法的物质利益、追求正当享受与网络创业、网络营销、网络就业是不相冲突的,且是被积极鼓励的一种新的谋生方式。集体主义价值观强调集体利益高于个人利益,但并不否定个人正当利益。尤其是大学生网民通过艰苦创业来获取正当的个人利益,这种劳动价值观与享乐主义的价值观是完全不同的。

第三,坚持个人价值与社会价值相统一。为了追求无限的物质财富和个人利益,一些网商利用新媒介工具发布刺激的、感性的、低俗媚俗的网络游戏、网络景观、网络新闻、网络视频等网络娱乐文化内容,对大学生网民实施网络诱惑、网络欺诈和网络暴力,直接影响了大学生集体主义观念。个人主义鼓吹"民主""博爱""自由"平等"等资本主义国家的价值观念。一味追求个人利益是个人主义的体现,是西方资本主义价值观的体现。大学生网民在追求个人利益、实现个人价值的同时,绝不能忽视其社会价值。个人价值是社会对个人的肯定和尊重,是个人对社会利益的正当索取,而社会价值是个人对社会的责任与贡献。马克思指出,人的社会属性是人的本质属性。个人价值以社会价值为实现基础,以社会关系为实现方式,只有把个人的理想与国家的命运、个人的价值与社会的发展紧密结合时,个人价值才能充分实现。评价一个人的人生价值的依据主要是看这个人对社会所做出的贡献的大小,也就是一个人的社会价值体现了多少。坚持完善个人与贡献社会相统一,就是坚持了个人价值与社会价值的统一。

唯物史观认为,人民群众是历史的创造者,是社会物质财富和精神财富的创造者。社会主义制度彰显民主,重视人民群众的主体地位,保障人民群众的根本利益。以习近平同志为核心的党中央提出"以人民为中心"的思想是对唯物史观的创造性发展和运用,是党开展思想政治教育工作的精神导向。以人民为中心,既要确认、发展、维护个人的尊严、价值和利益,又要确保集体主义原则的贯彻执行。集体主义价值观是思想政治教育的重要任务,是社会主义核心价值观的重要体现。在互联网时代,人民即网民,网民即人民。始终坚持以人民群众利益为出发点和落脚点,就要把以人民为中心的思想贯穿到网络世界,在网络社会建立"网民价值观""网民集体主义"意识,让网络技术从网民中来,再回到网民中去,为网民造福,让网民受益。坚持网民个人价值与社会价值相统一,既要保障网络电商个人的正当利益,更需要无数网民为社会主义互联网经济的发展奉献自己的力量,携手营造一个具有正确价值观念和集体主义意识的网络文化世界,引导网络空间健康发展。

（三）勇于和善于通过网络发声，积极宣扬社会正能量

1.掌握马克思主义基本原理，坚持马克思主义意识形态领域的指导地位

学习和掌握马克思主义基本原理，就要学会运用马克思主义的立场、观点和方法去认识网络世界出现的各种社会思潮，用马克思主义思想武器去指导大学生正确认识人类社会发展的规律，自觉抵制西方资本主义势力的侵蚀，提高大学生驾驭复杂问题的本领以及分辨是非的能力和判断能力。封建迷信的存在是邪教组织存在和发展的思想根源，唯心主义思想是建立马克思主义科学唯物论的思想源泉。马克思主义是关于自然、社会和人类思维发展一般规律的学说，是当代大学生观察当今世界变化的认识工具和行动指南，是引领人类社会进步的科学真理。马克思主义哲学在今天依然具有强大的生命力。辩证唯物主义和历史唯物主义是马克思主义哲学的重要组成部分，"物质与意识的关系"是哲学的理论基石。只有对马克思的"世界的物质统一性"有深入的学习，才能正确把握物质与意识的正确关系，进而树立科学的世界观和价值观，进一步坚定马克思主义立场，增强社会主义道路自信和社会主义制度自信，捍卫马克思主义在我国意识形态的指导地位。

意识形态领域是西方资本主义势力对社会主义国家实行"和平演变"的主阵地，是对我国社会主义意识形态上层建筑的威胁。一些反华势力的西方媒体利用网络公众号，一方面大肆宣传资本主义国家的经济政治制度，赞美所谓的"普世价值"，煽动全球西化、资本主义化趋势等，另一方面对马克思主义进行错误解读，把社会主义"妖魔化"，对我国在初级阶段面临的民生问题进行舆情攻击，以削弱网民对社会主义的政治认可，煽动民族分裂。随着新媒介技术不断发展，坚持马克思主义在意识形态领域的指导地位，不仅

需要提高马克思主义的理论认识,加强马克思主义哲学的学习本领与应用能力,还应该加强马克思主义意识形态的网络阵营建设。强化马克思主义意识形态在大学生网络阵营的建设,既要培养大学生对马克思主义经典在线学习的热情,努力掌握马克思主义的看家本领,还要加强高校马克思主义意识形态信息网站的建设,宣传马克思主义中国化的理论成果,宣传社会主义制度的优越性,强化马克思主义在多元网络文化中的意识形态指导地位。

2. 加强高校网络文化建设,营造高校正能量的网络空间

我国是一个多民族的国家。一些少数民族有信仰宗教的传统,如何引导大学生少数民族群体处理好宗教信仰与社会主义制度的关系,关系到大学校园的稳定,关系到大学生的价值取向和精神毅力,关系到我国多民族团结和祖国统一。

一是巩固马克思主义主流思想舆论,畅享网上思想政治教育主旋律。中国特色社会主义文化是以马克思主义为指导的、民族的、大众的文化。马克思主义在意识形态的指导地位决定了思想政治教育的地位和作用。思想政治教育是社会主义精神文明建设的基础,是高校抵御资本主义颠覆势力、极端宗教势力、民族分裂势力渗透的主渠道,是网络文化建设的重要内容,是唱响大学生爱国主义教育、集体主义教育、社会主义教育的主旋律。通过校园网络空间将马克思主义意识形态渗透到高校网络课堂、校园网站、校园贴吧、班级微信群、QQ 群、校园微博等各种媒介中,扩大马克思主义主流思想的信息覆盖面,增强马克思主义思想舆论,唱响校园思想政治教育主旋律。尤其是在马克思主义网站建设上,要增强马克思主义意识形态的网络魅力、吸引力和凝聚力,使大学生群体尤其是少数民族群体能更加关注马克思主义意识形态和社会主义文化,引导民族宗教与社会主义制度相适应,培养大学生正确的价值取向和价值追求,形成科学的思维能力和理性的审视能力。

二是传承中华民族传统美德和中国革命道德,弘扬中国精神。中华民族是一个海纳百川的民族,中华民族传统美德蕴含了中国的价值观念、风俗习惯和行为方式。传承中华民族传统美德,用传统文化引领宗教文化、用社会主义核心价值观来引领宗教思想,加强网络伦理教育,发挥道德教化作用,能够增强少数民族同胞对祖国的情感和眷念,增强社会主义文化的自信心和自豪感,增强各少数民族之间的团结和祖国统一。通过各种网络 App 学习平台,可以快速扩大大学生学习传统文化知识的理论视野,增加文化量的积累,打开更多理论视角,弥补和解决线下知识储备不足的情况。当手机成为人的随手之物时,网民对网络几乎不设限,网络信息浏览也成为打开人内心的一把钥匙。传播中国革命道德和英雄人物故事,可以帮助在学习、心理、情感、就业、家庭和生活等方面遇到困难的学生积极梳理负面情绪,主动调整心态,在学习革命先辈们不怕困难、艰苦奋斗、不怕牺牲、斗志昂扬、逆流而上的斗争精神中,增加内心正能量,树立坚强的斗志。

三是规范校园网络内容监督,加强校园网络建设。网民在网络社会的自由言论造成网络内容的纷繁复杂。虽然我国在互联网的核心技术领域研发还没有取得明显效果,但我们在互联网其他领域有能力和条件取得更大突破。加强网络内容监督,开展净网专项行动,清理网站负面信息,才能有助于高校在互联网主流文化建设方面取得核心宣传效果,有助于高校营造具有正能量的、健康的、积极的网络空间,有助于抵御网络西方资本主义文化的渗透,打赢网络意识形态斗争。面对黄色色情、煽动暴力、仇恨语言、人身攻击、诈骗等网络负面信息,利用已取得的先进技术给予监管,对国外的反华势力网站尽可能使用先进技术的防火墙过滤并进行加密技术处理等,可以防止西方反华势力、境内外敌对势力蔓延到大学校园网站,进而有效保护大学生网民群体。在充满社会主义强大磁场的网络空间中,大学生越是活跃于网络社会,越能潜移默化地提高大学生对"西化"意识形态的自身免疫力,养成马克思主义主流意识形态站位的自律性,成为一名忠诚的、坚定不移的爱国者。

3. 培养大学生网络法治素养,树立正确的网络安全观

网络并不是法外之地。法制是网络文明的制度基石,网络法治社会是当今社会主义法治社会建设的重要组成部分,高校网络法治是社会主义法治社会建设不可或缺的环节。近年来,为了增强网民的国家安全意识,为互联网管理提供了法律依据,我国相继颁布了"微信十条"、《关于维护互联网安全的决定》《中华人民共和国反间谍法》《中华人民共和国国家安全法》等一系列互联网安全建设方面的法律法规。2016 年 4 月 19 日,习近平总书记在网络安全和信息化工作座谈会上指出:"安全是发展的前提,发展是安全的保障,安全和发展要同步推进。"①建设高校网络法治社会,是大学生义不容辞的责任。在互联网发展过程中,高校对大学生网络技术学习与应用的关注已经超过了大学生网络法治教育,造成了大学网络生态文明建设滞后,为"三大势力集团"渗透校园网络留下了一席之地。

新中国成立以来,为了解决人民的温饱问题,还没有来得及普及广大公民的法治教育,人民法治观念薄弱。在满足人民日益增长的物质文化需要后,社会主义市场经济(包括网络经济社会)需要法制,社会主义法制社会的建立刻不容缓。尽管高校大学生接受了社会主义法律法规基础知识的学习,但一接触到网络中不健康的、虚假的、暴力的、反动的、迷信的信息时,就会出现法治思维缺乏,法律素养较低,政治敏感度和辨识度不高,思考和分析问题能力不足,理论与实践脱节等问题,这对大学生形成正确的价值观、道德观、法治观、集体观有较大干扰。

---

① 《习近平总书记在网络安全和信息化工作座谈会上的讲话》,中华人民共和国国家互联网信息办公室,http://www.cac.gov.cn/2016 - 04/25/c_1118731366.htm?source = post_page。

因此,以学生工作为中心,加强大学生网络法制教育,提高大学生网络法治思维,培养大学生网络法治素养,引导大学生在网络世界形成守法、尊法、学法、用法的网民,树立网络安全观,是打造理性、安全、稳定、文明的校园网络文明生态的基础,对促进高校网络生态健康发展、反对境外网络宗教集团的渗透有重大意义。通过在校园网站中定期举行网络法制教育大讲堂、举办网络宗教(民族分裂)势力透析讲座、开辟网络社会主义法制教育论坛、建立大学生网络文明法制考试 App,制作大学生网络守法和违法的微视频、抖音视频等,通过新媒介技术全方位推进高校网络法治文明建设,引导大学生正确运用网络工具,增强反渗透能力,营造健康的大学生网络生态文明氛围,使网络犯罪分子无机可乘。

二、有原则高度的"寓教于乐"

(一)思想政治教育"原则"是首要的

"泛娱乐化"时代批量制造娱乐,尤其是低层次的娱乐内容被大量重复性生产,浅薄的知识、平面化的知识、碎片化的知识等对世界的肤浅认知霸占了手机屏幕。多样化的娱乐形式却层出不穷,形式表现越来越丰富多彩,形式感被大大提升。娱乐内容虽浅薄,但其形式十分吸引人,成为网民关注的重点。大学生现在越来越重视娱乐的表现形式,却忽视了娱乐内在的本质和内容。强烈的、多样化的娱乐形式放大了人的感官功能,激发了人的快乐情绪,冲击了人的思想闸门。大学生将大部分注意力放在这些各种形式感的娱乐事件、娱乐新闻和各种生活琐事上,娱乐信息内容霸占了人的思维空间,形式化娱乐思想正在导向大学生的思想观念和价值追求,对大学生思想政治教育形成了一定冲击。

马克思主义认为,任何事物都是内容与形式的统一。内容是事物存在的基础,对形式具有决定作用,即有什么样的内容就有什么样的形式。形式对内容具有反作用,适合内容的形式对内容能起到正面的推动作用,相反,不合适内容的形式对内容起到负面的阻挡作用。在内容与形式的关系中,内容是第一位的,形式是第二位的,形式要为内容服务,要厘清主次关系。而网络娱乐大多重形式、轻内容。形式越美,娱乐性越强,越能体现网络娱乐的价值,越能实现娱乐开发商的利益。为了追求形式,内容甚至为形式服务,即使内容苍白、毫无价值与意义,甚至歪曲人生价值也无所顾忌。

思想政治教育是在我国主流意识形态指导下对大众开展的重要工作,在中国特色社会主义建设中具有战略性地位,是社会全面进步的重要条件,是大学生思想道德建设的主要手段。在社会主义文化背景下,思想政治教育应是"原则"地位,是社会主义文化建设的核心"内容"。网络娱乐文化作为非主流文化,应遵循思想政治教育的"原则"地位。网络娱乐文化应以主流文化为导向,坚持内容第一、形式第二的观点,提升娱乐信息内容的品质和内涵,充分体现娱乐内容的真实性、客观性和准确性,正确引导大学生的思想品德发展,为思想政治教育工作服务。具体来说,对于网络娱乐而言,其内容应与思想政治教育内容一致,配合思想政治教育发挥协同作用,尊重思想政治教育的主导地位。

第一,网络娱乐文化应符合思想政治教育的内容。思想政治教育的内容是针对思想政治教育的对象和社会发展的要求而确定的。从根本上说,思想政治教育以人生观、世界观和价值观教育为基础内容。网络娱乐要凸显内容,则需要重视对网络娱乐信息内容的把握,体现正确的"三观"教育。在思想政治教育工作中,世界观是坚持马克思主义的世界观教育,即运用唯物辩证法去认识世界和改造世界;人生观是坚持马克思主义的人生观教育,其精髓是为人民服务;价值观是马克思主义的价值观教育,强调集体主义的价值观。网络娱乐的内容要与思想政治教育的内容,即"三观"教育具有一致性,对广大青年受众进行爱国主义、集体主义和社会主义教育。进入中国特色社会主义新时代,我国的社会主义发展有了新的历史方位,社会主义核心价值观的培育和践行成为新时代青年大学生的价值引领和行为准则。因此,加强网络内容建设,宣传马克思主义主流意识形态文化,传播社会主义核心价值观,旗帜鲜明地坚持正确的政治方向、价值取向和舆论导向,创造良好的网络社会环境,是网络娱乐文化内容建设的新特征、新理念、新体现。

第二,网络娱乐文化应配合实现思想政治教育的作用。思想政治教育的作用表现为导向作用、保证作用、育人作用、协调作用、激励作用。在某种程度上,网络娱乐已经全方位渗透到社会生活中,间接发挥了导向、育人等功能。为了使网络娱乐的内容不发生偏差,应积极配合思想政治教育发挥协同作用。一是网络娱乐应坚持思想政治教育的价值导向,即坚持主流意识形态的核心地位,积极宣传党和国家的方针路线,发扬优秀的民族文化传统,间接配合思想政治教育导向作用的实现。二是网络娱乐应成为助推社会前进和发展的思想舆论。积极、健康的网络舆论对社会发展具有推动作用,能够与社会不良思想言论作斗争,间接配合思想政治教育保证作用的实现。三是网络娱乐应具有明确的政治方向,促进大学生人格完善,培养大学生的创造意识,间接配合思想政治教育育人作用的实现。四是网络娱乐应培养大学生平等、互助、友爱、和谐的人际关系,帮助大学生树立正确的思维方式,协调大学生心理状态,间接配合思想政治教育协调作用的实现。五是网络娱乐应弱化其表现形式,在内容上传播积极向上的、催人奋进的网络信息,激发大学生的精神品质,间接配合思想政治教育激励作用的实现。

第三,网络娱乐文化应尊重思想政治教育的主导地位。思想政治教育的地位是由思想政治教育在社会结构中的地位决定的,是由社会经济、政治、文化、法制建设中的作用规定的。思想政治教育的地位与思想政治教育的作用密切联系,思想政治教育的战略地位决定了思想政治教育作用的发挥。根据社会存在与社会意识的关系原理,"马克思主义的唯物史观是我们客观认识思想政治教育的地位问题的指导思想"①。思想政治教育是社会主义社会的重要标志,是具有中国共产党领导特色的教育体制。网络娱乐文化是在信息技术时代背景下产生的一种网络文化,属于非主流文化,其地位从属于主流文化。网络娱乐文化要服务于社会主义主流文化,服从于思想政治教育工作的主导地位,就要坚持马克思主义指导思想的地位,坚定社会主义道路,警惕各种非马克思主义、非社会主义的思潮在网络社会中的传播,杜绝在网络娱乐中渗透"个人主义""拜金主义""享乐主义"等不良思想。

(二)"寓教于乐"的新形式与新要求

在网络文化背景下,积极拓展思想政治教育的新形式,有高度地实现思想政治教育"寓教于乐",有利于积极开展大学生思想政治教育工作,提高思想政治教育的功能和作用。

1.推进和丰富思想政治教育资源融入网络文化

推进思想政治教育融入网络文化,积极开发与思想政治教育主题紧密结合的教育类软件,利用网络文化中蕴含的丰富的思想政治教育资源来推动高校思想政治教育大众化。在网络思想政治教育资源建设中,及时关注社会动态,将重点放在思想政治教育资源内涵的丰富性上,在思想政治教育资源的理论深度和现实来源上实现新的突破,增强思想政治教育对大学生心理、情感和思想上的影响。

一方面,鼓励娱乐软件开发商开发与优秀传统文化相关的平台或游戏软件。思想政治教育是一件讲道理的工作。通过玩游戏、讲故事来讲大道

---

① 《思想政治教育学原理》编写组:《思想政治教育学原理》,高等教育出版社,1999年,第121页。

理是幼儿教育的一大特点。比起生硬的说教,人对游戏、故事的接受度更高。从线下转移到线上,在线上玩游戏、讲故事,将"大道理"融入网游和娱乐软件中,有利于对当今大学生"讲道理"。在娱乐软件的长期体验中,不仅能使大学生体验网游的娱乐性,还能在网游时使大脑潜移默化地接受思想政治教育,实现寓教于乐,促进大学生健康成长。

另一方面,对现有网络游戏中的思想政治教育资源进行改造、优化或创作,创造一批具有思想引领价值的网络德育资源,融入高校思想政治教育实践活动中。比如,开展全国性以大学生思想政治教育为主题的网络游戏软件程序设计比赛,充分调动大学生网民的兴趣,将思想政治教育资源与网游结合,让同学们在创造的过程中,既能享受游戏软件创造的乐趣,又能推动大学生主动学习和研究思想政治教育的内涵。将创作成功的德育游戏软件推广到全国各大校园,不仅能推动思想政治教育在校园大面积的深度普及,还能进一步激发大学生开发思想政治教育网络软件的动力。

2. 开发和挖掘我国优秀文化融入网络文化

当网络游戏、抖音、微信朋友圈、娱乐头条、微博、网络直播等娱乐文化成为网民生活的重要组成部分时,网络娱乐文化对大学生的"三观"正在日益产生影响。价值取向不仅关系青年大学生的健康成长成才,也关系着未来社会群体的主流价值取向。作为网络文化教育的重要媒介,网络娱乐文化对我国培育社会主义核心价值观具有不容小觑的影响。

网络文化与道德知识教育的结合,意味着形式的娱乐性、科学性和内容的教育性、民族性的统一。优秀传统文化源自人民的生活实践,其背后蕴藏着一个个感人的、励志的、向上的经典故事。开发具有民族文化特色的娱乐软件,推动古代传统文化所蕴含的家庭美德(诸如"陶渊明移居""司马徽让猪""孔融让梨""孟母三迁"等),革命传统文化所蕴含的人民智慧(诸如抗日战争时期的地道战、淮海战役的"小推车"故事、渡江战役的"小木船"故事等），现代文化所蕴含的奥运竞技精神（诸如跳水女子双人 10 米冠军全红婵和陈芋汐、百米飞人苏炳添、铅球金牌巩立姣、男子举重 67 公斤冠军谌利军等）走进网络娱乐平台，实现网络文化平台与道德教育的有机结合。思想政治教育效果作为寓教于乐的一种新形式，不仅有利于传承中华优秀传统道德，发扬中国革命道德，而且为当前大学生塑造正确价值观提供了现实榜样，为大学生坚定社会主义核心价值观、积极传播社会主义核心价值观和模范践行社会主义核心价值观提供积极有益的帮助。

3.利用和开辟大学生思想政治教育虚拟实践阵地

思想政治教育是一种思想理论教育，更是一门应用学科。理论是建立在大量实践基础上，获取丰富的感性材料才得以上升到理论认识阶段。理论是为了更好地指导实践，脱离了实践的理论空洞而无价值。大学生思想政治教育具有实践性特点。作为一种新型的人类实践类型，网络文化利用数字信息技术打造了一种新的网络虚拟实践活动。网络虚拟实践活动以绚丽的人物设计、充满激情的娱乐过程和丰富的情景创造，除了像照镜子一般将现实社会生活生动地仿真，还创造了超越现实社会所没有的想象与探索。为此，根据思想政治教育工作的机制、原则和方法，设计出具有大学生思想政治教育特点的网络娱乐虚拟实践情景，让大学生在网络娱乐中升华对不同角色、人物、环境的情感体验，不仅能推动大学生挖掘和认识游戏中不同角色的社会历史背景和人物特点的积极性，还能增添认知过程中的娱乐感受和心理体验。网络文化世界与思政教育相结合的寓教于乐的过程，增强了大学生对历史人物和历史事件的敏感度、积极性和兴趣性，发展了大学生的历史思维能力，提升了思想政治道德素养。将网络娱乐世界打造成大学生思想政治教育的虚拟实践阵地，体现了思想政治教育与网络娱乐文化的深度融合和时代对接，不仅有利于大学生的身心愉悦和健康发展，增强我国大学生对马克思主义理论的认同，还丰富了大学生思想政治教育实践模式，进一步拓展了思想政治教育的教学空间。

（三）分别对游戏、娱乐、视觉化进行批判分析及应对

随着电子科学技术化、信息化、数字化日新月异的发展，大众对电子产品的依赖感增强和利用率也随之提高，网络游戏、抖音、直播、微信、娱乐 App 等电子娱乐平台普遍霸屏，占据了手机运用的主要时间。

1. 对网络游戏文化的批判及应对

网络游戏对大学生生活和思想政治教育既存在正面价值，也有负面价值。就其正面价值而言，网络游戏拓宽了大学生知识视野，增加了人际交往，丰富了大学生业余生活；就其负面价值来说，网络游戏对大学生的世界观、价值观和道德观的影响，对现实生活的人际交往能力和传统人际圈子的弱化，对大学生网瘾的诱发等，会妨碍大学生思想政治教育目标的实现。

作为网游的公共网络交流平台，现代网络游戏普遍存在暴力、色情、虚假、攻击、赌博、迷信等危害大学生心理健康和国家安全的不良信息，会在潜意识层面影响大学生"三观"的形成，诱发大学生心理问题和社会问题。从表面上看，网络游戏是一个游戏比赛，但从实质上看，网络游戏是一个具有很强社交特征的交流平台。健康的网络交往，能促进大学生集体形成正能量人际圈子，相反，不良的网络交往会导致大学生群体负面能量的产生。如何趋利避害，对思想政治教育工作来说是一个巨大挑战。

第一，利用网络游戏的社交功能，帮助大学生树立正确的道德价值观。来自四面八方不同院校、不同专业、不同爱好的大学生聚集在同一网络游戏中，通过自动组队参与游戏、分享游戏过程、交流游戏经验，构成另一个"真实"世界。在网络游戏过程中，玩家会因为共同的游戏目的而团结一致、万众一心、并肩作战。开展思想政治教育工作应借助网游的社交功能来强化大学生之间的社会关系，塑造共同的道德价值观念。正是因为线上一致的

游戏目标促进了线下人与人之间共同的思想观念和行为范式的形成。通过网络游戏而产生的新的社会交往方式为思想政治教育工作的开展开辟了新的渠道。

第二,利用网络游戏的娱乐性特点,提高大学生思想政治教育的参与度。娱乐是人的本能追求,有娱乐性的东西更具有吸引力。娱乐性是网络游戏的重要特点,符合大学生的心理特点需要,弥补了大学生生活的单一性和枯燥性,使越来越多的大学生积极主动地参与到网游中。当网络游戏成为大学生校园生活的重要构成部分时,思想政治教育工作应融入大学生网络生活和网游的发展趋势,借助网游的娱乐性特征来提高思想政治教育的覆盖面,增强大学生思想政治教育工作的吸引力和参与度。通过网络游戏共同的群体规则和游戏规则,能同化更多的大学生形成默认的道德约定,在游戏关系中打造一致的道德认同,积极调动大学生参与到思想政治教育工作的网络阵地中,促进网络游戏对大学生思想政治教育发挥积极作用。

第三,利用网络游戏的科技性平台,为大学生思想政治教育提供物质载体。

网络游戏是网络科技的时代产物。网络游戏既需要互联网技术,也需要客户端安装软件。随着宽带、5G、物联网、大数据等电子科技在中国的迅速普及,大学生网络群体的队伍也越来越庞大。作为网络技术的产物,网络游戏极大地改变了大学生的思维方式和生活方式,既成为大学生业余时间的主要娱乐项目,又变成为大学生思想交流的阵地之一。利用网络游戏的科技平台,将思想政治教育工作介入网络游戏平台,争夺大学生思想阵地,重塑主流价值文化,建构大学生接受先进文化的重要领域,在网游中打造一个健康生态的网络空间。

2.对网络娱乐文化的批判及应对

网络娱乐文化是科学技术和市场经济发展的客观产物,对大学生思想政治教育既存在积极影响,也有其负面影响。就其积极影响而言,作为大学生宣泄情绪、寻求快乐、缓解精神压力的一种便捷方式,网络娱乐文化在一定程度上弥补了大学生思想空虚,舒缓了心理压力,满足了大学生的社会交往和精神归属。就其网络娱乐文化的消极影响而言,第一,网络信息娱乐文化压抑大学生理性精神,使大学生思维能力受阻,理论视野肤浅;第二,网络信息娱乐文化弱化思想政治教育的功能,消解思想政治教育导向的正统性;第三,网络信息娱乐文化消解大学生的精神品格,使大学生容易迷失人生方向、缺乏崇高理想信念。

伴随着新媒介的不断推陈出新,娱乐元素的不断升级,娱乐功能的不断拓展,在网络娱乐中寻求快乐得到青年大众的广泛认可和积极选择,人们越来越习惯于从电子产品和新媒介中获取社会信息和娱乐。随着网络硬件的全方位覆盖,网络信息娱乐文化的深度发展,使大众陷入文化的庸俗化之中,正在削弱主流文化对于大学生思想政治教育和社会生活的价值引导,阻碍社会主义文化教育和建设。如何既尊重大学生的生活方式和对娱乐的自由选择权,又能充分发挥网络娱乐文化的积极影响,减少它对思想政治教育带来的消极影响,对大学生思想政治教育工作来说是一个重大课题。

第一,利用网络娱乐文化的"娱乐"属性,提高思想政治教育工作的实效性。思想政治教育学科本身是一门集阶级性、实践性、综合性于一体的社会科学,既具有较强的理论性和政治性,又具有抽象性和单一性等特征。从思想政治教育学科的抽象性来看,思想政治教育学以马克思主义为理论基础,是一门研究思想政治教育发展规律的科学,其教材以概念化、理论化的逻辑分析和理论讲解为主,在开展思政教学和思政教育工作过程中显得较为枯燥乏味,单一无趣。而网络娱乐文化具有娱乐大众的重要属性和功能,在传播知识信息的过程中极大地满足了大众的心理需求,从生理上人们更容易接受和喜好该文化。可见,网络娱乐文化能够极大地调动大学生的求知兴趣和好奇心,能应对大学生思想政治教育的盲区,帮助解决思想政治教育工作面临的主要问题。为了提高大学生对思想政治教育学习的积极性,借鉴网络娱乐文化生动形象的表现形式,吸取网络娱乐文化积极合理的要素,抛弃其肤浅平面化的知识表面,创建思想政治教育的寓教于乐的新方式,不仅能使大学生在思想政治教育学中感受轻松而愉悦的学习过程,找到学习趣味,还能改进思想政治教育的方法,提高思想政治教育工作实效性。

第二,借助网络娱乐文化新型阵地,优化思想政治教育文化环境。社会环境对大学生形成一定的道德修养和思想观念具有重要影响。伴随着网络娱乐文化在大学生群体的普遍流行,网络娱乐文化对大学生思想政治教育环境产生了越来越多的影响。当网络娱乐文化以有趣的、轻松的特点作为传播形式时,大量不雅、不健康的信息内容的传播正在冲淡大学生思想政治教育的影响,使思想政治教育的作用大大降低。思想政治教育环境具有动态性和可创性。根据时代的变化、科技的变化、教育对象的变化,应调整教育目标、教育内容和教育方法,使思想政治教育活动保持动态性,教育者与受教育者保持平衡协调性。思想政治教育活动应积极主动占领这一新型网络思想阵地,清理不良的网络信息,优化思想政治教育工作的文化环境。创建新型的、良好的育人环境,是大学生心理健康发展的需要,是开展大学生思想政治教育活动的需要,是结合网络大环境推进思想政治教育工作的需要。当然,网络娱乐文化本身是肤浅的娱乐信息,不可与思想政治教育内涵的深沉性同日而语。因此,在借助网络娱乐文化技术时,应注意合理使用娱乐化手段,不能一味追求娱乐的形式而忽略内容的深刻性,也不能一味追求娱乐效果而哗众取宠,影响思想政治教育内容的导向性和严肃性。利用网络娱乐文化的阵地优势,优化思想政治教育文化环境,合理运用网络娱乐文化的正面效应,减少其负面效应,使大学生在思政文化环境中潜移默化地接受正确的价值取向,形成积极健康的精神面貌。

第三,打造高校网络娱乐文化学生"意见领袖",畅享思想政治教育主旋律。随着信息化时代和网络高校普遍化的发展趋势,大学生思想政治工作与网络文化的结合成为时代课题。高校网络娱乐文化"意见领袖",是指活跃在高校微信群、QQ群、校园网站、微博、论坛等校园活动领域的大学生群体,通过发布问题、留言、讨论、回复等线上互动方式,发表自己对娱乐文化的观点,从而引导校园网络娱乐的发展方向。通过打造网络正面"意见领袖",培养校园主流文化的学生明星,发挥"意见领袖"在校园网络娱乐文化中的引领作用,这对大学校园唱响思政主旋律具有重要作用。校园网络娱乐文化"意见领袖"可以从党员、团员、学生干部等群体中选拔,培养一批具有较高思政觉悟和道德素养的学生领袖人物,通过这些学生"意见领袖"人物对时下网络娱乐文化趋势的把握,尤其是对网络娱乐文化中存在西方资本主义价值观,比如"拜金主义""享乐主义""个人主义"等现象进行引导和纠正,对泛娱乐化主义中表现出的低俗、庸俗、媚俗的传播现象进行批判和剖析,引导大学生树立正确的价值观、审美观和人生观,降低泛娱乐化主义的负面影响。总之,打造校园网络娱乐文化学生"意见领袖",发挥学生"意见领袖"在网络娱乐文化中辨别真伪、善恶、真假的先锋作用,把握网络娱乐健康发展方向,有利于营造健康向上的网络娱乐文化氛围,在大学校园中积极传播思想政治教育主流文化。

3. 对网络视觉文化的批判及应对

视觉文化是网络时代的产物。视觉文化是通过现代视频技术把人类文化转变成可视化模式,呈现出一种用视觉感知对象的文化形态。网络视觉文化将古往今来以文字语言为中心的文化表现方式转变成以图片、景象和视频等可视性文化的表现方式。由于视觉文化具有媒介性、直观性、生动性、感性、丰富性、快感等特征,将文化深度拉回至平面视角,这对大学生思想政治教育既存在正面效应,也有负面影响。

就其正面效应而言,网络视觉文化满足了大学生审美需求,拓宽了大学生的认知空间,突破了思维的想象力,缓解了大学生的精神压力。就其负面影响而言,网络视觉文化对思想政治教育传统教学方式产生了一定冲击,引起主流意识形态和大学生政治信仰动摇、道德理想丢失、审美观的庸俗肤浅等问题。利用网络娱乐文化的正面效应,将思想政治教育与网络视觉文化进行有效结合,推动思想政治教育时代化、网络化和现代化发展。

第一,利用网络视觉文化的媒介性,提高思想政治教育的吸引力。思想政治教育传播媒介丰富多样,包括物质媒介和精神媒介。网络视觉文化是现代社会信息传播的重要物质载体,是大学生学习知识和接收信息不可或缺的技术介质。思想政治教育工作均受课程大纲和教学时间的影响,与学生进行全面而深入的思想交流受限。视觉文化作为思想政治教育的物质媒介,能够打破思想政治教育工作时间和空间的限制。利用课下或业余时间,通过超星学习通、腾讯会议、QQ直播、钉钉等App,实施远程教育,不仅能弥补传统思政教育的时空弊端,还能拉近思想政治教育工作者与学生的距离,增加思想教育工作的吸引力。此外,由于视觉文化这种新兴技术媒介深受大学生普遍欢迎,将思想政治教育所蕴含的深刻的思想内容融入视觉文化媒介中,能够激发大学生思想政治教育视频的制作能力和创造性,提高大学生自主学习的积极性和兴趣,从而增强思想政治教育工作的吸引力和受欢迎程度。

第二,利用网络视觉文化的直观性,提升思想政治教育的感染力。视觉文化的突出特征是直观性。基于先进的电子科学技术,传统的思想政治教育文字冗长、信息量大、学习周期长,同学们很难在短时间内消化吸收,并将前后知识点融会贯通,提升为整体性认识。一方面,视觉文化能够把传统的、大量的、烦琐的语言文字表现直接转换成图片、景象和视频等技术表现,这种直观性的表现方式能够避免思想政治教育文本纯文字表达的缺陷。另一方面,视觉文化能够将思想政治教育内容以图文结合、高度概括、简洁明了、声情并茂、主体突出、条理清晰等直观性特点呈现给大学生,能够及时报道当下最热点的政治问题和最潮流的社会问题。视频播放是最直接、最快速、最有效的传播方式,在课堂上进行新闻报道的直播方式比让学生阅读文字资料,更能让学生快速进入情境模式和投入问题的思考之中。视觉文化的直观性和可视化特点能增强思想政治教育的感染力、影响力和辐射力,提升思想政治教育的实际效果,发挥思想政治教育的教育功能。

第三,利用网络视觉文化的生动性,增强思想政治教育过程的趣味性。通过视频、图片、文字和影像等生动形象的呈现方式,视觉文化打造了信息内容动态与静态的视觉结合,丰富而生动的视觉体验能增强大学生的信息接收度,使思想政治教育课堂变得生动有趣、真实活跃。思想政治教育本身是一门理论性较强的学科,其内容极具思想高度和论述深度,显得乏味、单一、呆板,这使得大学生对思想政治教育缺乏学习热情和动力。而网络视觉技术通过动态化、图像化的图与文的有效结合,能够使思想政治教育工作摆脱传统思政教育模式的弊端,改变思想政治教育的刻板与乏味。网络视觉技术是可视的、丰富的、生动的、形象的。利用美图秀秀、天天 P 图、美颜相机、美图贴贴等软件,通过软件的滤镜、图片编辑、马赛克、调光调色、智能优化、一键抠图、拼图、视频剪辑、场景选择、美图黑科技等处理功能,选择五颜六色的图片、前沿潮流的信息、各种呆萌可爱的表情符号、图片与文字的模板等,编写生动有趣的文案。合理选择和适当使用视觉技术,实现视觉文化与思想政治教育的结合,既能够迎合青年大学生的喜好和口味,贴合 00 后大学生认知特点和个性特征,又能在视觉冲击中渗透思想政治教育理念,增强思想政治教育的新颖度、趣味性和丰富性。

三、"守土有责"与坚持初心

网络文化的流动性造成思想政治教育的一系列紧张关系,即人际关系的流动性造成"榜样"的缺失,新闻舆论的流动性造成"权威"的丧失,视觉景观的虚伪性和流动性造成"信任"的瓦解。充分调动各种积极因素对大学生进行高效的思想政治教育具有重要意义。

(一)重塑人际关系,进行警示宣传和榜样宣传

"00后"大学生是网络社会的新生主体和未来社会发展的主要力量,是实践网络媒介的重要群体。网络媒介越来越占据大学生学习和生活的绝大部分活动时间和空间,网络人际关系已发展成当代大学生的主要社会关系。由于大学生人际关系的普遍网络化,网络活动对象取代了传统的亲属朋友关系,网络社交取代了传统社交,引起了大学生人际关系的流动性,体现为网络社交行为的即时性。网络社交行为的流动性会引起大学生社交圈层的变动性,导致大学生思想政治教育的不稳定性。因此,重塑大学生人际关系,对大学生进行思想政治教育具有现实意义。

榜样宣传。人际关系是人与人在交往过程中形成的人际影响、联系和作用。传统的人际关系具有稳定性特征,稳定的社交可以在人的交往中发挥榜样影响和榜样教育的作用。而网络社交关系具有流动性,流动性的人际关系会造成人们交往中"榜样"作用的缺失。思想政治教育的导向作用之行为导向,也称道德人格导向,即通过树立先进榜样或楷模,使人们在心理、精神、人格、行为等方面加以模仿。行为导向的核心就是先进榜样。若大学生的社交局限于网络社会交友,那么现实社交中的真实榜样就无法发挥作用,这会使大学生思想政治教育的作用出现不稳定状态。

大学生社交网络化严重误导了大学生的交往方式、交往对象、交往圈子。大学生网络交往对象是游戏网友、网红、卖家、抖音、直播等线上人物，网络交往方式是网络游戏、网络聊天、电子支付、网页点赞等，网络交往平台是网络游戏、网络直播、抖音、淘宝、微信等多样化网络中介。建立在网络交往平台产生的网络人际关系几乎都是短暂的、浅显的、表面化的。游戏在，网友在；平台在，粉丝在。以利益性、商业性为目的的平台所产生的人际关系，不但不会彰显榜样作用，反而会出现各种负面语言、负面行为、负面品德的情况。比如，在生活中不讲脏话，不随地扔垃圾、吐痰，过马路走斑马线等榜样行为，是榜样理想的具体化表现，可以给大学生以清晰的行为导向，而这一简单的生活行为在网络社交中却是无法找到榜样模型的，反而在网络社交中随口爆粗话的现象且不受指责的反面典型形象比比皆是，这必然会给高校思想政治教育增加难度。在现实生活中，如果大学生没有固定的社交圈，人与人之间的学习交流、生活交往、情感倾诉都将随之减少，既缺乏与单个人的思想碰撞与感情培养，也会缺失团队集体活动的参与感、荣辱感、协作感等团队精神。在现实生活中的社交影响力主要源自榜样，通过榜样宣传的作用，重塑人际关系，对大学生思想政治教育起到感染和激励作用。

警示宣传。网络社交不仅打破了传统社会中相对稳定的亲友关系，还会影响大学生稳定人格的形成，导致大学生思想政治教育的风险性因素增加，大学生思想政治教育的效果受到干扰。对网络社交行为的危害性，应当对大学生进行警示宣传。警示宣传，是宣传教育的一种形式，可以达到提前预防、警示、教育、震慑的作用。警示宣传的方式包括警示教育宣传标语口号、警示教育宣传片、警示教育宣传海报、警示宣传月、警示教育基地等。通过警示教育，告诉大学生什么是对的、什么是错的，什么是健康的、什么是有害的，什么可以做、什么不可以做等标准答案，旗帜鲜明地进行警示宣传。

一是正面警示现实人际关系的重要性。通过思想政治教育的多种宣传教育活动,如警示海报"大学生心理健康""大学生如何建立人际关系",警示宣传片"大学生人际交往障碍""大学生社交恐惧症",警示口号"大学生人际加油站""今天,打电话给父母了吗?"等,帮助大学生维持良好的人际关系,增进彼此的了解、沟通与信任。大学生相互沟通可以缓解自己的情绪,相互帮助可以增进感情,相互协作可以增进团结。有隔阂可以沟通解决,有矛盾可以相互谦让,有情绪可以得到疏解和发泄等。

二是反面警示网络社交的危害性。网络社交让大学生社交圈子缩小,对家庭和朋友的关心减少,丧失了基本的语言交流能力,学习注意力分散、幸福指数降低、孤独感增加。大学生沉迷于网游,很少与家人、室友说话,只是手指运动,而没有感官运动,长时间不使用口语表达,其基本的语言表达会出现迟缓状态,甚至表达能力下降。面对面的语言交流与网络只言片语的组织交流是完全不一样的交流方式,具有截然不同的交流效果。面对面的人际交流,对方表情、声音、肢体动作、情绪表现是当下式或即刻式交流,属于内心交流,能减轻孤独感,提升人的幸福感;而点赞式网络社交,是广泛式赞美,没有实际内容,属于机械式动作。创作式网络社交可以长时间编织语言,与内心真实感受可能出现不一致情况。

通过制作警示标语和警示宣传海报,如"虚拟社交使我们更孤独""何谓点赞之交""网络社交,你的幸福指数是几?",或者制作警示宣传片和微视,"你的线下朋友有几个?""大学生网络孤独症"等,警示和提醒大学生网络社交的缺点和危害。通过警示宣传进校园、进课堂、进学生头脑,使大学生回归线下生活,重塑人际关系,对大学生思想政治教育起到保证作用。

网络生活只是大学生活的一部分,网络社交也只是人际交往的一部分,把人际关系引向传统的、线下的社会交往,有利于大学生形成稳定人际圈层、深厚的亲友关系链条、健全的精神人格,有利于推进大学生思想政治教育工作的开展。

（二）扎牢意识形态旗帜，树立马克思主义理论权威

新闻舆论的流动性造成马克思主义理论"权威"的丧失，对大学生的思想政治教育和社会意识形态存在消极影响。相反，新闻舆论的相对稳定性，对大学生的思想政治教育和社会意识形态则会发挥积极影响。

意识形态领域是西方资本主义文化和中国社会主义文化斗争的焦点。思想防线，社会主义不去占领，资本主义就会去占领。新闻舆论是意识形态斗争的最前沿，是关系国家治国安邦的大事。"做好党的新闻舆论工作，必须把政治方向摆在第一位"①，政治斗争归根到底是意识形态领域的斗争，思想政治领域的斗争是政治斗争的外在表现。坚持党管媒体，把各种媒介都置于党的领导之下。对待新闻媒体，要展开马克思主义新闻观教育，树立马克思主义理论权威。马克思主义新闻观教育提倡社会主义新闻观教育，反对西方资本主义新闻观教育。树立马克思主义的理论权威，坚持马克思主义指导思想，是牢牢掌握意识形态领域领导权的关键，也是同西方资本主义文化思潮作斗争的思想武器。

牢牢掌握意识形态领域的领导权，形成稳定的新闻舆论环境。在新媒体技术环境下，面对意识形态领域的多元化斗争，稳定的新闻舆论环境能增强主流文化的凝练力、号召力和影响力，巩固马克思主义在意识形态领域的指导地位，坚定社会主义道路自信、理论自信、制度自信、文化自信。在整个东欧社会主义国家发生剧变和苏联解体的情况下，我国经受了道路和制度巨大的考验。在坚持马克思主义指导思想，坚持社会主义制度，坚持共产主义的理想信念不变的情况下，我国完成了脱贫攻坚、全面建成小康社会的历

---

① 《习近平新时代中国特色社会主义思想学习纲要》，学习出版社、人民出版社，2019 年，第143 页。

史任务,实现了第一个百年奋斗目标。对社会主义道路的坚持和社会主义制度的贯彻,是党在意识形态领域和思想政治领域取得的又一次胜利,充分显示了社会主义制度的优越性。新闻舆论的稳定性所创造的统一的思想环境,有助于大学生在面对多种网络文化较量中坚持社会主义信念,摒弃资本主义文化。

牢牢掌握意识形态领域的领导权,加强新媒体思政教育工作。意识形态工作本质上是政治工作。坚持马克思主义在意识形态领域的指导地位,需要强化思政教育工作。建立一支高素质的新闻信息服务和从业人员队伍,培养一支坚定的马克思主义传播者、思想政治教育工作推动者是强化新媒体思政教育工作的首要途径。在新闻信息人才队伍的建设上,搞好政治建设、思想建设和组织建设的有机统一,以政治建设为核心,提高思政教育队伍的理论水平、自我修养和政治素质。加强新闻媒体队伍思想道德建设,健全思想政治教育队伍组织机构,不断地提高新闻从业人员的思想道德素质,培育新媒体领域精神文明的新风尚。

牢牢掌握意识形态领域的领导权,就要占据宣传阵地的领导权。是否占据宣传阵地的领导权,取决于该阵地意识形态是否具有理论权威。马克思主义是对自然、社会和人类思维发展本质和规律的正确反映;马克思主义是无产阶级的行动指南和共同纲领,是引领人类社会进步的科学真理;辩证唯物唯物主义和历史唯物主义是大学生掌握科学的世界观和方法论的基础等观点揭示了马克思主义指导思想的权威地位。作为一门揭示世界本质和人类发展的科学,马克思主义对人类社会形态的发展具有引领作用。当今世界依然处于马克思所指出的资本主义向社会主义发展的大时代,新闻舆论始终坚持以马克思主义为思想引领,始终以共产主义伟大信仰为政治导航,始终自觉维护中国共产党的领导,对大学生树立马克思主义理论权威观,稳定和净化网络社会环境,做强网络新闻主流思想舆论,提高新闻舆论的影响力、引导力和公信力具有重要意义。

(三)从视觉"愉悦"走向"以情动人"和"以理服人"

网络直播形式上的欺骗性和内容上的偏向性造成网络直播景观的虚拟性，视觉景观的虚伪性和流动性进一步造成人与人"信任"的瓦解，思想政治教育的理论权威取代直播"视觉"的绝对权威，对减轻虚拟景观的负面影响具有重要作用。

第一，树立思想政治教育理论权威，有利于提高大学生对思政教育队伍的正确认知。大学生对网络娱乐性直播所建立的深刻信任感被虚拟景观摧毁后，对其他思想教育类事物存在心理接受度较难，对从事具有"严肃性"特征的思政教育队伍会存在排斥心理。马克思主义的科学社会主义原则为思想政治教育的内容、过程、成效提供了思想保障。坚持马克思主义作为指导思想，也就坚持了思想政治教育中的政治方向，巩固了社会主义制度和中国共产党的领导。思想政治教育队伍具有较高的马克思主义理论水平和贯彻执行党的方针政策水平，其思想政治教育工作体现了最广大人民群众的根本利益。思政队伍是思想政治工作的组织者和传播者，通过抽丝剥茧的、富有逻辑的、深奥的理论向大学生传播和推演，思想政治教育工作中正面的、积极的引导将赢得大学生群体的广泛认可和信任。网络直播虽以各种激动人心的、催人奋进的、引人同情的、肤浅的深情故事来打动青年大学生，但因代表的是电商平台、网络主播、带物达人等商家个人利益，自然会逐步丢失信任和被人民抛弃。树立思想政治教育理论权威，既有利于高校思想政治教育队伍对大学生进行高效的理论教育，也有助于大学生网民对思想政治教育队伍建立深刻的信任基础和情感。

第二，树立思想政治教育理论权威，有利于培养大学生正确的价值观。直播虽以各种引人同情的、使人共鸣的深情故事来与受众达成共鸣，但因缺乏现实的实践基础,不可能让每个受众有直接的实践体验感。在缺乏受众的实践检验的情况下,一旦出现视觉理论脱离实际的情况,直播景观制造的虚假性成为社会现实,一些同学可能会出现悲观失望、庸碌沉沦、不思进取等精神状态。如何区分善恶对错、是非好坏,提高大学生正确认知世界能力是大学生树立正确价值观的重要内容。社会主义核心价值观为多元网络文化中的不同思想价值观念的交锋提供了正确引领。马克思指出,实践是检验真理的唯一标准。只有把社会主义核心价值观融入大学生网众的校园网络生活实践,才能让大学生深刻地领悟和感知它的合理内核。马克思主义的实践观为思想政治教育的概念、特点、范畴、功能等提供了科学理论支撑,使思想政治教育理论课不仅具有丰富科学理论知识,还具有深刻的社会实践基础。在思想政治教育过程中,思政工作者既要对大学生进行理论知识的推演和传播,寻求与学生产生思想共鸣,还要通过社会实践环节,提高大学生正确认知世界的能力,使学生学会抓住事物的本质,掌握事物的必然,有效改造主观世界,逐渐形成正确的价值观。

第三,树立思想政治教育理论权威,有利于培养大学生思想道德素质。网络直播给青年受众带来了强烈的视觉盛宴和感官愉悦,实现了网民对快乐的极大追求和满足,在心理上和情感上极容易契合其价值观,接受主播个性的张扬和"三观"的渲染。马克思列宁主义、毛泽东思想、邓小平理论、科学发展观、"三个代表"重要思想、习近平新时代中国特色社会主义思想是思想政治教育的指导思想,思想道德建设是大学生精神文明建设的核心。思想政治教育是宣传马克思主义思想的理论武器,用马克思主义对大学生进行理论武装和思想教育,树立思想政治教育的理论权威,有助于大学生建立正确的"三观",摒弃直播景观中歪曲的价值观、人生观和世界观;有助于弘扬集体主义、爱国主义和社会主义,摒弃直播景观中的个人主义思潮;有助于坚定社会主义信念,摒弃直播景观中追求"个性""自由"等资本主义思想;

有助于树立为人民服务的理念,摒弃"人性自私论"。

第四,树立思想政治教育理论权威,有利于培养大学生树立积极向上的人生态度。直播景观呈现的是豪华大餐,既有精致的、高雅的画面感,又有漂亮的、个性化语言。主播通常会说很多漂亮话来包装产品,潜移默化中诱导青年网民的人生态度。一旦大学生沉迷于网络视觉盛宴,不顾个人实际情况,追求空大理想,把金钱当作人生唯一目的和全部意义,容易引发拜金主义和享乐主义,甚至产生不劳而获的心态,出现空谈理想、好高骛远、眼高手低、一事无成的结果。积极的人生态度是一种务实的、认真的态度。塑造完善的人格是思想政治教育育人基本作用的体现。通过思想政治教育工作使大学生明确自己的人生目标和奋斗方向,提高社会责任感,形成稳定的人格特征和积极向上的精神世界。失去理想信念,人生就会失去方向和动力,精神世界容易被击垮。树立思想政治教育理论权威,充分发挥思想政治教育的育人作用,有利于大学生坚定自己的理想信念,形成认真而务实的积极人生态度。

当今时代是一个互联网科技时代、信息时代、多媒体时代,网络文化成为当前思想政治教育的重要时代背景,正确利用网络文化,不仅能够实现思想政治教育"寓教于乐",还能够彰显社会主义制度的优越性。但是面对网络文化多元化、娱乐化、流动化的特征,也为当前的思想政治教育带来了巨大挑战。基于网络文化多元化会影响思想政治教育的导向性,网络文化的娱乐性会影响思想政治教育的严肃性,网络文化的流动性会影响思想政治教育的稳定性,必须认真面对和处理网络文化对思想政治教育产生的影响,积极探索网络文化背景下我国思想政治教育的应对措施。正确认识网络文化与思想政治教育的关系,有效抵制网络游戏、网络娱乐和网络视觉文化对大学生思想政治教育产生的不良影响,利用和发挥网络游戏、网络娱乐和网络视觉文化的特点和优势,为大学校园构建良好社会风尚的道德环境,这能够增强思想政治教育产生的实际效果，推动思想政治教育工作的网络化、时代化和科技化发展。而错误认识网络文化与思想政治教育的关系，大学生受到网络文化的误导，不仅会使大学生意识形态扭曲，民族国家意识观念淡薄、道德价值观念异常和精神品格瓦解，还会使高校思想政治教育的内容和过程遭到削弱，思想政治教育的权威和作用受到影响。

第五章　校园文化对思想政治教育的影响

国无德不兴,人无德不立。立德树人是思想政治教育的根本,是思政课的根本任务,是高校的立身之本。立德是任务,树人是目标。高校是施展思想政治教育的重要载体,校园文化是落实立德树人的隐形文化。如何落实立德树人的根本任务,如何提升学生素质教育,如何培养德智体美劳全面发展的社会主义建设者和接班人等成为新时代高校思想政治教育工作面临的使命。高校思想政治教育工作的开展,要坚持显性教育和隐性教育的统一,既要有黄钟大吕的庄严韵律,又要发挥润物无声的效果。随着高校思想政治教育工作的不断深化改革,校园文化作为高校思想政治教育的重要媒介,不仅发挥着思想熏陶、心灵浸润、情感感染的隐形思政育人功能,而且对落实立德树人、全面提升大学生素质具有重要意义。

第一节　校园文化

文化是人创造的,是人类对客观事物的精神反映,是人与对象交互作用的结果,这种结果既有物质形态的存在,也有观念意识形态的产生。从文化的存在方式来看,文化分为物质形态的文化和观念形态的文化。校园文化发源于校园,以社会文化为背景,是广大师生在校园生活中形成的学校制度、校园氛围、校园环境、价值观念、道德情操、精神面貌、行为规范等。简言之,校园文化是学校师生群体共同打造的物质文化、精神文化和制度文化。

一、物质文化

校园物质文化是以物质方式呈现出来的有形的、实体的文化形态。校园物质文化包括校园硬件基础设施和校园软件设施。硬件基础设施包括学习和生活的建筑物和自然环境等显性物质条件。学习环境包括教室、图书馆、办公室、实验室、陈列馆、所需的设备、设施、仪器。生活环境包括寝室、食堂、校园自然景观、自然遗迹、代表性建筑、植被绿化、宣传专栏等。软件设施包括学校师资比例、教师人才队伍、学科建设、教学建设、学术研究成果、学生人才培养等与教学条件、教学水平、学生就业情况等相关的隐形物质条件。高校校园物质文化是校园文化的物质载体和外在表征。校园物质文化以"物质"的"活"的方式被保留下来,展现了校园文化厚重的历史感和年代感,给广大师生以感官刺激和"美"的享受。

我国高等学府大多都拥有自己独特的、历史悠久的物质文化。北京大学校园风景独特,未名湖、博雅塔、西门的牌匾、燕园建筑群、清宫式风格建筑等硬件设施是北京大学代表性自然景观和遗迹;中山大学校园环境具有亚热带风情,校园建筑以欧式风格为主,四处覆盖亚热带植被,绿树成荫,是一所端庄而典雅的学府;武汉大学校园环境古朴典雅,校园建筑以中西合璧的宫殿式风格为主,给人以巍峨壮观的视觉享受。

以清华大学为例。清华大学校内设施完善,清华主楼、理学院楼、艺术博物馆、美术学院、李兆基科技大楼、综合体育馆、六教、逸夫科学馆、新清华学堂、西体育馆构成了清华大学的校园建筑主体，其中，清华二校门、清华学堂、水木清华、古月堂、工字厅等硬件设施是清华大学的标志性建筑。在校园绿化建设方面，树木类别有上千种，绿化面积高达一百多万平方米，覆盖率达到校园占地面积的一半。在校园景观设计方面，有甲所、丙所、园林、清华路、近春园等自然景观和气象台、闻亭钟声等建筑景观。在学生生活方面，学生公寓占地面积充足，其中紫荆公寓区是国内规模最大的现代化公寓，学生公寓包括本科生公寓、研究生公寓、继续教育学习公寓、留学生公寓，公寓区附有桃李园和紫荆园网球场、银行、超市、餐厅、紫荆操场、学生服务楼、报亭等现代化设施，为学生提供了优质的饮食服务和便利的生活设施。在学生实践活动方面，有大礼堂、报告厅、表演厅、展览厅、游泳馆、射击馆等学生活动中心。在课外学习方面，图书馆是学生学习主要阵地。清华大学图书馆书籍馆藏总量高达 400 万册，学生阅览座位有 2800 多位。图书馆分为老馆和新馆，新馆荣获 1993 年"国家优秀工程设计金奖"，法律图书馆、人文社科图书馆为同学们提供了研究型专业化图书资源。

总之，北大、清华、厦大、武大、复旦大学等多所国家重点学府，皆具备完善的硬件基础设施和先进的软件设施，是大学生读书治学、道德修养的圣地。

二、精神文化

校园精神文化是校园文化的核心和精神载体。校园精神文化是以思想、理念、精神、风气、情感等方式呈现出来的无形的、抽象的文化形态，是高校长期以来的办学精神、发展理念、历史文化、人才培养目标等观念的集中反映，是校园师生共同的人生观、价值观、道德观、文化观、生活观的主要表现。高校校园精神文化基本内容表现为校史、校训、校风、校徽、教风、学风、师生关系、同学关系等。

1. 校史

校史即学校历史。每个学校都有自己的故事,它反映了一所学校从创办到完善、发展、壮大的成长历程,见证了一所学校的曲直经历与辉煌文化,闪烁着学校厚重的历史文明与时代使命。

北京大学建于 1898 年,原名京师大学堂,是中国第一所国立综合性大学。从维新变法到新文化运动期间,北大为中国的精神文明做出了卓越贡献。作为近代新文化运动的策源地,北大产生了李大钊、陈独秀、鲁迅等思想家、文学家、教育家,是中国宣传"民主与科学"新思想、新文化的重要场所,是五四运动的发源地,是全国第一个马克思主义研究基地,是中国共产党最早的活动阵地。五四精神、马克思主义的传播、中国共产党的成立都让北大被赋予深厚的历史意义和人文精神。

清华大学建于 1911 年,前身为清华学堂,是清政府留美预备学校。随着近代历史的发展,校园也随历史而发生变化。在校名方面,经历了建校时清华大学到国立清华大学、国立长沙临时大学(国立北京大学、私立南开大学、国立清华大学三所大学共同组建)、国立西南联大(三所大学合称),最后复名为清华大学的变化。在校园地址方面,经历从北京到长沙、昆明,再回到北京的变化。在历史阶段方面,清华校园经历了抗日战争、解放战争直至新中国成立等国家重大历史事件。清华师生积极投身五四运动、九一八事变、"一·二九"运动、"一二·一"反内战运动、"反饥饿反内战反迫害"运动等各种爱国、民主运动,在学生运动史和第二条战线中发挥了先锋作用,为抗日战争、解放战争、抗美援朝战争等贡献了自己的力量,真正起到了"民主堡垒"的领导作用。

天津大学建于 1895 年,前身为北洋大学,开中国近代高等教育之先河。

甲午战争战败后,学校在"自强求才"的办学精神下,由光绪帝御笔朱批,在天津创办了北洋大学堂。1900 年颁发中国第一张大学本科文凭,但由于八国联军侵华而停办。1912 学校由"北洋大学堂"更名为"北洋大学校",1913 年由"北洋大学校"更名为"国立北洋大学",1929 年更名为"国立北洋工学院"。七七事变后,国立北洋工学院西迁,与北平师范大学、北平研究院和北平大学共同组建为"国立西北联合大学"。抗日战争胜利后,师生返回天津,恢复为独立的大学机构。1946 年恢复"北洋大学"校名。1951 年,河北工学院与北洋大学两校合并,命名为天津大学。以天大的校名更替为线索,展示了天大从近代到现代的历史沿革和发展历程,形成了学校"实事求是"的校训、"严谨治学"的校风、"爱国奉献"的传统、"兴学强国"的使命,为国家培养了大量高层次人才。

2. 校训

校训凝聚了一所大学的灵魂,代表一所大学深厚的文化底蕴、文化背景和向上的精神风貌和文化氛围。由于文化背景的差异,不同国家、民族的办学宗旨、发展理念和行为规范都会有所差异。目前,我国高等院校有 2000 多所,每个学校都有着自己的育人理念、口号标语。北京大学校训是爱国、进步、民主、科学;清华大学校训是自强不息,厚德载物;浙江大学校训是求是,创新;武汉大学校训是自强、弘毅、求是、拓新;中国人民大学校训是实事求是;南京大学校训是诚朴雄伟、励学敦行;四川大学校训是海纳百川,有容乃大;同济大学校训是同舟共济;东北师范大学校训是勤奋创新、为人师表;上海大学校训是自强不息,先天下之忧而忧,后天下之乐而乐;四川美术学院校训是志于道、游于艺等。以西北大学为例,西北大学校训是公诚勤朴,校训诞生于抗日战争时期所面临艰苦卓绝的斗争环境,结合西北人民的地方民族习性,学校产生了公正、诚实、勤劳、朴实的校训。校训彰显了西北大学师生的爱国主义的民族精神、诚实守信的优良传统、艰苦奋斗的优良作风、善良朴实的价值取向,充分展现了西北大学校园文化的精神底色和育人理念。

国外大学也有校训。比如,美国哈佛大学有 20 条校训,第一条就是 This moment will nap,you will have a dream;but this moment study,you will interpret dream;美国斯坦福大学的校训是 Die Luft der Freiheit weht;牛津大学校训是 Donminus illuminatio mea;剑桥大学校训是 Hinc lucem et pocula sacra 等。

3. 校风

校风即学校风气或学校作风,是校园精神文化的最高体现,是全校师生精神面貌的整体反映。一个学校的校风表现为师生对学习和生活的态度、作风和心理倾向,包括管理人员的工作作风、教师的教风、学生的学风。高等学校根据自身的办学精神和教育性质,形成了属于自己独特的校风。比如,北京航空航天大学的校风是艰苦朴素、勤奋好学、全面发展、勇于创新;齐齐哈尔大学校风是大爱、大道、大学;南开大学校风是爱国、敬业、创新、乐群;复旦大学的校风是文明、健康、团结、奋发;上海大学校风是求实创新;四川大学的校风是严谨、勤奋、求是、创新;湖南大学校风是博学、睿思、勤勉、致知;同济大学校风严谨、求实、团结、创新。以清华大学为例,清华大学校园有着自己的硬件风格,校园建筑覆盖了各个历史时期、各种风情的建筑群物质文化。校园既有西区西洋特质的历史建筑风格布局校园,也有水木清华、工字厅、古月堂等传统风格古建筑,还有东区苏式主楼、逸夫科技馆、建筑馆等现代风格的建筑群,这些具有年代感的建筑群见证了清华大学校风的经久不衰。"两弹元勋"邓稼先,物理学家杨振宁、数学家华罗庚、导弹之父钱学森、"两弹一星"元勋彭桓武等科学家及胡锦涛、朱镕基等往届国家领导人都就读于清华大学,他们身上显示了清华学子不畏艰难、顽强拼搏、积极向上的实干精神。

4. 校徽

校徽是大学的形象标志,象征了大学特有的文化理念、历史传承与育人目标。校徽是校园精神文化不可缺少的部分,清华大学、北京大学、南京大学、上海大学、武汉大学、四川大学、南开大学等大学皆有自己独一无二的校徽标识。

北京大学校徽标识由鲁迅先生设计,"北大"两个字一上一下排列,"北"字在上,表征着背对背侧身的两人,"大"字在下,是一个正面站立的人像,蕴含了"三人成众"的意义,凸显了北大校园文化的时代背景和北大人的时代使命。在鲁迅先生所设计的校徽标识的基础上,2007 年北大发布了新校徽。新校徽以红色为标准色,形似瓦当,标识中间使用了"北大"阴文字体,彰显了北大"以人为本"的办学理念。

清华大学校徽由三个同心圆构成,外环上下是中英文校名"清华大学""TSINGHAU UNIVERSITY"和建校时间"1911"数字字体构成,中环形似乾坤两卦,"厚德载物、自强不息"两组并列词组,里环中心是一个实心五角星,校徽传承了中华民族的优秀传统文化,体现了清华大学对道德理想、道德人格追求的育人理念。

四川大学校徽标识由两个锦绣红的同心圆构成。圆形代表圆满、吉祥的含义。外环上方是校名"四川大学"、下方是学校英文名"SICHUAN UNI-VERSITY",内环中心是图像"凤钟楼"的标志,图像下方是学校成立时间数字"1896"。钟作为乐器,最早出现于西周青铜文化中,春秋时期应用于学校,以钟声的方式向师生发布教学指示,代表学校的命令之声、新世纪之声。钟楼是中国古老文明的象征,钟楼处于凤凰下方,表征川大受凤凰庇佑。凤凰是古老中国的国鸟,是川大的吉祥物。凤凰涅槃,生生不息,寓意了川大"严谨、勤奋、求是、创新"的校风。"凤钟楼"的标志形似一个顶天立地的中文字"人",也像英文"Men"中的大写字母 M,综合体现了川大"以人为本,崇尚科学,追求卓越"的办学理念和"海纳百川,有容乃大"的校训,展示了川大百年树人的真实写照。

南京大学校徽标识形似盾形，分为两层设计，外层下方左右英文校名"NANJING UNIVERSITY"，上方有两只神兽，神兽中间是"南京"艺术字体，意味着南大受神兽的庇护；内层是一棵雪松图案、大学成立时间"1902"、雪松底部是书的图案，雪松意味着南大坚韧不拔的大学精神。

北京师范大学的校徽标识是"木铎"。"木铎"植根于北师大人的灵魂深处，"木铎金声"是北师大精神的展示，象征着北师大的历史发展、办学理念和优良传统。

浙江大学校徽也是双重圆形，外环是中英文"浙江大学""ZHEJIANG U-NIVERSITY"两个标识，内环中心是"鹰"的图案和建校时间数字"1897"。鹰作为校徽的主体结构，体现了浙大继承了20世纪20—30年代"求是"的校训。

上海大学校徽标识由两环构成。整体是蓝色勾线，外环白色打底，上方是蓝色字体"上海大学"。下方是蓝色英文字母"SHANGHAI UNIVERSI-TY"，内环是蓝色打底，图案设计源于上海市市花白玉兰，右边是像海鸥一般的花瓣字母"S"，中间是"U"字母花托，左边花瓣是数字"1"，意喻上海大学要努力走向高校第一。

总之，每个大学都有自己的独特校徽，代表了大学独特的、厚重的历史传承和精神文化，对广大学子具有思想引领和启迪作用。

5. 教风

教风即教学风气或教学作风，是教师群体在思想道德、知识素养、教学水平、综合能力等方面的集中体现。有的高校把教风内容整合到校风里，有的高校也明确标注了教风内容。比如，武汉科技大学教风是为人师表，敬业奉献；齐齐哈尔大学教风是为人要正、为学要实、为师要严；云南师范大学的教风是启智树人、教学相长；贵州师范大学教风是厚德树人，言传身教；吉林财经大学教风是正己、正学、正人；西南医科大学教风是正身博学、弘道树人等。以清华大学为例,清华大学的教风是独立之精神,自由之思想。1926年,梁启超、陈寅恪、王国维三人同时被清华大学聘为研究院导师,称"清华三巨头"。陈寅恪博古通今、贯通中西,授课从不重复同行的内容,不讲别人讲过的话、引过的事,前人、近人、外国人、自己讲过的内容绝不重复,每一堂课始终坚守"独立之精神,自由之思想"的教学理念,正是他独特的人格魅力、创新的教学精神、纯粹的学者风度成为清华大学教师的教风写照。

6.学风

学风即学习风气或学习作风,主要表现为学生在课外业余时间的学习状态及教室、图书馆、学生学习的数量。学风如何是一个学校的学生在理想信念、人生观、价值观、学习态度、自主学习能力、自我管理能力等多方面的综合体现。是否营造出良好的学习氛围是一个学校学风好坏的关键。高等学校都有自己的学风,北京大学的学风是勤奋、严谨、求实、创新;齐齐哈尔大学的学风是致知、致用、致远;云南师范大学的学风是尊师、崇真、敦品、励志;北京师范大学的学风是学为人师、行为世范;贵州师范大学的学风是立志勤学,知行合一;重庆大学的学风是求知、求精、求实、求新;吉林财经大学的学风是唯真、唯志、唯行。

清华大学,被誉为"红色工程师的摇篮",是无数高考学子梦寐以求的学习圣地之一。"严谨、勤奋、求实、创新"的优良学风是清华大学的立校之本。在清华大学二校门北边小山处,有一个被称为"清华第一碑"的"海宁王静安先生纪念碑",碑上镌刻着陈寅恪撰写的"独立之精神,自由之思想",是一代代清华师生学风的写照。2019年,清华大学启动了"学风建设年",全校师生积极参与,建立了学风建设的清华机制,开辟了清华大学学风建设的新境界。

武汉大学以培养厚基础、宽口径、高素质、创新型人才为培养目标。武汉大学作为国家重点大学,为国家培养了大量的高层次人才,这与武大良好的学风密不可分。一百多年来,竺可桢、郁达夫、叶圣陶、李四光、李达、闻一多等近代知名学者先后与武大结下密切关系,李四光任武大建设筹备委员会委员长,李达任武大校长,闻一多任武大人文学院首届院长,郁达夫、叶圣陶在武大任教。正是著名学者、作家、教育家、思想家等杰出人物在武大的历练和教学,造就了武大优良的学习传统、严谨的学习作风和自强不息的学习精神。

7. 师生关系

师生关系是校园人际关系的体现,是和谐校园文化建设的重要因素。师生关系如何不仅涉及教师与学生的教学关系、道德关系、学生心理健康,还会影响和谐的校园文化环境。和谐的师生关系有助于提升学生积极的情感体验和心理幸福指数,提高学生学习内在驱动力、促进课堂教学顺利的展开,达到较好的教学效果,形成良好校园文化。相反,恶劣的师生关系不仅会增加学生消极的情感体验和厌学心理,加大教学困难,还会引起校园人际关系的不良反应,导致学生做出违背校园文化的行为。

课堂教学、主题实践教育活动、学术讲座、校园文体活动、社团活动等积极的校园文化生活,对和谐师生关系的形成具有重要意义。为迎接 2022 年北京冬残奥会开幕,北京大学校团委组织师生打造北大冬奥志愿者主题曲MV《我们依然在路上》,师生携手传承北大精神,唱响青春旋律,展现北大校园文化的青春风采。

课堂教学、主题实践教育活动、学术讲座、学生论文指导、职业技能训练指导、班主任工作都以学生群体为对象。其中,课堂教学过程是传道授业、师生互动、学问交流、情感培养的过程,是培养师生关系的重要方式。随着教学改革的推进,学生中心地位得到体现,师生关系显得更为亲切和温暖。比如,北大融合式、交互式、混合式的教学创新,慕课、视频课堂、网络教学平台等不断推出,为师生思想自由沟通和相互成长提供了广阔空间,为良好师生关系的形成奠定了坚实基础。北大组织"初心薪火相传,使命永担在肩""一起向未来""学习贯彻党的十九届六中全会精神""青春献礼二十大,强国有我新征程""聚焦两会2022"等专题学习和讲座演出,不仅体现了北大的时代担当和政治责任感,还推动了师生的共同进步,拉近了师生关系。

总之,以积极的校园文化生活为媒介,以教师示范为榜样力量,不仅缩短了师生的心理距离,建立了师生的情感纽带,还培养了良好的师生关系,维系了校园精神文化的健康发展。

8. 同学关系

同学关系是校园人际关系的主要体现,是和谐校园文化建设的重要窗口。同学关系是同学们在学习交往、生活交往、工作交往过程中形成的稳定的校园人际关系,既表现为班级同学关系、室友关系、学习小组、学生党员关系、院学生会同学关系等院级内部关系,也表现为不同专业间的师兄师姐关系、社团同学关系、校学生会同学关系、老乡关系等院级外部关系。同学关系是否和谐,不仅关系到学生个人的心理健康、学业进步和正常生活,还关系到班集体的团结稳定与校集体的文化建设。不和谐的同学关系会引发班集体诸多不稳定因素,甚至会对学生个人和校园集体荣誉产生恶劣影响。因此,建立积极的、健康的同学关系,对高校思想政治教育和校园文化建设具有现实意义。

清华大学学生活动丰富,形式多彩。通过学校组织主题教育、讲座论坛、学生社团、社会实践、科技创新、志愿公益、集体建设、文体活动、创新创业等活动,展现了清华学子和谐、友爱、团结、互助、朝气蓬勃的学生关系。比如,清华大学"不忘初心、牢记使命""建党""抗疫"等主题教育活动,为培养学生团结、勇敢、互助、万众一心、众志成城的精神品质和使命担当提供了活动平台;开展"团支部""班集体"集体建设,组织多样化的素质拓展活动,筹办女生节、男生节集体盛事,营造了同学间互帮互助、积极向上、共同进步的集体主义文化;通过学生海峡两岸交流协会、学生街舞社、学生职业发展协会、学生教育扶贫公益协会等众多社团开展的活动,以打造"地球村"国际文化节、"爱读夜"读书活动、"梦想学校"公益社会实践、"冰动体会"体育嘉年华等有特色的学生社团品牌活动,不仅为学生自主教育、素质发展、成长成才提供了巨大舞台,还在大学生思想政治教育、校园文化建设、和谐师生关系、健康的学生关系等诸多领域产生了重要影响。

9. 校歌

校歌是校园精神文化的重要构成要素,是校园精神面貌的体现,是高校的办学特色、办学理念、校风、教风、校训等校园文化的综合凝练和艺术展现。歌曲可以深入人的灵魂,让人铭记于心,对人具有抒情、奋进、励志等精神鼓舞作用。对外,校歌是学校的形象代言;对内,校歌是对师生的无限激励。校歌既体现了教育者的办学宗旨与育人目的,又表达了对学生未来的期许与精神引领。

复旦大学校歌歌词是"复旦,复旦旦,复旦,巍巍学府文章焕;学术独立思想自由,政罗教网无羁绊,无羁绊前程远,向前,向前,向前进展。复旦复旦旦,复旦,日月光华同灿烂……"校歌体现了复旦大学"自强不息"的大学精神和教育强国的办学理念。

同济大学的校歌歌词是"同济啊同济,同舟共济,同济啊同济,同舟共济。航行征途中,我们齐心协力;航行征途中,我们齐心协力。严谨求实,团结创新,终会到达理想境地;终会到达理想境地"。歌词体现了同济大学的校风校训、学科专业发展和人才培养目标,唱出了同济大学的教育目标和办学宗旨,节奏轻快,鼓舞人心。

重庆大学校歌歌词是"江汉思禹功,教化溯文翁。学府宏开,济济隆隆。考四海而为俊,障百川而之东。研究科学,振兴理工"。歌词展示了4200多年前我国大禹治水的文化底蕴,诠释了重大"研究学术、造就人才、佑启乡邦、振导社会"的办学精神,体现了重大"教育救国、实业救国、科技救国"的教育目标。歌词内容高亢,高唱自强不息、民族振兴的爱国主义精神,是一首立足国家、放眼世界的进步之歌。

云南师范大学的校歌歌词是"万里长征,辞却了五朝宫阙。暂驻足衡山湘水,又成离别。绝缴移栽桢干质。九州遍洒黎元血……"歌曲激扬悲壮,勉励今天学校师生要努力学习、报效祖国。

浙江大学校歌歌词是"大不自多,海纳江河;唯学无际,际于天地;形上谓道兮,形下谓器;礼主别异兮,乐主和同……"歌词是文言文,体现了浙江大学"求是"的大学精神。

此外,校名、校花、校树、校色、校标、吉祥物等也是校园精神文化的体现。在校名方面,北京大学初名京师大学堂,辛亥革命后更名为北京大学。广东中山大学的校名来自中国近代民主革命的先行者、校园的创办者孙中山的名字,呈现了校园一百多年的历史感。复旦大学的校名由毛泽东题名,具有不忘"震旦"、复兴中华的历史寓意。此外,北京交通大学、山东大学、湘潭大学、贵州大学、安徽大学、广西大学等大学皆是毛泽东同志题名;华中师范大学、四川大学、中国政法大学、中国人民公安大学等大学校名由邓小平同志题写。

我国高校校园精神文化体系完善,校名、校徽、校歌、校训、校风等一应俱全,有的学校还打造了校色、校树、校花、校旗、吉祥物等文化构成,在校色方面,北京大学校色是"北大红"、南京大学校色是"紫色"、四川大学的校色是"中国红"、云南师范大学校色是"玉兰紫"、天津大学校色是"北洋蓝"。在吉祥物方面,四川大学吉祥物是凤凰,南京大学吉祥物是神兽,云南师范大学吉祥物是土豆宝宝。校史、校训、校风、教风、学风、师生关系、同学关系、校名、校花、校树、校色、校标,吉祥物等构成了各个大学完整的、统一的、有特色的校园精神文化。

总之,围绕办学宗旨、办学特色与育人理念,高校各式各样的精神文化展示了高校积极向上、充满朝气的精神文化面貌,向全校师生传递了高尚的道德修养、积极的人生观与正确的价值追求。

三、制度文化

制度是全体成员所必须遵守的规则、规范或程序。制度文化是制度与文化的融合,是在特定的思想文化前提下产生的特定制度。制度文化不仅包含规则制度,还包含该制度所蕴藏的意识观念、道德伦理、价值理念。制度是手段,文化是落脚点,通过制度实现文化的内涵,体现制度背后所彰显的价值观、道德观、法律观。

高校制度文化是校园文化的重要体现,是全校师生共同遵守的行为规范和规则意识,是高校道德观念和价值取向的制度体现。高校制度文化具有权威性和强制性,表现为高校办学的管理制度、管理方式、管理理念及管理水平等。高校制度文化是高校办学正常开展的必要条件,是校园文化建设的制度保障、文化保障、组织保障,既对学校师生的言行举止具有约束作用,又对师德师风建设和学生思想道德观念具有规范作用。

1. 管理制度

管理制度是指由学校制定的、用于约束和引导全校师生共同遵守的各种大学章程。从学校组织机构划分来看,包含党群机构、教学机构、行政机构、教学服务机构等机构,各个机构下面分列多个行政部门。为了保证学校工作运行机制的正常开展,组织部、纪委、团委、各个二级学院、教务处、保卫处、图书馆、档案馆、后勤等各个行政部门需要制定各类规章制度。以高校教务处为例,作为学校教育教学管理服务的职能部门,为了全面完成教育教学工作,落实立德树人根本任务,需要制定与教学管理相一致的一系列规章制度。高校教务处通常会制定《教学档案建设规范与管理办法》《学生奖励学分实施管理办法》《教育实习大纲》《教学和教学管理差错、事故的认定及处理办理办法》《大学生课外学术科技活动管理办法》《教学管理岗位职责》《关于申请调(停)课、教学任务变更的规定》《教材管理规定》《教研室工作条例》《教室管理规定》等围绕教学管理服务的规章制度。通过这些规章制度,既能规范教师的教学行为,又能约束学生的行为举止,共同遵守教学纪律,师生不迟到、不早退,营造良好的教学风气,培养良好的师德师风。

2. 管理方式

管理方式是学校管理机关实施管理职能的机制和模式。学校行政工作的开展是各个部门统一运行、协调与合作的结果,各个部门各司其职,保证学校教学工作、党务工作、学生工作、后勤工作等内外正常运转。各个行政部门工作的开展既需要制定部门规章制度统揽全局,也需要根据不同下设部门的性质和职能划分明确的管理模式,明确不同下设部门的权、职、责。学校行政管理类别较多,包括学生管理、档案管理方式、后勤管理、科研管理、图书资料管理、教学管理、党员教育工作管理、辅导员管理、班级管理、财务管理、社团管理、卫生管理、办公仪器设备管理、教室多媒体管理、财务管理等多元化事务。

不同的校园管理方式,代表着大学不同的校园文化。高校管理方式主要体现为三种类型:以人为主体的管理方式、以思想理论为主体的管理方式和以科技为主体的管理方式。以人为主体的管理方式包括学生参与的管理模式、教授参与的管理方式、人本管理模式等。以思想理论为主体的管理方式包括以法治为核心的管理方式、高校契约管理方式、公共管理模式、PDCA循环模式、去行政化模式、学校联合模式、中外模式结合等。以科技为主体的管理方式包括多媒体管理方式、大数据模式、互联网模式等。正是在不同的管理方式下,各所高校都具有自身独特的教育内涵和发展思路,塑造了不同特色的大学校园文化。

以西南联大为例。西南联大是清华大学、北京大学、南开大学于抗日战争期间搬迁到云南的一所综合性大学。在抗日战争的特殊条件下,西南联大塑造了自己的特殊管理方式,培养了大批著名自然科学家和优秀的文人学者。在教学管理方式上,西南联大强调通识教育,注意结合社会需求去培养学生的综合能力,该教学方式的价值导向为社会、国家培养了很多博学多能的学生。在行政管理方式上,学校实行民主管理,反对传统官本位思想。把教师教学与行政权力分开,保持教学管理的独立,避免教学受到行政管理的约束和限制,有助于充分发挥教师教书育人的职责。这种全面的、科学的、民主的管理方式,给西南联大的师生创造了轻松、和谐、自由、开放的教育环境和文化氛围,使得西南联大人才辈出。

3. 管理理念

管理理念是管理机制的核心,是高校管理水平高低的体现,是高校不同教育宗旨的突出反映。管理理念具有言简意赅、高度凝练的语言特点,可以是深奥的、抽象的经典表述,也可以用一目了然的、具体的道理来传递学校宗旨。比如,"读书引领成功,习惯成就未来""高标准、严要求、讲实效、创一流""为了一切学生""为了学生一切""细节决定成功"等理念。管理的对象是人,能否管理好人,是管理的意义所在。高校管理的对象是全校师生,对教师而言,科学的管理理念能够充分调动教师在科研、教学和行政工作中的积极性,保证人才队伍稳定性和可持续发展,为以后各级人才引进创造良好的口碑;对学生而言,先进的管理理念能够为学生创造良好的校园精神氛围,提升学生对母校的自豪感、幸福感,培养学生集体主义意识,凝结成校园文化的向心力。以武汉大学为例,武汉大学以立德树人为理念,以加强学校顶层设计、优化部门间运行、提高教师队伍建设、提升教师绩效四方面为目标,以制度化、法治化、信息化建设为支撑,提升管理服务水平和育人体系,充分发挥了管理体制育人、管理工作育人、管理队伍育人、管理实践育人的实效。其管理理念既涉及校领导至中层干部的纵向整合,也有校院机构横向改革,全面辐射领导干部、教职工、学生,充分彰显了武汉大学育人理念和价值观。

第二节　校园文化对大学生思想政治教育的影响方式

文化是一所校园的灵魂。文化兴,校园兴;文化强,校园强。校园文化是大学硬实力和软实力水平的综合体现,是各类高校竞争的核心力量。校园物质文化、精神文化、制度文化作为校园文化的三大要素,整体展示了校园文化的综合力量。提高校园文化竞争力,以文化人,对大学生思想政治教育具有重要影响。

一、优美的校园物质文化对大学生思想政治教育具有潜移默化的影响

人类来自自然界,在自然环境中通过劳动产生了"地球上最美丽的花朵"——意识,结成了人与人的社会关系,形成了人类社会环境。环境有自然地理环境与社会环境之分。自然地理环境作为社会存在的一部分,对社会意识的产生和人的精神世界的塑造具有独特功能。不同的自然环境塑造不同的民族意识、民族心理和民族习俗。良好的、正向的、健康的生态环境能激发人的思维的积极性和创造性,促进人的身心健康;而负面的、低俗的、不健康的生态环境则会萌发人的负能量,妨碍人的身心发展。

在校园文化中,物质文化是校园文化存在的自然前提,是校园精神文明的客观反映。校园物质文化包含地理位置、自然环境、人文景观、仪器设备等硬件设施和学校师资力量、教学水平、人才培养等软件设施。物质文化作为校园文化的载体,见证了一所大学的历史发展进程,展示了大学的人文环境、科研成果和社会贡献,表征了大学的教育特色、办学传统和发展理念。

硬件基础设施包括生活和学习的建筑物和自然环境等显性物质条件。在生活自然环境方面,以南京大学为例。在南京大学一百多年的办学过程中,南京大学与民族同命运、与时代同呼吸。随着国家历史的发展,校址一再迁移,从四牌楼最终迁移至鼓楼。南京大学现位于钟灵毓秀的金陵古都,拥有鼓楼、浦口、仙林、苏州四大校区,南京大学校址的保留是对一所百年名校悠久历史和办学理念的保存与发展。在学习环境方面,以武汉大学为例。武汉大学拥有国家重点实验室有4个、国家科技基础条件共享平台有2个、教育部工程研究中心有5个、国家工程技术研究中心有2个、教育部重点实验室有8个、教育部人文社会科学重点研究基地有7个、国家级实验教学示范中心有10个、国家野外科学观测研究站有2个等。

软件基础设施包含学校师资力量、教学水平、人才培养等。在师资力量之教师人才队伍结构方面,武汉大学现有专任教师3808人,其中中国科学院院士有8位、中国工程院院士有6位、欧亚科学院院士有3位、人文社科资深教授有6位;在学术研究成果方面,获国家自然科学奖、国家科技进步奖、国家发明奖共计奖88项,获国家"五个一"工程奖十多项等。总之,优美的校园物质文化和丰富的人文环境有利于培养大学生美好的、积极的心理和情感,提升大学生对美好事物的追求,对激发大学生全面而自由发展具有潜移默化的影响。

邓小平指出:"要创造一种环境,使拔尖人才能够脱颖而出。"①这里的环境,既有精神环境之意,也应包含自然环境。校园环境代表校园精神。优美的大学校园环境、健康的校容校貌等良好的校园物质文化对塑造大学生高尚的道德情操、审美价值、文明礼仪、个人修养等具有潜移默化的影响。相反,脏乱差的校园环境不仅会影响校园文明和校风校貌,还会影响师生素养和道德品质的形成。古代书院是我国思想界、哲学界、教育界名师及弟子文化传播和拜师学艺的圣地,蕴含了博大精深的中华传统文化。石鼓书院始建于唐朝,位于湖南衡阳,距今已有千年历史,是中国书院文化的代表之一。在自然环境上,石鼓书院有"东岩晓日,西豀夜蟾,绿净蒸风,洼樽残雪,江阁书声,钓合晚唱,栈道枯藤,合江凝碧"八处自然景观。石鼓书院因其独特自然风光和人文景观,激发了韩愈、朱熹、柳宗元、张载、王夫之、文天祥等文人讲学或游览,并留下了大量古诗词,这些古诗词有的体现了自强不息、孜孜不倦的民族精神,有的表达了探索求新的创新精神,有的蕴藏了天人合一、敬畏自然的和谐思想。"地固以人灵,人亦因地聚",石鼓书院优美的自然环境对书院弟子发挥了潜移默化的教化作用。

厦门大学拥有优美的校园物质文化,给予师生美的享受和追求。堪称中国最美的大学,嘉庚楼是厦大的标志性建筑物。厦大以嘉庚风格的建筑群为校园布局的主要特色,包含贤楼群、芙蓉楼群、建南楼群三大物质文化。厦大校园建筑从西方风格样式转向具有闽南特色地域风格样式,形成了既有本土味又有西式风混合式建筑风格。比如,校园的拱门、红瓦、大台阶、斜屋面、连廊、圆柱等都体现了闽南式与西式的结合。厦大棕榈树林荫道、校园花海、芙蓉湖、厦大白城等展示了优美的校园物质文化。作为中国十大最美校园之一,武汉大学的校园环境十分美丽,中西合璧的宫殿式建筑风格是

① 《邓小平文选》(第三卷),人民出版社,1993 年,第 109 页。

校园硬件设施的主要特色,建筑群典雅而古朴,环绕东湖水,巍峨壮观,为学生创造了宁静而优美的学习场所和生活环境。

校园环境引领大学审美观念的趋向。物质现象虽不是大学生美育的主体,但是环境能塑造和影响人的审美意识。马克思指出:"人创造环境,同样,环境也创造人。"①什么样的自然环境形成什么样的审美观念。美好的心理感受和积极的情感能帮助思想政治教育工作者更加接近受教育者的心理,强化思想政治教育工作。美育是大学生素质教育的重要组成部分,能帮助大学生树立正确的价值观、人生观,提升学生的综合修养。培养"真善美"相统一的理想人格,是思想政治教育与美育的共同之处。思想政治教育需要情感的产生与共鸣。而环境能刺激人的感官,久而久之就能生成稳定的情感。大学四年的本科生学习生涯、三年研究生生涯或是四年博士生生涯,让广大学子对母校产生了深刻情感。校园自然环境和大学学习生活不仅塑造了大学生的母校情节,还建立了思想政治教育的情感链接,使得我们的情感与所接受的教育达成一致,审美与德育实现协调发展。美能育人,德能树人,将美育与思政教育结合,将审美教育和价值观结合,对大学生思想政治教育具有重要影响。

二、健康的校园精神文化对大学生思想政治教育具有示范引领的作用

人类创造物质文化的同时,一刻也离不开精神生活。除了满足人的生存与繁衍的物质生活外,精神文化也成为人类的重要组成部分。在校园文化中,精神文化是校园文化的主体和灵魂,是校园物质文明的主观反映。

---

① 《马克思恩格斯选集》(第一卷),人民出版社,2012年,第172~173页。

精神文化表现了一所大学的精神风貌、道德风尚和大学精神,其基本内容表现为校史、校训、校风、教风、学风、师生关系、同学关系等,在培育和践行社会主义核心价值观方面具有示范引领作用。"诚朴雄伟、励学敦行"是南京大学的校训。其中,"诚朴"位于校训之首。"诚朴"即诚恳、朴实。"诚"是做人之根本,是我国传统文化的精神内核,是维持社会长久发展的最高道德规范。以"诚朴"为校训内容之一,既传递了南京大学的大学精神,又引领了校园精神文化方向。在个人生活中,告诫广大学子为人要真诚相待,反对仗势欺人与趋炎附势。没有"诚",人就成为无源之水,个人信誉将会动摇;在学术研究中,学生要有实事求是的科学态度和严谨的治学精神,反对弄虚作假与投机取巧。总之,做人、做学问皆要"诚朴","做真人、获实学"成为南京大学的传统精神与校园本色,对大学生践行社会主义核心价值观具有引领作用。

校风、学风、教风、同学关系等精神要素和优良传统构成了校园精神文化环境,对大学生健康成长起着示范引领的作用。健康的校园精神文化能够帮助大学生树立崇高的理想信念,建立正确的人生观、世界观、价值观,将自我价值与社会价值统一,积极投身国家建设。

校园精神文化是校园文化软实力竞争的焦点。培养什么人,怎样培养人,为谁培养人,是人才培养的根本。校风、学风、教风、同学关系等所构成的校园精神文化环境关系到大学生的理想信念教育,关系到高校思想政治教育立德树人的任务。健康的校园精神文化和积极的思想氛围能够熏陶和感染大学生的精神世界,对大学生思想政治教育起着潜移默化的作用。一所大学能成为名校,离不开优良的学风、校风、校训等宝贵的精神文化财富。优良的学风、校风、校训等精神文化是一所大学教学质量、教育水平和人才培养的集中反映。清华大学"严谨、勤奋、求实、创新"的学风和"自强不息、厚德载物"的校训锻造了清华大学爱国奉献的传统底蕴和全面发展、又红又专的教育精神,为国家培养了大批高素质、高层次的各类栋梁人才。自清华大学建校 110 多年以来,一代又一代、一届又一届清华学子连续自强与奋斗,为清华大学奠定了世界一流大学的基础,为树立立德树人、服务祖国之路找到了落脚点。自强是清华学子的精神底色。2011 年,清华大学推出"自强计划"。正是"自强计划"背后所蕴含的清华大学的校园精神文化浸润着、感染着全国千万考生,促使很多同学用行动诠释了勤奋学习、自强不息的清华学风与校训。

物质文化与精神文化是校园文化的两个方面,两者在一定程度上相互影响、相互制约。校园物质文化的建立离不开大学的办学精神,大学的精神文化离不开物质文化这个媒介。因为百年建校历史才有了百年建筑,因为百年景观才延续和传承了百年历史与文化。厦门大学有着优美的物质文化的同时也有着强大的精神文化,武汉大学有着强大的精神文化的同时也有着优美的物质文化。不论是厦门大学的物质文化还是武汉大学的精神文化,皆是广大学子的理想学府。

2021 年,武汉大学有 7282 名本科新生前来报到。来自新浪网标题为"武汉大学新生报到,落实疫情防控,保 7282 名新生健康安全"的一篇报道中,新生纷纷表示了自己选择武汉大学的原因,有的同学认为武汉大学的校园环境优美,崇敬这个英雄城市;有的认为武汉大学是一个培养人才的大学……总之,来自全国各地的新生憧憬武汉大学校园生活,都离不开武汉大学优秀的物质文化财富和精神文化财富。

三、校园制度文化对大学生思想政治教育具有修正定向的影响

思想是行动的先导。马克思主义是文化建设的指导思想,关系到民族命运和社会发展方向。习近平新时代中国特色社会主义思想是 21 世纪的马

克思主义,坚持以社会主义核心价值观引领文化建设制度,对坚持和繁荣社会主义先进文化制度明确了努力方向。

制度文化、物质文化、精神文化构成了文化体系。制度文化是人类在创造物质文化和精神文化过程中形成的制约活动主体活动的规范体系。制度文化起源于精神文化,是精神文化发展的产物。社会各个行业、领域、团体、机构因制度文化而和谐存在。校园制度文化是校园精神文化发展的产物,是学校对教职工和学生行为方式与价值判断的规范体系。具体来说,校园制度文化指大学的制度、章程、校规、校纪等。规范而严格的校园制度文化能修正大学生的错误言行,引导大学生塑造正确的规矩意识、行为意识,提高大学生的思想道德素质和法治素质,保证大学教学的正常运行。

坚持以社会主义核心价值观引领文化建设制度,就要坚持以社会主义核心价值观引领校园制度文化建设,即把社会主义核心价值观落实到制度文化层面,以规章制度的方式使师生形成共同的价值观念和共同遵守的行为规范,发挥社会主义核心价值观的定向作用。一方面,把社会主义核心价值观以条款的方式设置为校规校纪,用外在权威增强人的自律性,修正和约束人的行为,引导正确的行为方向;另一方面,在校园形成社会主义核心价值观的文化氛围,用内化的方式感染人的内心。思政课堂是落实立德树人的重要环节,是培育社会主义核心价值观的理论阵地。通过思政专题教育与日常教育宣传,打造线上线下的混合教学与校园文化主题实践活动,形成生动活泼的校园精神文明和网络舆论,使社会主义核心价值观入脑、入心,这有助于高校培育和践行社会主义核心价值观,将校园制度文化更好地内化于心,外化于行。

为规范办学行为,推进依法办学,实现大学发展目标,根据《中华人民共和国高等教育法》《中华人民共和国教育法》《高等学校章程制定暂行办法》等法律、法规,武汉大学制定了《武汉大学章程》(以下简称《章程》)。《章程》是学校管理、建设、发展的根本规则,对全校学生和教职工的权利与义务,组织机构、教学科研机构、理事会、资产与校园管理方面的主要职责,校友、校训、校旗、校标、校庆、校歌、校园规划等校园管理制度等作了明确规定。《章程》第一章第四条明确指出,"学校坚持社会主义办学方向,贯彻党和国家的教育方针,以人才培养为根本"[①]。在制度文化上,武汉大学将社会主义文化与学校制度相结合,以国家富强为己任,为国家培养了大批具有国际竞争力的专业人才和拔尖人才。

第三节　建设校园文化,提高立德树人实效的途径

文化形成于一个时代和社会,反过来又为这个时代和社会服务。新时代,大学校园文化建设要坚持中国特色社会主义文化的建设方向,要使物质文化、精神文化、制度文化为思想政治教育服务,激发大学生投身中国特色社会主义共同理想,提高大学生的时代责任感,提高校园文化立德树人的实效。

一、特色引领,资源利用

以校园物质文化为特色,引领校园文化建设,在物质层面实现校园文化立德树人的功能。从春秋时期开始,教育家孔子就开始致力于中国的教育事业,官学和私塾成为人们接受教育的重要场所。

古代私塾通常是民间私人组织的教学机构或私立教学组织,它的存在

---

① 《武汉大学章程》,武汉大学,www. whu. edu. cn/xxgk/wdzc. htm。

和发展主要受当时所处的物质条件和社会环境决定。古代书院兴起于唐朝，宋朝达到鼎盛，清朝废止。在我国 7000 多座书院中，嵩阳书院、白鹿洞书院、岳麓书院、应天书院这"四大书院"成就最大。古代书院尤其重视环境育人的重要性，对书院选址、命名、环境、装饰、建筑风格等方面都十分讲究。一个优美的、成熟的教学环境的书院需要内外条件的配合。外部环境方面，通常选址很重要。选址要自然优雅、立于山林胜地之间，具有天然的风光美景；内部教学环境方面，通过悬挂楹联、嵌碑立石、园林盆景、假山花池等一整套环境装饰品综合打造而成，有较明显的建筑风格，以成熟而完善的物质条件彰显书院的人文环境和培养目标，传递人生哲理，达到修身养性、陶冶情操、塑造道德品质等教化功能。

书院作为民间教育机构，对中国古代教育产生了举足轻重的影响。宋代书院的建筑风格、环境建设等物质条件已相当成熟。嵩阳书院位于河南郑州，为北宋皇帝亲赐，诞生了中国思想界重要哲学思想"程朱理学"。嵩阳书院面对双溪河，背靠太室山，竹茂林密，古朴典雅，风光秀美。书院内部面积大约 1 万平方米，千年宋槐和东魏造像碑依然屹立，廊庑俱全，书香充溢，是众多名师及弟子的求学圣地。嵩阳书院因具有特色的儒家教育建筑群风格，不仅被列为世界文化遗产名录，而且为传播中华民族优秀传统文化和品德培养发挥了引领作用。

经历五千多年的文明传承，中国的教育事业已经具备丰富的历史底蕴和文化内涵。物质条件是教育事业的硬件设施，是校园物质文化发展成熟程度的体现。加强学校基础软硬件建设，打造有影响力的、有特色的、有标志性的建筑对大学生思想政治教育工作的开展具有潜移默化的影响。

1.打造校园特色物质文化，引领校园文化建设

传承中华民族优秀传统文化，首要传承的是传统文化中的物质文化。物质文化是一个学校存在和发展的历史性、文化性的象征，是引领学校文化

建设的独特资源。很多高校通过修建湖泊、山丘、塔楼、草坪、园林、教学楼、办公楼、足球场、艺术馆等多元化的物质形式以美化校园环境,同时赋予建筑物有文化感的名字,增添文化氛围,显示其独特的校园文化特色。为了打造特色文化,很多大学甚至进行了大胆而夸张的创意。比如,武汉大学校园内有高 28 米,号称"全国第一悬跳楼"的钻石博物馆,郑州大学校园的"中西合璧"建筑、上海交通大学校园的"拖鞋门",大连理工大学校园的"连理"楼,汕头大学校园的"真理钟"建筑,北京邮电大学校园的摩斯电码,武汉生物工程学院校园的"长城"建筑,河北美术学院校园的"灰姑娘城堡"等都是全国有特色、有创意的大学建筑设计。这些物质文化和校园景观深深吸引了同学们的眼球,放大了人们的想象力,增加了美的享受,给同学们以视觉上的盛宴和震撼。

此外,校园园区主题设计、教学楼题名,创意文化墙,历史名人雕塑、校园自然景区、校史馆建筑、校园文化网络平台等,都是展示校园物质文化的平台。打造具有特色育人功能的物质文化精品,形成校园品牌文化,有助于发挥育人效应。校园特色物质文化的存在,通常无须学校专门组织和集中,大学生在茶余饭后、休闲娱乐的校园生活中,以个人视觉、知觉、表象的方式,就可以轻松获得对物质文化的感性认识,在不知不觉中接受校园文化的教育和熏陶。校园物质文化不仅为师生提供了现成的、便利的、内容丰富的教育活动场地,还凸显了其独特的大学传统文化和办学理念。

2.利用校园特色物质文化,发挥校园文化立德树人的实效

凭借老牌大学的历史文化背景、自然地理环境、名人塑像、革命英雄碑石等厚重的物质文化和社会资源,推动校园文化的德育功能。比如,南京大学校园内有十几尊南大历史名人雕像,分别是陶行知、李四光、戴文赛、吴有训、徐悲鸿、竺可桢、郭影秋、茅以升、杨振宁、吴健雄、顾毓琇、匡亚明、孙中山,这些名人雕像背后都蕴藏着与南大千丝万缕的联系,他们是科学界、教

育界、文化界、学术界、革命界的杰出代表并为祖国和世界都做出了重大贡献,是南京大学校园重要的物质文化资源。他们中大部分人都有出国留学的经历,是中国当时高学历人才,学贯中西,博古通今。历史名人身上都具有一种共性或一种精神,就是学霸精神;他们都拥有同一种革命传统,就是艰苦奋斗;他们都拥有同一种情怀,就是爱国主义情怀;他们都拥有同一种理想信念,就是把个人理想与国家命运相结合。利用校园历史名人资源,把他们的生活背景、成长经历、学习生涯、人生转折、重大发明、科研贡献、主要成就等渗透到校园文化中,提炼校园文化特色,引领校园文化发展方向。历史名人的文化资源富含深刻的育人哲理,学习李四光、竺可桢报国为民的爱国主义精神、学习郭影秋校长的樗木精神和人格魅力、学习吴健雄的中国人精神等,都是大学生立德树人的宝贵财富。历史名人形象是校园物质文化主要代表之一,对大学生理想信念教育、爱国主义教育、集体主义教育等可以发挥领航作用。以校园物质文化为引领,让校园文化有"物"可视,充分体现了校园物质文化的现场育人特征。

二、综合育人,资源整合

整合精神文化资源,在精神层面实现校园文化综合育人的功能。校风、校训、学风、教风、校歌、校徽、校色、校树、校花等都是校园精神文化的重要组成部分,它们体现了学校的办学理念、办学目标、办学内涵、办学文化和办学特色。习近平总书记强调:"古今中外,每个国家都是按照自己的政治要求来培养人的,世界一流大学都是在服务自己国家发展中成长起来的。"①立德树人是教育事业的根本任务,社会主义办学方向是教育事业的根本方向,

---

① 《深入学习习近平关于教育的重要论述》,人民出版社,2019 年,第5 页。

如何培养合格的社会主义建设者和接班人是学校办学的出发点和落脚点。因此,校园精神文化应以立德树人为教育目标,以素质教育为培养模式,整合物质文化与精神文化,共同发力,联合育人。

1. 整合物质文化与精神文化,实现校风、校训的线上线下混合式育人模式

物质文化与精神文化的整合利用,能提升文化的育人效果。校园网络系统是物质文化学习中的硬件设施,通过校园网络进行线上校风、校训的文化宣传,能形成大学生对校风、校训等校园精神文化的感性认识。由于学生高频率地使用手机、电脑等电子产品,网络已经成为大学生生活和学习的重要工具。校风、校训通过简短而醒目的字体传达一种思想意境和精神追求。比如,浙江大学校训是求是、创新,中国人民大学校训是实事求是,北京师范大学校训是学为人师、行为世范,中国政法大学校训是厚德、明法、格物、致公等都是使用简洁而有力的文字表述来传递大学精神。使用网络技术,以多样化方式突显字体,比如,选择文字颜色、字号大小、粗细、字体、动感、形状等方式编辑信息,以刺激人的感官,留下感觉、知觉和表象,形成感性认识。同时,通过校园网站、学习通、微博、易班、微视频等网络平台或 App 等电子平台能时时传递校园文化精神,时时渗透到学生的日常生活中。线下教育是通过课堂教学方式融入校风、校训,提升对校园精神文化的理性认识。对于校风、校训的认识仅仅停留于表象的感性认识是不够的,还需要上升到人的理性认识。把校风、校训融入思想政治教育课程,可以让思政课更加切合大学生生活实际,使校风、校训达到理论教育的深度,提升校风、校训的育人内涵。整合利用物质文化与精神文化,将校风、校训在线上线下混合式宣传,实现全方位渗透式的、潜移默化的育人效果。

2. 整合物质文化与精神文化,以学风、教风建设营造良好的校园育人环境

学生形成学风,教师形成教风。师资力量、人才培养属于校园物质文化

软件设施。提高师资队伍水平,建设良好的学风、教风,实现软件设施与精神文化的结合,有利于形成积极向上的教育氛围与育人环境。学风、教风是校风的重要组成部分,也是校园精神文化的直接体现。大学是一个做学问的地方,学习是学生的首要任务。学风的好坏体现了学生学习的积极性、主动性、自觉性,体现了学生的学习态度和自主学习的水平。营造良好的学习环境和学习氛围,是学风建设好坏的重要标志。而端正的学习态度是营造良好学习氛围的前提。学风建设关系到良好校风、班风的形成,关系到人才培养的质量,关系到祖国的教育事业。教风体现的是教师教书育人的态度和主观倾向。教师是学生的榜样和引路人,良好的教风关系到学生学风的形成,关系教师队伍素质的提高和稳定,关系到教师育人的成效和成果。学风与教风二者相互联系,相互影响。良好的教风给学生以正确的思想、学习和情感引导,相反,消极的教风会直接影响学生相互间的学习态度。良好的学风会推动教师教育的积极性和热情,展示了良好的师生关系,相反,消极的学风会影响教师课堂教学的顺利实施,不利于校园精神文化的传承。提升学风、教风建设,营造良好的学习环境和校园环境,让学生在学习的过程中相互影响和鼓励,发挥先进学生和先进教师的个人魅力,以榜样的力量辐射更多的学生群体主动投入学习,展现校园精神文化示范教育的作用。

3. 围绕校园精神文化主题,全方位提升校园育人主旨

校风、校训、教风、校歌、办学理念等校园精神文化坚持以立德树人为目标,充分发挥校园精神文化的合力作用,综合展示校园文化的育人宗旨。以云南师范大学为例,云南师范大学"刚毅坚卓"的校训和办学理念体现了对西南联大校园文化的继承和发扬;"学高身正明德睿智"的校风既体现了"为人师"的办学特色,又突出了提高人格修养的办学文化;"启智树人、教学相长"的教风体现了教学与人才培养目标的关系;"尊师崇真、敦品励志"的学风体现了对教师道德修养与人格品质的重视,强调了师德师风建设;《西南

联大校歌》是一首壮志之歌,教育广大师生不忘过去战争的艰辛,牢记报效祖国的信念;校树是楷木,谐音是楷模,寓意教师正直、担当、坚强、不屈的道德品质和气节;吉祥物是"土豆宝宝",寓意朴实、厚道,代表教学科研成果与社会实际、国家发展相结合,象征教育强国。云南师大的校风、校训、学风、教风、校歌、校树、吉祥物等精神文化始终围绕立德树人的教育主题,把思想政治教育与服务国家相结合,充分发挥了校园精神文化各个领域的合力作用,大大增强了高校文化的育人主旨。

4.组织校园精神文化活动,发挥知名校友物质文化的榜样示范力量

一方面,组织大学生参与校园文化活动,把高校精神文化融入大学生校园生活。为了强化大学生对大学精神文化的理解,将校史、校训、校风、校徽、校歌等校园精神文化融入学生课外活动,组织学生开展知识竞赛、论文比赛、演讲比赛、书法大赛、粉笔字比赛等社会实践活动,调动学生参与校园精神文化建设的积极性,并通过网络展示学生比赛成果,进一步加强校园文化的宣传力度和辐射范围,引导学生树立科学的价值观。另一方面,开展知名校友现场宣讲,增强校园文化育人活力和感染力。知名校友属于校园物质文化之人才队伍的软件设施,对在校大学生能发挥示范作用。作为本校已经毕业的往届学生,师哥师姐的角色和身份与大学生的心理更为接近与亲和。知名校友已在社会上取得一定的社会成就和社会地位,他们的现身传授对在校生更具有影响力和说服力。知名校友见证了大学的历史发展,其成功离不开母校曾经的教育、栽培和大学精神,他们不仅对大学校训、校风、校歌等校园精神文化具有深刻理解,同时也是校园精神文化的倡导者、践行者、代言者。知名校友的现场宣讲能走进学生内心,能将校园文化和人生理想、人生态度、社会价值等人生观、价值观问题活生生地表现出来,起到以身示范和思想教育的作用。

三、系统改进,资源挖掘

系统改进校园制度文化,在制度层面实现校园文化立德树人的功能。制度文化是校园文化建设的法制保障。党的十八大以来,以习近平同志为核心的党中央,积极推进"四个全面"战略布局,对体制机制弊端既强调顶层设计的深化改革,又重视重要领域的改革。深刻领会"四个全面"战略布局,需要把经济、政治、文化、社会、生态协调统一发展,将国家"硬实力"和"软实力"作协调推进。在文化教育方面,高校制度文化应在"全面深化改革"的战略举措下,进行系统改进。

(一)高校制度文化与思想政治教育的关系

文化属于意识形态范畴,高校制度文化具有明显的意识形态特征。坚持马克思主义的思想性、科学性、先进性,树立社会主义办学方向,围绕大学生思想政治教育的主要任务,是高校制度文化努力的方向。

校园制度文化和思想政治教育具有共性。二者的教育对象是在校大学生;教育目的是引导学生规范自己的行为;教育价值是培养大学生树立科学的道德观、人生观、政治观、法治观等。校园制度文化和思想政治教育存在区别。校园制度文化作为一种制度范畴,以规章制度、法律法规、管理条例等形式呈现校园文化,由外至内对大学生进行法治教育和行为约束,是一种"硬"约束,显得强制而生硬。比如教学管理制度、部门管理制度、组织管理制度、岗位职责等。而思想政治教育是一种对人的思想层面进行理论教育的知识体系,是由内至外对大学生进行道德教育和思想引导,是一种"软"约束,其效果在实践的过程中可能会出现偏差。因此,思想政治教育需要制度文化作为法治支撑,减少弯路,确保思想政治教育的效果;制度文化需要思想政治教育的思想引导,符合道德观念和学生成长成才的客观规律,确保制度文化具有生命力和人文关怀。

思想政治教育与校园制度文化二者相互作用,优势互补。一方面,思想政治教育有利于提升大学生对校园制度文化内在的自觉性和认可度。对大学生开展思想政治教育的理论学习和实践教育活动,提高大学生整体的道德素质和政治修养,增强大学生的法治思维和法制意识,能帮助大学生主动遵守校园制度文化。一旦大学生在践行制度文化过程中出现偏差,需要通过思想政治教育进行反思和进一步内化,修正自己不正确的道德观念和法治观念,促进自己行为制度化的完善。另一方面,校园制度文化能约束大学生行为,强制大学生回到思想政治教育的正确方向上。大学生在思想政治教育过程中还未达到"主体客体化"的状态时,一旦思想偏离道德教育、价值观教育,就需要发挥制度文化的规范性来约束其行为。系统改进校园制度文化,将思想政治教育融合进制度文化,实现二者软硬结合、内外兼修、优势互补,有助于制度文化对大学生发挥立德树人的功能。

(二)改进高校制度文化,增强高校思想政治教育功能

习近平在考察北京市八一学校时的讲话已经指出,学校管理体制、办学体制、教学管理制度、就业制度等要进行深化改革,"使各级各类教育更加符合教育规律,更加符合人才成长规律"①。因此,制度文化要符合人才成才规律,需要在育人模式、管理机制、办学方式、人才培养模式、考试评价体制、保障体制等方面进行综合改革和系统改进。

1.教学改革

要培养社会主义合格的建设者和接班人,教学改革对大学生思想政治

---

① 《深入学习习近平关于教育的重要论述》,人民出版社,2019年,第213页。

教育具有划时代意义。高校思想政治教育的任务是立德树人,学生大部分时间是在课堂上度过,思政理论课成为高校立德树人的引路人和重要阵地。

长期以来,思政课堂的传统教学模式给学生留下了枯燥、乏味、无趣、不重视甚至是排斥的印象,要改变思政课堂现状、提高思政课堂教学效果,教学改革势在必行。为了打破以往传统的教学模式,以信息化时代新媒体技术的普遍运用为社会背景,以"00后"大学生的心理、兴趣、爱好、需求、关注点等特点为出发点,突出以学生为中心的主体地位,成为思政课教学改革的中心环节,也给广大思政课教师提出了挑战性任务。

为了最大限度发挥思政课的育人作用,提升高校思想政治教育的实效性,对思政课教师队伍和专业课教师队伍、思政课与专业课教学、课程与教学、教学方式与教学效果等方面进行了系统化改革。发现教学痛点,解决教学难点,探索教学改革途径,开展教学创新研究成为教学改革的突破性环节。教学创新打破了原有的教学思路、教学模式和教学环境,实现了思政课程与课程思政的全面结合,提升了思政课教师与专业课教师的教学水平、教育能力和教学创新,整体实现了全校教师对思政教育资源的挖掘与探索,打破了高校思政教育原有的单一教学模式,为高校思政教育环境注入了新的活力与生机,打开了新的局面与思路,为高校落实立德树人的根本任务创造了条件。

2. 育人模式

在育人模式上,仅仅停留在课堂教学而缺乏实践活动的育人模式显得机械而僵硬。挖掘地方文化资源,打造高校社会主义特色文化的教学实践活动,有利于提升高校的育人实效。在制度文化改革过程中,坚持社会主义办学方向就要挖掘科学的、先进的地方文化资源,推动高校发挥前瞻性思考和整体性谋划,为社会培养德智体美劳全面发展型的人才。中央引领地方,地方服从并反映中央的意志,是中央战略举措和方针政策的执行机构。以地方精神文化为导向,借助地方文化资源,形成有社会主义特色的高校文化实践活动,帮助高校落实立德树人的任务,最大空间发挥高校的思想政治教育功能。

对于西部革命老区而言,红色物质文化资源是革命老区的地方特色文化,是革命老区高校开展思想政治教育的宝贵资源。挖掘地方红色文化资源,形成高校红色文化特色实践活动,既坚持了社会主义教育办学理念,又对大学生传承红色革命传统、培养爱国主义情怀、树立正确的"三观"具有现实意义。以遵义和遵义师范学院为例。作为革命老区,遵义拥有十分丰富的红色革命文化,具有"遵义会议会址""娄山关战斗遗址""红军山烈士陵园""苟坝会议""茅台渡口"等革命遗址等众多红色教育基地。遵义师范学院建立了长征文化研究院,成立了红色经典艺术教育示范基地,带领学生在革命遗址开展现场教学,开展了遵义有特色的红色文化教学实践活动。通过参观革命遗迹遗址、革命纪念馆,走进革命英烈,亲自感受革命者的生活住所和饮食起居,目睹一件件革命文物,感知一桩桩革命故事,组织学生重走长征路等,以社会实践的方式触碰真实有形的客观世界,对同学们的心理、情感和认知都产生了积极影响。

开展红色文化实践活动,有利于增强大学生对中国近代史上中华民族所面临的深重苦难有更深理解,对中国人民为什么会选择马克思主义、选择中国共产党、选择社会主义道路、选择改革开放有更多理性思考,对中国共产党为什么能、马克思主义为什么行、中国特色社会主义为什么好有了更深的思想认识,对当前我国在经济、政治、精神、文化、社会、生态等方面协调发展和美好生活来之不易有了更多领会。总之,挖掘地方红色文化资源,打造高校社会主义特色文化的教学实践活动,有利于大学生继承和发扬中国革命道德和优良传统,增强社会主义理想信念,树立正确的道德观和价值观,对大学生立德树人具有现实感召力。

3. 人才培养模式

在人才培养模式上,创建校地联手范式,提升高校文化育人实力。高校不能脱离社会而独立存在。高校的地理环境、社会环境、人口等社会存在因素决定了高校的诞生史、发展史和文化特色。作为地方事业单位,高校的精神文化建设受地方政府精神文化的引领和影响。校园文化既有本土的、固有的校内部分,也离不开地方文化。地方文化引领学校文化,学校文化吸纳地方文化,二者具有一致性。对于发达地区而言,利用地方文化资源,实现校地联手,打造特色样板教育。

2022 年 3 月 1 日,南京市与南京大学在鼓楼校区召开了共建教育高质量发展创新示范区推进会。"南南合作再出发"是校地合作典范,是名城与名校强强联手范式,是南京大学教育现代化的创新举措,是引领全国校地教育合作的样本,是落实习近平关于教育重要讲话精神的示范基地。在南京市政府的政策、服务支持下,教育高质量发展创新示范区在资源共享、校园机制改革、平台文化共建、学生能力培养、育人体制等方面全面对接,实现了名城与名校的互利共赢,推动了南京大学基础教育高质量发展,提升了南京大学育人体制的实效。在庆祝中国共产党成立一百周年的重大日子,南京大学从国情和党情的新要求出发,以育人为本,力求取得"举一纲而万目张,解一卷而众篇明"的新境界,这些成就使得南南校地合作在全省产生了积极影响。高校文化建设与地方政府的通力合作与深度对接,形成校地品牌文化,在政策指引和学校文化建设中共同发力于学生的思想政治教育,增强了高校文化育人的信心和实施力度。

创建校地合作的保障机制,开辟校地合作路径。第一,建立校地合作机构,落实校地双方的职责与义务,权责明确;第二,构建合作管理制度,确保校地合作过程中出现的问题得以解决,制度化推进合作;第三,构建思政育人专题项目,促进双方建立合作目标、合作方案、合作方式等,深入推进校地互动方式;第四,建立合作项目研究示范区,把高校的文化资源与地方文化资源相结合,确保校地合作真实运行,最大限度地发挥校地文化的资源利用;第五,构建信息反馈机制。校地合作进行经验分享,过程总结,成效反馈,最后推向全国。推动校地合作,发挥地方物质载体、机构载体、制度载体的功能,提升地方主流文化的教育功能,共建校地育人机制,推动校地育人事业的共同发展。

4.办学特色

在办学特色上,完善校园网络制度文化,打造学校特色文化多媒体发展。网络文化是展示校园文化的重要窗口,是校园制度文化的重要组成部分。随着互联网和多媒体的广泛应用,电子化、信息化、智能化成为信息输出的重要方式。完善校园网络制度文化,整合校园特色文化资源,打造学校特色文化微视频、公众号、微博、网站、小程序等现代化新媒介,让校园特色物质文化引领校园整体文化建设,塑造校园特有的文化风格,以传递校园精神和大学理念。

官网是师生认识校园制度文化的一扇窗口,展示了高校概况、组织结构、科学研究、校园生活、教育教学等多方面重要信息。通过官网师生能直观认识校园自然环境和人文环境,了解校园物质文化、制度文化和精神文化,快速获取校史、校训、校徽、校风、校歌、学风、大学理念等校园面貌,及时获取学校官方发布的重要通知、重要举措、重要活动等真实性信息。完善校园官网环境建设,规范校园组织机构和制度条文,更新制度实施动态,呈现制度机构与制度执行之间的时时互动关系,形成网络制度文化的规范性、执行性、层次性,对传递学校的育人理念、管理体制、历史沿革、人才培养、师资力量、办学方向等具有良好的展示作用。一个规范而全面的官网信息系统,可以让校外师生更加确切地了解校园特色的制度文化,对学校有准确的定位和了解。

按照高校的学科特征可以划分出综合性大学、师范类大学、医科大学、理工大学、民族大学、财经大学等类别。以民族大学为例,我国是一个多民族国家,为解决民族问题设置了少数民族院校,有中央民族大学、中南民族大学、西北民族大学、西南民族大学等中央部属民族院校和广西民族大学、贵州民族大学、四川民族学院等地方民族院校。民族大学具有鲜明的民族办学特色,打造网络民族文化特色窗口,有利于展现民族大学特色的育人风格和办学体制。以少数民族风俗文化为主题,通过少数民族具有独特民族艺术、语言、服饰、饮食等社会风俗,打造学校少数民族特色文化微视频、创建网络民族音乐、官网浏览特色民族美术作品等。比如,在微博上发表一段展示大学生参观民族艺术精品的实践活动,在视频号上展示一段学生民族歌舞大赛,在朋友圈传播一段少数民族学生美食厨艺大赛等,这不仅彰显了高校民族大学特色的办学内涵,还加深了少数民族之间的认知和交流,为少数民族学生之间建立民族团结、友爱、平等的社会主义价值观念奠定了情感基础。

5. 社团管理制度

在社团管理制度上,规范高校社团制度文化,强化校园育人环境。高校社团活动是开展大学生思想政治教育的环境载体,是大学生接受第二课堂思想政治教育的重要途径。学生社团作为学生群众性组织,必须接受校团委的直接指导,必须遵守学校的各项规章制度。在高校制度文化指导下,各个学生社团、组织的成立需要建立相应的规范制度。共青团中央、教育部于2016年出台了《高校学生社团管理暂行办法》对规范高校学生社团工作,积极发挥学生社团的思政育人功能具有指导意义。社团制度文化包括社团管理制度、社团舆论、运行机制、社团文化。社团制度文化受学校制度文化制约和调控,对社团成员行为具有约束性、组织性和纪律性。

社团文化是一种集教育性与娱乐性于一体的亚文化,是校园文化的重要构成部分,对巩固高校主流文化、落实立德树人的根本任务具有隐性教育功能。社团文化的性质、方向、内容受到校园主流文化的规定,价值观培育是社团精神文化的核心。作为思想政治教育的活动载体,社团活动对营造校园德育环境具有重要功能。我国高校普遍建立了众多学生社团,如北京大学成立了马克思主义学会、法学社、心理学社、台湾研究社、青年天文学会、学生新闻社、茶学社、五四戏剧社等上百个学生社团。在众多社团中,集中体现大学生思想政治教育的社团也在不断完善和建立。比如,西北大学建立了"红榜杆"理论学习社团和"习近平新时代中国特色社会主义思想青年研习社",成为引领全校社团成员学习党的精神和理论,具有思政教育性质的社团,发挥了社团的思政教育功能。

高校社团通过组织主题活动把思想政治教育的目标寓于文艺体育活动、社会实践活动、学习竞赛活动、学术社团活动等丰富多样的社团活动中,以社团活动的"形式"表现大学生思想政治教育的"内容",寓教于乐,对社团成员的道德素养、集体主义观念、价值观、审美观的形成具有潜移默化的教育作用。以厦门大学学生社团为例。厦大共有学生社团 131 个,包括思想政治类、文化体育类、学术创业类、支援公益类等多种性质社团,现有上万名学生注册成为社团成员,已具规模学生社团使得厦大校园文化呈现出繁荣景象。厦大学生社团设置了明确的管理部门和科学的管理制度。学生社团联合会由办公室、组织部、主席团、信息档案部、传媒部等七个部门构成,采用委员会管理模式,设置常务委员会,每个部门设置部长和副部长,且制定了部门职能和负责人职责。2020 年,为纪念"一二·九"学生运动 85 周年和庆祝百年校庆,厦大举办了"百年厦园,团聚青春"的学生社团文化节,各个社团以自己的特色方式有序展示了社团文化和社团风采,形成了主题鲜明、积极健康的校园文化氛围,充分发挥了高校社团活动的育人功能。

高校社团制度文化要坚持以中国特色社会主义文化为导向,健全社团管理制度,完善社团文化活动机制,有效促进思想政治教育环境的改善,营造积极向上的校园文化氛围和繁荣的校园文化景象。

四、校际联合,资源共享

校际联合是学校之间的交流与合作的体现。实现校际联合,建立校校协同与合作关系,打造校校之间物质文化资源和精神文化资源共享,整体提升育人的方向性和同一性。校际联合是高校对外开放的表现,是高校求发展、促发展的客观需求。强强联合,发挥双方共同力量与优势,学校可以变得更强;强弱联合,推进教育扶贫,有利于推进教育公平、提高教育质量,缩短中西部教育差距;弱弱联合实现高校互补性合作,挖掘办学优势,协同进步。总之,校际联合对提高高校教学实力、优化资源配置、人才培养及实现国家教育目标的整体性、协调性、全局性发展具有现实意义。

(一)校际物质文化资源联合,提升育人实力

校园文化环境对大学生德育具有潜移默化、润物细无声的效果。校园中各种名人名迹、碑石、自然遗迹、标志性建筑、自然景观等物质文化资源蕴含了学校的历史文化和人生哲理,展示了学校在育人方面的价值观念和道德情操,具有先天的教育优势,对学生的爱国主义教育和理想信念教育能产生事半功倍的效果。因此,借助良好的校园文化环境,校际联合培养,能够帮助物质文化资源薄弱的学校改善育人环境,解决现实问题,同时也能使高校先进的教学设备、仪器、师资等物质文化资源得到充分利用。

近年来,校际合作模式越来越受到高校的重视,中西部地区逐渐成立高校联盟、高校联合自主招生、大学联合体等都各种校际合作组织。1999 年成立武汉七校联盟,2009 年成立 C9 联盟,2011 年成立了 E9 联盟、北京高科

（11 所高水平特色型大学共同组建），2013 年成立 Z14 联盟，2017 年成立了 G7 联盟、长安联盟（5 所高校联盟），2019 年成立了延河高校人才培养联盟、长三角研究型大学联盟、中国高校行星科学联盟等。校际联合，不仅实现了教学资源、教师资源的开放共享，而且有利于高校间互补性合作与发展；不仅完善了办学特色、制度改革，而且推动了特色学科的建立、科学前沿的探索和人才的高质量培养。比如，C9 联盟，即北大、清华、浙大、复旦、南大、上海交大等 9 所大学签定合作协议，高校之间提出共同培养拔尖人才的合作目标。延河高校人才培养联盟是延安 9 所高校的联盟，以红色文化教育为协作平台，不仅实现了红色文化教学资源共享，还建立了以德为先的人才培养合作模式。总之，校际物质文化资源的联合应用，有利于实现物质资源最大化利用，有利于高校之间文化交流和相互发展，实现联动育人，提升校园育人实力。

（二）校际精神文化资源联合，综合育人效果

统一的社会主义办学理念、办学目标和办学内涵，形成社会主义特色办学文化，能顾更好地服务于国家的建设和发展。北大、清华、复旦、南大等国内一流大学具有完善的、先进的、优秀的校园精神文化资源，引领着国内其他高校的发展。普通高校借鉴一流大学的校园精神文化资源，有利于丰富和完善本校校园文化精神，改进校园管制理念，提高校园文化育人内涵，增强校园办学底蕴。

云南师范大学利用自身的建学优势，借鉴一流大学的"校色"，实现了"校色"精神文化联合。云南师大的校色是紫色，又称为师大紫或玉兰紫。玉兰紫来自抗日战争时期西南联合大学即清华大学、南开大学、北京大学三所大学所使用的颜色主色调的平均值，并结合了三所大学校徽、校旗的主体颜色。校色玉兰紫既见证了云南师大与清华大学、南开大学、北京大学三所

大学校际联合的历史渊源,又体现了云南师大对西南联大精神文化的延续,还表达了当代云南师大特色的办学文化。

精神文化资源联合,既是高校精神文化资源的相互学习,也是高校物质文化资源的合作与鉴赏。精神文化资源以物质文化资源为媒介,精神文化资源要借助物质文化资源传递高校的校风、校训等。高校联盟、高校联合自主招生、大学联合体等各种校际合作组织既收获了不同高校精神文化的理性体验,又实现了高校间不同物质文化的感性体验。校际合作不可能只是物质或精神一种资源的联合,而是囊括了校际的自然环境建设和人文精神建设的合作,两者相互渗透于校园文化中。比如,高校交换生培养、教师进修与访学、高校组织参观学习与交流等常规性的校际合作,皆是对不同高校间物质文化资源与精神文化资源的共享。

(三)校际制度文化资源联合,增强育人实效

以中央直属高校拉动地方高校、以重点大学帮扶普通大学的校际制度文化资源联合方式,有利于在学校顶层设计层面提升校园制度文化建设的高度,有利于高校逐步形成完善的、科学的、民主的管理制度,有利于改善大学生思想政治教育制度环境。比如,中西部"一省一校"国家重点建设大学联盟,由山西大学、贵州大学、广西大学、云南大学、西藏大学、新疆大学等地方大学联盟,体现了中央高校对地方高校的扶持与帮助。2001 年,教育部发布了"对口支援西部高等学校计划",采取一对一的支援方式,建立了教育部直属高校与西部地区高校的校际合作。比如上海师范大学支援遵义师范学院、清华大学支援青海大学、北京大学支援石河子大学等。受支援的贵州大学、西藏大学、青海大学、宁夏大学等西部大学相继成为"211 工程"大学,硕士点、博士点呈跨越式发展,重点学科、教学团队、重点实验室实现重大突破,研究生学历培养人数达到上万人。总之,校际制度文化资源联合,使得

帮扶学校的办学水平、管理制度、教学质量、教师队伍、人才培养、学科专业、科研水平等文化软实力得到了全面提高。

推动校际文化融合与资源共享,加强校际资源合作的整体规划与深度对接,持续推进校际常态化联合,发挥高校双方或多方的物质文化资源、精神文化资源、制度文化资源的优势互补,既彰显了高校各自在大学生思想政治教育的特色和优势,又形成了全国高校思政教育的合力作用。

把握校园文化立德树人的内涵,积极发挥校园文化的榜样示范、潜移默化、修正引导等积极影响,从物质特色引领层面、精神综合育人层面、制度系统改进层面、校际联合层面四个层面构建校园文化育人实践路径,搭建高校资源利用、资源整合、资源挖掘、资源共享四维一体的校际文化融合格局,营造大学生思想政治教育良好校园文化空间。

结　语

恩格斯在《英国工人阶级状况》中指出:"忽视一切家庭义务,特别是忽视对孩子的义务,在英国工人中是太平常了,这主要是现代社会制度促成的。孩子们就是在这种颓废风气盛行的环境中(他们的父母往往就是这种环境的一部分),在无人管教的情况下成长起来的,又怎能指望他们日后具有高尚的道德呢? 自鸣得意的资产者向工人提出的要求真是太天真了!"[①]恩格斯当时就敏锐地指出了家庭环境对青少年成长的重要意义,家教家风是个人成长中第一个重要的条件,也是伴随着人一生的教育环境。良好的家庭教育和文化氛围,能够对其成员产生潜移默化的作用,促进其健康成长;相反,则会使个人成长迷失方向或者减缓进程。环境和人的教育的关系问题在中国古代就引起人们的重视,产生了诸如孟母三迁的典故,也有着"近朱者赤,近墨者黑"的箴言。然而正如马克思所批评的那样,环境和教育固然是人的成长的必要条件,但不是个人成长的充分条件。人在其成长过程中,也不是被动地任由环境去"雕塑",事实上,人本身就是环境,是其他人

[①]　《马克思恩格斯文集》(第一卷),人民出版社,2009 年,第443 页。

发展的重要条件;个人在其发展中还能发挥主观能动性,改变其所处的环境。在《关于费尔巴哈的提纲》中,马克思说道:"环境是由人来改变的,而教育者本人一定是受教育的。"①传统文化、家庭文化、社会风俗、网络文化、校园文化等,它们的良莠对大学生思想政治教育有着重大影响。确认并甄别那些使人存在于其中的环境要素,在思想政治教育方面能够改善我们对存在问题的认知与诊断,有利于我们对于复杂现象采取系统思维方式予以解决。本书的核心问题就在于揭示文化环境与思想政治教育的内在勾连及其逻辑关系。诚然,要清晰地作出这样地概括是困难的。

高校思想政治教育工作,要放在世界百年未有之大变局、党和国家事业发展的全局来看待,要放在国家战略高度和中华民族复兴的宏伟构思中来谋划。高校思政教师承担着为社会主义培养合格建设者和可靠接班人的神圣使命,这既是国家发展需要,也是高等院校为社会主义培养合格人才的需要和思政教师履行职业责任的需要。目前,高校思想政治教育已经有了快速发展,教育管理和教学秩序稳中有进,大学生通过思想政治教育获得了思想提升、政治凝聚、精神鼓舞、思维开拓。不过,思想政治教育学科在与部分学科建设比较成熟的专业相比,仍然存在研究能力不强、创新能力不足的问题。从与其他学科的科研贡献情况比较的结果来看,以最保守的方式进行测度,亦有相当的差距,尽管这种差距有学科差异的因素。从教育教学的满意度来看,大学生日渐喜爱思政课,这也说明思政教师教学能力在不断提升。但在对网红思政课的分析中不难看出,对系统性的理论学习和相对比较传统的教学方式,学生并不乐于接受,而以"表演"为宗旨的网红课堂则赢得满堂喝彩。在新媒体时代,既是思想政治教育引人关注的体现,也为广大思政教师的教育教学带来挑战。既要采取行之有效的方法吸引学生的注意

---

① 《马克思恩格斯选集》(第一卷),人民出版社,2012 年,第 134 页。

力、促进学生思考,使思想政治教育直达灵魂深处,又要原原本本学习马克思主义的基本原则、观点、方法,不能以网络鸡汤文代替马克思主义理论的教育教学内容。这本身就是对高校思政教师的严峻挑战。

传统文化是一个民族精神品格的文化基因,也是深植于社会环境变化、技术变革、思想动态、经济政治交往、文明形态更迭中的重要因素。高校思想政治教育离不开传统文化的影响。一方面,学生成长于中华大地,受教于中国家庭和社会,传统文化就或多或少会在他的思想意识、行为方式中有所积淀、有所体现;另一方面,传统文化中有许多好的教育资源,从孔孟到王夫之,从传统儒家到新儒学,文化的延续、传承与融合、发展产生了很多有益的思想精华、思维方式、价值观念,这些都是宝贵的精神财富和思想政治教育资源。家庭、社会和学校是青年学子成长的主要环境,特定国家和民族的家庭、社会、学校都渗透和弥漫着传统文化的因素。因此,从传统文化、时尚文化或者技术文化的视角去探讨高校思想政治教育的环境,与家庭、社会、学校的环境问题,往往是交错在一起的。物质环境和文化环境、硬环境与软环境从来都不是孤立的。物理空间的差异性向来都伴随着精神氛围的差异性,价值体系和观念系统的生成条件上的差异,导致学校、社会和家庭、职场具有明显的不同。物理空间的多样性是大学生成长所需要的重要条件,在流动性增强的社会,物理空间的不断切换是常见的;相对稳定的成长环境反而造成了单向度的价值体验和行为模式。人的本质就其现实性而言,是一切社会关系的总和。这个"总和"内在地包括不同物理空间所发生的人与人之间的联系和交往。"物理空间"只是一个"关系"发生的场域,而非独立于人之外的特殊物质世界。从这个角度来看,空间切换与文化切换是一致的。正是在家庭、学校、社会、职场等空间的切换中,完成人的社会角色的切换,从而也增加其价值体验和观念体系的更新。我们必须正视这种变化在当代社会中的真实存在及其形式。无论是新媒体技术导致的虚拟交往,还是经济社会发展所扩大了的现实交往,对思想政治教育者来说都是巨大的机遇和挑战。

文化环境与思想政治教育之间的联系不是一种自动机制——至少在"自动"的层面上,其功能的发挥是极其有限的。因此,不但不同文化环境要素之间形成了形式丰富的教育场景,而且文化环境与教育者之间也形成了多样化的关系。对于后者而言,有消极应对和积极介入两种基本的态度。在消极应对者那里,一切新生的环境要素都构成了对传统教育形式的威胁,并造成教育教学中的不适;在积极介入者那里则相反,他们能够发现新的环境要素所包含的教育资源、教育条件和教育内容,从而在教育教学改革中增强教育者的主体能动性,进一步彰显教育者的主体价值。

本书在写作过程中参阅了许多宝贵的文献资料,在此对相关专家学者表示由衷感谢。本书的出版得到遵义师范学院马克思主义学院的资助,亦表感激之情。

参考文献

一、著作

1.《马克思恩格斯选集》(第一—四卷),人民出版社,2012年。

2.《毛泽东文集》(第一—四卷),人民出版社,1983年。

3.《邓小平文集》(上、中、下卷),人民出版社,2014年。

4.《习近平谈治国理政》(第一—四卷),外文出版社,2018年,2017年,2020年,2022年。

5.习近平:《高举中国特色社会主义伟大旗帜 为全面建设社会主义现代化国家而团结奋斗——在中国共产党第二十次全国代表大会上的报告》,人民出版社,2022年。

6.《深入学习习近平关于教育的重要论述》,人民出版社,2019年。

7.《习近平新时代中国特色社会主义思想三十讲》,学习出版社,2018年。

8.教育部社会科学研究与思想政治工作司组编:《思想政治教育学原

理》,高等教育出版社,1999年。

9. 教育部思想政治工作司组编:《百所高校校训、校徽、校歌汇编》,中国人民大学出版社,2014年。

10.《马克思主义基本原理》编写组:《马克思主义基本原理》,高等教育出版社,2021年。

11.《毛泽东思想和中国特色社会主义理论体系概论》编写组:《毛泽东思想和中国特色社会主义理论体系概论》,高等教育出版社,2021年。

12.《思想道德与法治》编写组:《思想道德与法治》,高等教育出版社,2021年。

13.《思想政治教育学原理》编写组:《思想政治教育学原理》(第二版),高等教育出版社,2018年。

14.《中国近现代史纲要》编写组:《中国近现代史纲要》,高等教育出版社,2021年。

15. 毕诚:《中国古代家庭教育》,商务印书馆,1997年。

16. 方广锠编:《中国佛教文化大观》,北京大学出版社,2001年。

17. 冯天瑜、何晓明、桂遵义等编:《服饰文化全览》(下卷),武汉大学出版社,2017年。

18. 冯天瑜、何晓明、桂遵义等编:《中华文化辞典》,武汉大学出版社,2001年。

19. 冯禹、邢东风、徐兆仁主编:《中华传统文化大观》,中国大百科全书出版社,1996年。

20. 何本方、岳庆平、朱诚如主编:《中国宫廷文化大辞典》,云南人民出版社,2006年。

21. 何新主编:《中外文化知识辞典》,黑龙江人民出版社,1989年。

22. 华梅主编:《服饰文化全览》(上卷),天津古籍出版社,2007年。

23. 黄志繁、杨福林、李爱兵主编:《赣文化通典(宋明经济卷)》,江西人民出版社,2013 年。

24. 姜国柱:《中国思想通史(明代卷)》,武汉大学出版社,2011 年。

25. 姜国柱:《中国思想通史(宋元卷)》,武汉大学出版社,2011 年。

26. 蒋宝德、李鑫生主编:《中国地域文化》(上、下册),山东美术出版社,1997 年。

27. 金良年:《孟子译注》,上海古籍出版社,2010 年。

28. 李申:《老子与道家》,商务印书馆,1996 年。

29. 李先登:《商周青铜文化》,商务印书馆,1997 年。

30. 李小龙译注:《墨子》,中华书局,2016 年。

31. 李永梅主编:《中国民俗文化典故》(上、下册),天津古籍出版社,2009 年。

32. 李用兵:《中国古代法制史话》,商务印书馆,1996 年。

33. 李中华:《中国文化概论》,华文出版社,1994 年。

34. 梁涛主编:《中国政治哲学史》(第一、三卷),中国人民大学出版社,2017 年。

35. 林乃燊:《中国古代饮食文化》,商务印书馆,1997 年。

36. 刘小枫编:《中国文化的特质》,生活·读书·新知三联书店,1990 年。

37. 罗国杰:《伦理学》,人民出版社,2003 年。

38. 罗国杰:《马克思主义伦理学的探索》,中国人民大学出版社,2018 年。

39. 罗哲文、王振复主编:《中国建筑文化大观》,北京大学出版社,2001 年。

40. 麻天祥、姚彬彬、沈庭:《中国宗教史》,武汉大学出版社,2012 年。

41. 南怀瑾:《论语别裁(下)》,东方出版社,2014 年。

42. 欧阳宏生:《互联网时代媒介研究的坚守与创新》,四川大学出版社,2016 年。

43. 潘光哲等:《文化、观念与社会思潮》(第二卷),南京大学出版社,2015 年。

44. 彭永捷主编:《中国政治哲学史》(第二卷),中国人民大学出版社,2017 年。

45. 秦永洲:《中国社会风俗史》,武汉大学出版社,2015 年。

46. [美]孙隆基:《中国文化的深层结构》,广西师范大学出版社,2011 年。

47. 孙通海译注:《庄子》,北中华书局,2017 年。

48. 汪民安主编:《文化研究关键词(修订版)》,江苏人民出版社,2020 年。

49. 王仁湘、贾笑冰:《中国史前文化》,商务印书馆,1998 年。

50. 王玉德:《文化学》,云南大学出版社,2006 年。

51. 王志杰:《汉武时代文化遗产集萃》,三秦出版社,2008 年。

52. 王子今:《王霸之道——礼法并重的政治制度》,江苏人民出版社,2017 年。

53. 徐杰舜主编:《汉族民间风俗》,中央民族大学出版社,1998 年。

54. 徐新建主编:《文化遗产研究(第九辑)》,四川大学出版社,2017 年。

55. 许倬云:《中国古代文化的特质》,新星出版社,2006 年。

56. 严汝娴、刘宇:《中国少数民族婚丧风俗》,商务印书馆,1996 年。

57. 阎韬:《孔子与儒家》,商务印书馆,1997 年。

58. 易平主编:《赣文化通典(方志卷)》,江西人民出版社,2013 年。

59. 袁礼华主编:《赣文化通典(地理及行政区划沿革卷)》,江西人民出版社,2013 年。

60. 张岱年、方克立:《中国文化概论》(修订版),北京师范大学出版社,2004 年。

61. 张亮采:《中国风俗史》,中国人民大学出版社,2013 年。

62. 张文喜、臧峰宇:《马克思主义政治哲学史》,中国人民大学出版社, 2018 年。

63. 钟敬文主编、萧放副主编:《中国社会民俗丛书:丧葬史》,上海文艺出版社,1999 年。

64. 钟敬文主编、萧放副主编:《中国民俗史·明清卷》,上海文艺出版社,1999 年。

65. 钟敬文主编、萧放副主编:《中国民俗史·宋辽金元卷》,上海文艺出版社,1999 年。

66. 朱汉民主编:《中国传统文化导论》,湖南大学出版社,2000 年。

二、报刊文章

1. 白海燕:《中国好家风与社会主义核心价值观的关联机制研究》,《思想政治教育研究》,2016 年第 32 期。

2. 蔡薇:《儒家仁孝观及其法律意义》,《社会科学家》,2022 年第 2 期。

3. 陈小波:《中国传统文化在人类命运共同体建设中的重要价值——评〈中国传统文化与人类命运共同体〉》,《中国教育学刊》,2023 年第 2 期。

4. 陈艳红:《思想政治教育视角下的高校校园文化建设探微》,《思想教育研究》,2009 年第 2 期。

5. 陈赟:《儒家思想中的道德与伦理》,《道德与文明》,2019 年第 4 期。

6. 陈泽环、徐可:《新时代新征程中的中华优秀传统文化——马克思主义真理之树根深叶茂的历史文化沃土》,《东南大学学报》(哲学社会科学版),2023 年第 25 期。

7. 储建国:《中国古代君主混合政体》,《政治学研究》,2004 年第 1 期。

8. 邓曦泽:《天命、君权与民心的纠缠——中国古代政治合法性观念研究》,《四川大学学报》(哲学社会科学版),2019 年第 5 期。

9. 冯建军、刘霞:《走向类存在:面对人类发展困境的道德教育》,《高等教育研究》,2022 年第 43 期。

10. 凤启龙、许苏明:《高校思想政治教育范式中家庭教育的作用机制》,《天津师范大学学报》(社会科学版),2011 年第 6 期。

11. 顾保国:《论习近平新时代家风建设重要论述的理论逻辑与实践价值》,《马克思主义研究》,2020 年第 2 期。

12. 郭鲁江、尹静:《网络文化背景下的青年思想政治教育工作》,《中国青年社会科学》,2017 年第 36 期。

13. 郭子超:《中华优秀传统文化融入跨学科主题学习的价值意蕴及其方式》,《教育科学研究》,2023 年第 3 期。

14. 贺幸平:《论家庭思想政治教育环境》,《中国青年政治学院学报》,2007 年第 5 期。

15. 贺幸平:《思想政治教育环境管理体制与方法》,《求索》,2007 年第 7 期。

16. 侯前伟:《传统文化进教材:研究进展、难点与突破》,《教育科学研究》,2023 年第 3 期。

17. 胡玉娟:《"古代国家政治发展道路"学术研讨会综述》,《史学理论研究》,2000 年第 3 期。

18. 华表:《论思想政治教育网络虚拟环境及其规范化建设》,《思想教育研究》,2016 年第 3 期。

19. 黄海德:《道家、道教与道学》,《宗教学研究》,2004 年第 4 期。

20. 黄建华:《高校和谐校园文化建设策略探析》,《探索》,2009 年第 3 期。

21. 季乃礼：《政治制度、政治思想与政治制度思想——一种理论构建的努力》，《武汉大学学报》（哲学社会科学版），2016 年第 69 期。

22. 蒋国保：《论培育人类命运共同体信念的儒家思想资源——以原始儒家的命运说为论域》，《孔子研究》，2018 年第 6 期。

23. 蒋红斌：《培养道德崇圣感：当下道德教育的困境及其超越》，《中国教育学刊》，2021 年第 4 期。

24. 金林南、王燕飞：《思想政治教育环境研究的实践性思考》，《思想理论教育》，2022 年第 6 期。

25. 康凤云、张丕术：《习近平关于家风建设重要论述的理论特色》，《思想理论教育导刊》，2023 年第 1 期。

26. 李彬：《中国传统艺术、宗教和哲学视野内的自然》，《求索》，2006 年第 5 期。

27. 李辉、任美慧：《思想政治教育环境论：现状、问题与展望》，《思想理论教育》，2014 年第 7 期。

28. 李阳、曾磊：《学习贯彻习近平总书记关于弘扬中华优秀传统文化重要论述暨"儒家思想与文化强国建设"座谈会综述》，《孔子研究》，2021 年第 1 期。

29. 李宜春：《使职与差遣：中国古代政治制度变迁的一个基本路径》，《深圳大学学报》（人文社会科学版），2019 年第 36 期。

30. 刘梅：《论高校思想政治教育与社会教育的衔接》，《思想教育研究》，200 年第 8 期。

31. 刘娜：《关于思想政治教育环境的思考》，《思想理论教育导刊》，2011 年第 8 期。

32. 刘太刚：《儒家核心价值的普世性及治理儒学的提出——兼论治理儒学对公共管理学的意义》，《中南大学学报》（社会科学版），2020 年第

26 期。

33. 刘洋：《儒、道、释：贯云石文学创作的思想内蕴及意义》，《江淮论坛》，2021 年第 1 期。

34. 刘雨潇、王凌皓：《孔子与儒学思想中价值观的解读——评〈孔子与儒家〉》，《中国教育学刊》，2019 年第 2 期。

35. 卢忠萍、王欣：《全媒体时代思想政治教育环境研究》，《思想理论教育导刊》，2021 年第 12 期。

36. 吕锡琛：《道家思想与社会主义核心价值观》，《求索》，2016 年第 6 期。

37. 罗洪铁、王丽：《思想政治教育环境理论的形成与发展研究》，《思想教育研究》，2014 年第 9 期。

38. 骆郁廷、魏强：《论大学生思想政治教育的网络文化话语权》，《教学与研究》，2121 年第 10 期。

39. 马抗美、吴优：《中华优秀传统文化融入大学生思想政治教育的价值思考与路径探析》，《贵州民族研究》，2023 年第 44 期。

40. 马子恺：《书法艺术与传统文化的关系》，《中国书法》，2011 年第 2 期。

41. 梅黎明：《毛泽东等老一辈革命家是培育良好家风的楷模》，《党建》，2019 年第 8 期。

42. 孟祥玮：《积极发挥高职院校校园文化的思想政治教育功能》，《思想理论教育导刊》，2018 年第 9 期。

43. 莫忧：《新时代高校中华优秀传统文化教育的多元协同路径探析》，《思想教育研究》，2023 年第 2 期。

44. 钱大军：《中国传统社会的法家传统及其价值》，《河南大学学报》（社会科学版），2018 年第 58 期。

45. 秦鹏飞：《儒家思想中的"关系"逻辑——"伦"字界说及其内在理路》，《社会学研究》，2020 年第 35 期。

46. 沈立里、驰忠军：《学校道德教育面临的困境及其破解》，《学校党建与思想教育》，2022 年第 6 期。

47. 沈顺福：《王阳明与传统儒家思想的终结》，《文史哲》，2023 年第 1 期。

48. 沈阳、杨尚勤：《多校区文化融合进程中的网络思想政治教育》，《社会科学家》，2012 年第 5 期。

49. 司新丽、何昊汶：《大学中华优秀传统文化教育:意义、问题与路径》，《中国人民大学教育学刊》，2023 年第 1 期。

50. 宋俭、钟道邦：《新时代高校学生开展红色家风教育的意义及途径》，《学校党建与思想教育》，2018 年第 4 期。

51. 宋向华、张学书：《思想政治教育视角下的高校校园文化建设》，《中国教育学刊》，2013 年第 4 期。

52. 万健、卢忠菊、赵烨烨：《文化结构视角下的大学制度文化建设》，《中国高等教育》，2012 年第 19 期。

53. 汪立夏、邹小华、李忠：《价值观的变迁与思想道德教育创新》，《思想教育研究》，2011 年第 6 期。

54. 王栋民：《认识校园文化 建设校园文化》，《中国教育学刊》，2005 年第 7 期。

55. 王汉瑛、刑红卫、田虹等：《第三次分配:儒道佛思想渊源及融通》，《上海财经大学学报》，2022 年第 24 期。

56. 王衡：《皇权官僚政治视野下的中国古代考绩制度》，《北京行政学院学报》，2014 年第 1 期。

57. 王华华：《优秀传统文化融入铸牢高校大学生中华民族共同体意识

的实践路径》,《西南民族大学学报》(人文社会科学版),2023 年第 44 期。

58.王焕斌、查玉喜、史志远:《高校校园文化对思想政治教育实效性的分析》,《国家教育行政学院学报》,2013 年第 4 期。

59.王杰:《重视家风家教是中华民族的优良传统》,《党建》,2019 年第 8 期。

60.王莉娟:《校园文化满意度对大学生归属感的影响因素分析》,《思想政治教育研究》,2016 年第 32 期。

61.王骞:《文化校园:校园文化建设的新诉求》,《黑龙江高教研究》,2010 年第 7 期。

62.王少安:《试析大学文化的内涵、特色和功能》,《中国高教研究》,2008 年第 5 期。

63.王新华、陈向阳:《网络文化背景下思想政治教育面临的挑战与对策》,《南京政治学院学报》,2009 年第 25 期。

64.吴桐:《传统文化在学校美术教育中的应用》,《中国教育学刊》,2023 第 1 期。

65.吴增礼、胡鹏:《中国传统文化对马克思主义在中国早期传播的影响》,《湖南师范大学社会科学学报》,2023 年第 2 期。

66.谢惠媛:《从文化建设的角度看我国高校形象的提升》,《甘肃理论学刊》,2012 年第 2 期。

67.徐小跃:《道家及老子思想研究(上)》,《新世纪图书馆》,2017 年第 3 期。

68.徐晓宁:《高校思想政治教育与校园文化建设互动模式探析》,《思想理论教育导刊》2019 年第 6 期。

69.徐晓宁:《论高校思想政治教育与校园文化建设的深度融合》,《中国高等教育》,2020 年第 12 期。

70. 闫如武:《论中国儒家核心思想的译解》,《西安外国语大学学报》,2022 年第 30 期。

71. 杨华:《中国古代礼仪制度的几个特征》,《武汉大学学报》(人文科学版),2015 年第 68 期。

72. 杨慧民、樊亚茹:《网络青年亚文化思想政治教育功能的生成逻辑》,《思想教育研究》,2020 年第 9 期。

73. 杨胜男:《超验主义对儒家思想的接纳及其对文化"走出去"的启示》,《哈尔滨工业大学学报》,2020 年第 22 期。

74. 杨阳:《优秀传统文化融入高校教育管理的路径——评〈中华优秀传统文化与高校青年教育管理研究〉》,《中国教育学刊》,2023 年第 4 期。

75. 杨业华:《思想政治教育环境需要深化研究的若干理论问题》,《马克思主义研究》,2010 年第 6 期。

76. 杨业华、刘红霞:《思想政治教育环境问题研究综述》,《理论探讨》,2004 年第 4 期。

77. 杨志刚、金桢美:《后宫制度与中国古代的政治文化——评介〈后宫制度研究〉》,《学术月刊》,1999 年第 5 期。

78. 姚维:《道家和合思想及其现代意义》,《社会科学研究》,1998 年第 5 期。

79. 易建平:《论古代民主与专制的定义问题》,《史学理论研究》,2003 年第 2 期。

80. 尹弘飚、沈光银:《道德力量的社会建构及其对学校道德教育的启示》,《南京师大学报》,2022 年第 3 期。

81. 于安龙:《红色家风与社会主义核心价值观培育:要义、理路与策略》,《社会主义核心价值观研究》,2021 第 7 期。

82. 于凯:《传统中国社会保障制度的历史渊源》,《中国民族大学学报》,

2004 年第 1 期。

83. 袁利民、沈文华、王小燕:《网络文化环境下校园网络思想政治教育平台建设探析》,《思想理论教育》,2012 年第 23 期。

84. 曾晓霞、韦立新:《儒家思想与经济发展的世纪论争及启示》,《湖北社会科学》,2022 年第 5 期。

85. 曾育荣:《政治社会学与中国古代政治制度史研究》,《湖北大学学报》(哲学社会科学版),2002 年第 3 期。

86. 曾振宇:《论先秦儒家思想中的"孝本论"与"仁本论"》,《哲学研究》,2019 年第 11 期。

87. 张德祥、王晓玲:《制度与文化相互关系中的大学治理》,《教育科学》,2022 年第 38 期。

88. 张宏斌:《从文化自信的角度理解儒家思想——学习习近平关于中华优秀传统的系列论述》,《世界宗教研究》,2019 年第 5 期。

89. 张继良:《试论中国古代农业社会与宗法制度对政治伦理思想的影响》,《河北师范大学学报》,1999 年第 3 期。

90. 张鑫:《中华传统服饰与书法艺术》,《中国书法》,2015 年第 24 期。

91. 张艳红、张澍军:《影响大学生德性成长的校园文化因素分析》,《山西师大学报》(社会科学版),2009 年 3 期。

92. 张振军、高睿:《网络文化育人视角下高校思想政治教育研究》,《传媒》,2021 年第 11 期。

93. 张志刚:《儒家文化与宗教中国化义理探求》,《世界宗教文化》,2022 年第 2 期。

94. 赵华伟、张皓伶:《思想政治教育视野下的民族高校校园文化建设研究》,《贵州民族研究》,2014 年第 35 期。

95. 赵瑞军:《中国古代文官制度的统治功能及其对当今的启示》,《江西社会科学》,2011 年第 31 期。

96. 钟国旗、刘坤:《从明清家训家规看儒家伦理的日常生活指向》,《北京社会科学》,2020 年第 9 期。

97. 朱汉民:《宋代儒家经典与民间教化——从〈四书〉学到家训家规的生成》,《文史哲》,2020 年第 4 期。

98. 朱晓鹏:《论当代道家哲学研究的新境域》,《江西社会科学》,2009 年第 6 期。

99. 宗晓兰:《老子思想对当代大学生道德教育的启示——评〈先秦道家的道德世界〉》,《高教探索》,2020 年第 5 期。